高等院校医学实验教学系列教材

生物化学与分子生物学实验教程

第2版

主　编　徐跃飞　孔　英
副主编　田余祥　任　凤
编　委（以姓氏笔画为序）
丁文勇　王　艳　孔　英　田余祥
任　凤　刘　帅　刘丽红　宋嘉哲
张文利　李　胜　杨　帆　杨雪松
汪淑晶　沙珊珊　林　琳　柳林华
徐跃飞　康　健　隋琳琳　董伟杰
樊建慧　燕　秋　薛　恺

科学出版社
北　京

内 容 简 介

本书针对生物化学教学及研究中涉及的三个主要的生物大分子——蛋白质、酶和核酸，根据生物大分子的理化性质，结合实用的电泳技术、层析技术、离心技术、分析测定技术、分子克隆技术等，综合系统地介绍生物大分子的分离、纯化、含量测定、分析鉴定和应用，并结合教学中物质代谢、酶促反应动力学的系统分析，设计实验并融入相关实验技术和新近的研究进展，使学生在实验教学中掌握知识、技能的同时，体会对科研方法的选择与评价。

本书可供高等医学院校本科生和研究生教材使用，也可供有关的教学及科技人员参考使用。

图书在版编目（CIP）数据

生物化学与分子生物学实验教程/徐跃飞，孔英主编. —2 版. —北京：科学出版社，2017.1

ISBN 978-7-03-047269-4

Ⅰ. ①生… Ⅱ. ①徐… ②孔… Ⅲ. ①生物化学实验–医学院校–教材②分子生物学实验–医学院校–教材 Ⅳ. ①Q5-53②Q7-33

中国版本图书馆 CIP 数据核字（2016）第 025443 号

责任编辑：王　颖 / 责任校对：何艳萍
责任印制：赵　博 / 封面设计：陈　敬

科 学 出 版 社 出版
北京东黄城根北街 16 号
邮政编码：100717
http://www.sciencep.com
涿州市般润文化传播有限公司 印刷
科学出版社发行　各地新华书店经销
*
2011 年 2 月第　一　版　　开本：787×1092　1/16
2017 年 1 月第　二　版　　印张：9 1/2
2024 年 1 月第十四次印刷　　字数：222 000

定价：39.80 元

（如有印装质量问题，我社负责调换）

前　言

生物化学与分子生物学是近代自然科学中发展非常迅速的学科。它的发展得益于物理学、化学、数学、计算机技术等各学科间的广泛渗透而引发的研究方法和技术的不断革命和创新。了解和掌握生物化学与分子生物学实验技术和方法，是从事该领域乃至其他相关学科研究工作的十分重要的前提和手段。

实验教学是生物化学与分子生物学基本的教学形式之一，鉴于本科生及研究生教学的需要，根据教学实际情况，我们编写了《生物化学与分子生物学实验教程（第 2 版）》一书。本书的特点是：

（1）较系统地介绍了生物化学与分子生物学的基本研究技术和方法，如分光光度法、层析法、电泳法、离心法、分子克隆技术等。

（2）既注重基础训练，又强调课程的综合性、实用性。

（3）以综合性思路设计实验加强学生创新思维、科研能力的培养，其中所涉及的各个实验项目又可以单独安排教学，以适合多层次的教学需要。

本书共分六章。第一章介绍生物化学实验基本技术；第二章和第三章主要介绍高分子化合物——蛋白质及核酸的分离和提取及结构和性质的鉴定；第四章介绍酶的催化作用及酶反应动力学分析；第五章介绍物质代谢的分析方法；第六章介绍分子生物学基本实验技术。全书共设实验项目 37 个。本书可供医学类高等院校本科生及研究生使用，也可供其他相关学科的研究工作者参考。热切欢迎使用本书的教师和同学给予批评指正，以利我们进一步修改。

作　者

2015 年 12 月

目　　录

第一章　生物化学常用分析技术

第一节　生物大分子的基本制备技术

生物大分子的制备过程包括选材、细胞的破碎和细胞器的分离、生物大分子的提取和分离、样品的纯化，以及样品的浓缩干燥和储存等方面。生物大分子的制备工作是一件十分细致的工作，既要设法得到它们的纯品，又要努力保持其生物活性。有时制备一个较高纯度的蛋白质、酶或核酸，需要付出较长时间的艰苦劳动。生物大分子制备方法的选择是以生物大分子的性质（如分子大小、形状、溶解度、带电性质等）为依据的（表 1-1）。对于结构和理化性质不同的生物大分子，所选用的分离提纯方法也不相同。

表 1-1　生物大分子的理化性质与分离纯化方法的比较

理化性质	相应的分离、纯化方法
分子大小和形态	差速离心、超滤、分子筛、透析
溶解度	盐析、萃取、分配层析、结晶
电荷差异	电泳、等电聚焦电泳、离子交换层析
生物功能专一性	亲和层析

在制备生物大分子的过程中，为了随时了解所用方法的优劣、选择条件的效果如何、追踪提纯物质含有何种组分以及纯度和得率如何，必须对所提纯的生物大分子随时进行分析鉴定。因此在提纯以前，必须首先建立对生物大分子的相应分析鉴定方法。在分离、纯化过程中每一步都对生物大分子的比活性（总活性除以总蛋白量的值）、得率（每一步骤所得总活性与第一步所得总活性的百分比，设开始时的总活性为 100%）和提纯倍数（每一步骤所得比活性与第一步所得的比活性的比值，设开始时为 1）进行测定。现以猪肝异柠檬酸脱氢酶提纯过程为例，将提纯过程的各步追踪数字列于表 1-2。

表 1-2　猪肝异柠檬酸脱氢酶的提纯

步骤	总体积（ml）	酶浓度（单位/ml）	酶总活性（单位）	蛋白质浓度(mg/ml)	总蛋白质量(mg)	比活性（单位/mg）	得率（%）	提纯倍数
匀浆	7.00	2.85	19.95	35.50	248.50	0.080	100	1.0
氯仿抽提	5.00	3.60	20.88	19.20	111.40	0.187	105	2.3
37.5% ～ 55% 硫酸铵盐析的上清液（透析）	1.50	11.25	16.87	21.40	32.10	0.525	84.5	6.5
DEAE 纤维素	2.39	3.32	9.09	1.00	2.38	3.82	45.5	477
磷酸钙层析	0.45	15.05	6.77	0.90	0.41	16.70	34	209
凝胶过滤	0.52	9.80	5.09	0.22	0.11	45.60	25.5	570

从表 1-2 可知猪肝异柠檬酸脱氢酶被提纯 570 倍。得率是 25.5%。

下面仅将生物大分子的分离、纯化过程的一些基本技术做一介绍。

一、盐 析 技 术

盐析（salting-out）方法是蛋白质和酶提纯工作中应用最早，至今仍广泛应用的方法。其原理是蛋白质在高浓度盐的溶液中，随着盐浓度的逐渐增加，由于蛋白质水化膜被破坏、溶解度下降而从溶液中沉淀出来。各种蛋白质的溶解度不同，因而可利用不同浓度的盐溶液来沉淀分离各种蛋白质。

在盐析时，蛋白质的溶解度与溶液中离子强度（见本章第四节电泳）关系可用下式表示：

$$\log\frac{S}{S_0}=-K_s\times I \quad (1\text{-}1)$$

式 1-1 中，S_0 是蛋白质在纯水（离子强度 I=0）中的溶解度，S 为蛋白质在离子强度为 I 的溶液中的溶解度，K_s 为盐析常数。

上述公式中当温度和 pH 一定时，S_0 仅取决于蛋白质的性质。因此对于同一蛋白质，在一定温度和 pH 时，S_0 是一常数。

设　$\log S_0=\beta$

则　$\log S=\beta-K_s\times I$　（1-2）

盐析常数 K_s 主要取决于盐的性质（盐的离子价数和离子平均半径），也和蛋白质的性质有关。不同的蛋白质在同一种盐溶液中的 K_s 值不同，K_s 值越大，盐析效果越好。从上述公式可知在温度和 pH 一定的同一种盐溶液中，不同蛋白质有各自一定的 β 和 K_s 值。可以通过改变盐的离子强度来分离不同的蛋白质。这种方法称分段盐析法。对于同一种盐溶液，如果保持离子强度不变，通过改变温度和 pH 来改变 β 值，也可达到盐析分离的目的。这种方法称为“β 分段盐析法”。

盐析法提纯蛋白质时应考虑以下几个条件的选择。

1. 盐的种类　蛋白质盐析常用中性盐，主要有硫酸铵、硫酸镁、硫酸钠、氯化钠、磷酸钠等。应用最广泛的是硫酸铵，硫酸铵的优点是：

（1）溶解度大。25℃时硫酸铵的溶解度可达 4.1mol/L（541g/L）以上。大约每升水可溶解 767g 之多。在这一高溶解度范围内，许多蛋白质和酶都可以被盐析沉淀出来。

（2）温度系数小，硫酸铵的溶解度受温度影响不大。例如 0℃时，硫酸铵的溶解度仍可达到 3.9mol/L（515g/L）。大约每升水可溶解 676g。对于需要在低温条件下进行酶的纯化来说，应用硫酸铵是有利的。

（3）硫酸铵不易引起蛋白质变性，对于很多种酶还有保护作用，且价格低廉，容易获得。

硫酸铵的缺点是铵离子干扰双缩脲反应，为蛋白质的定性分析造成一定困难。

2. 盐的浓度　分段盐析法是通过改变盐的浓度达到分离目的，应该将盐的浓度准确地分步提高到各种蛋白质所需的浓度。盐的浓度常用饱和度表示，饱和溶液定为 100%。调整硫酸铵溶液饱和度的方法有计算、查表两种：

（1）添加饱和溶液的计算法：如 S_2 为所需达到的饱和度，S_1 为原来的饱和度。V 为达

到所需饱和度的溶液体积，V_0 为原来的体积。则

$$V = V_0 \frac{S_2 - S_1}{1 - S_2} \tag{1-3}$$

体积的改变造成的误差小于 2%，可以忽略不计。

（2）查表法：可以从表 1-3 中直接查到将 1L 饱和度为 S_1 的浓度提高到饱和度为 S_2 的浓度时所需添加固体硫酸铵的重量（g）。

表 1-3　室温下由 S_1 提高到 S_2 时每升加固体硫酸铵的克数

S_1 \ S_2	0.10	0.20	0.25	0.30	0.35	0.40	0.45	0.50	0.55	0.60	0.65	0.70	0.75	0.80	0.85	0.90	0.95	1.00
0	55	113	144	175	209	242	278	312	350	390	430	474	519	560	608	657	708	760
0.10		57	67	118	149	182	215	250	287	325	365	405	448	494	530	585	634	685
0.20			29	59	90	121	154	188	225	260	298	337	379	420	465	512	559	610
0.25				29	60	91	123	157	192	228	265	304	345	386	430	475	521	571
0.30					30	61	93	125	160	195	232	270	310	351	394	439	485	533
0.35						30	62	94	128	163	199	235	275	315	358	403	449	495
0.40							31	63	96	131	166	205	240	280	322	365	410	458
0.45								31	64	98	133	169	206	245	286	330	373	420
0.50									32	63	100	135	172	211	250	292	335	380
0.55										33	66	101	138	176	214	255	298	344
0.60											33	67	103	140	179	219	261	305
0.65												34	69	105	143	182	224	267
0.70													34	70	108	146	187	228
0.75														35	72	110	149	170
0.80															36	73	112	152
0.85																37	75	114
0.90																	37	76
0.95																		38

3. pH　如前所述，β 值与溶液的 pH 有密切关系。当溶液的 pH 达到蛋白质等电点时，β 值最小，蛋白质的溶解度最低，最易从溶液中析出，因此在盐析时，应控制溶液的 pH 使之接近蛋白质的等电点。

4. 温度　温度对 β 值的影响不如对 pH 的影响显著。因此，对温度的要求不严格，低温主要是防止蛋白质变性和水解。

5. 蛋白质浓度　溶液中蛋白质浓度愈高，盐析所需的盐饱和度愈低。所以，盐析的蛋白质浓度不宜过低。但过高的蛋白质浓度也不适合，因会和其他蛋白产生共沉淀作用，影响纯度。

二、透析和超滤

（一）透析

透析（dialysis）是利用生物大分子不能透过半透膜而将大分子的蛋白质与小分子化合

物分开，在生物大分子的制备过程中，除盐、少量有机溶剂、生物小分子杂质以及浓缩样品时都要用到透析技术。透析时将待纯化的蛋白质装在半透膜制成的透析袋中，浸入水或缓冲液中进行透析，透析袋中的盐或小分子物质可通过半透膜扩散到水或缓冲液中，直至透析袋内外的小分子物质浓度达到平衡为止（图1-1），而大分子的蛋白质留在袋内。多次更换水或缓冲液可以使盐或小分子物质扩散更彻底。透析速度与半透膜厚度、膜内外小分子物质浓度梯度以及温度（常选4℃）有关。透析所用的膜可为动物膜、玻璃纸、棉胶、纤维素等。商品透析袋使用前常以甘油处理以防干裂；为防止影响蛋白质活性，也可在使用前用乙醇、碳酸氢钠、EDTA、蒸馏水依次洗涤或直接以水煮沸5～10分钟。透析袋可反复使用，若长时间不用，可洗净后存于含0.5% NaN_3蒸馏水中以防长菌。

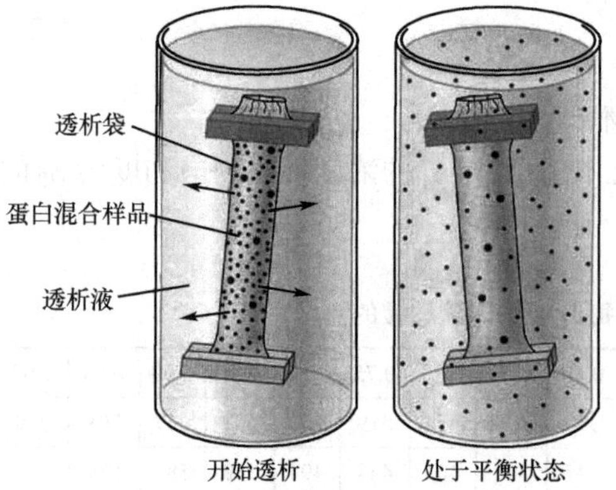

图1-1 透析示意图

如将透析袋放入高浓度吸水性强的多聚物溶液中，透析袋内的水便迅速被袋外多聚物所吸收，从而可达到袋内液体浓缩的目的，这种方法称为“反透析”。可用作反透析的多聚物有聚乙二醇（polyethylene glycol，PEG）、聚乙烯吡咯烷酮（polyvinyl pyrolidone，PVP）、右旋糖、蔗糖等。

（二）超滤

超滤（ultrafiltration）是利用超滤膜分离大、小分子物质，在一定压力下，蛋白质溶液通过一定孔径的超滤膜时，小分子量物质及水被滤出，大分子蛋白质截留在膜上，从而达到脱盐、浓缩、分离和纯化的目的（图1-2）。如果欲截留不同分子量的蛋白质，可选择不同孔径的超滤膜，常用的微孔滤膜孔径为0.05～1.0μm。超滤技术操作简便，实验条件温和，不增加任何化学试剂，不引起温度、pH的变化，因而可以防止生物大分子的变性、失活和自溶。

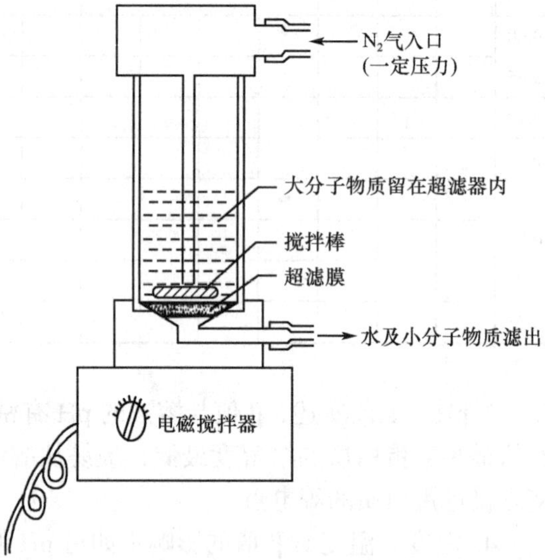

图1-2 超滤原理示意图

三、浓缩、干燥及储存

（一）样品的浓缩

生物大分子在制备过程中由于过柱纯化而样品变得很稀，为保存和鉴定，往往需要进行浓缩。常用的浓缩方法：

1. 减压加温蒸发浓缩　通过降低液面压力使液体沸点降低，减压的真空度越高，液体沸点降得越低，蒸发越快，适用于不耐热的生物大分子的浓缩。

2. 空气流动蒸发浓缩　空气流动使液体加速蒸发，铺成薄层的溶液，表面不断通过空气流，或将生物大分子溶液装入透析袋内置于冷室，用电风扇吹风，使透过膜外的溶剂不断蒸发而达到浓缩目的，此法速度慢不适于大量溶液浓缩。

3. 冰冻法　生物大分子在低温下结成冰，盐类及生物大分子不进入冰内而留在液相中。先将待浓缩的溶液冷却使之变成固体，然后缓慢融解，利用溶剂与溶质溶解点的差别而达到除去大部分溶剂的目的。如用浓缩蛋白质和酶的盐溶液时，不含蛋白质和酶的纯冰结晶浮于液面，蛋白质和酶则集中于下层溶液中，移去冰块可得蛋白质和酶的浓缩液。

4. 吸收法　通过吸收剂直接吸收除去蛋白溶液中溶液分子使之浓缩。所用吸收剂需与溶液不起化学反应，对生物大分子不吸附，易与溶液分开。常用的吸收剂有聚乙二醇，聚乙烯吡咯酮、蔗糖和凝胶等。使用聚乙二醇时，先将生物大分子溶液装入半透膜，外加聚乙二醇覆盖置于 4℃下，袋内溶剂渗出即被聚乙二醇迅速吸去，聚乙二醇被水饱和后要更换新的，直至达到所需体积。

5. 超滤法　超滤法是使用一种特别的薄膜对溶液中各种溶质分子进行选择性过滤，适于生物大分子尤其是蛋白质和酶的浓缩或脱盐，能较好地保持生物大分子的活性及回收率。不同类型和规格的滤膜，水的流速、分子量截止值等参数均不同，须根据需要来选用，Diaflo 超滤膜的分子量截留值见表 1-4，另外，超滤装置形式、溶质成分及性质、溶液浓度等对超滤效果都有一定影响。

表 1-4　Diaflo 超滤膜的分子量截留值

滤膜名称	相对分子量截留值	滤孔的平均直径/0.1nm
XM-300	300 000	140
XM-200	100 000	55
XM-50	50 000	30
PM-30	30 000	22
UM-20	20 000	18
PM-10	10 000	15
UM-2	1000	12
UM-05	500	10

纤维过滤透析是用上面的超滤膜制成空心纤维管，将多根这样的管拢成一束，管两端与低离子强度缓冲液相连，使缓冲液不断在管中流动，然后将纤维管浸入待透析的蛋白质溶液中。当缓冲液流过纤维管时，小分子很易透过膜而扩散，大分子则不能，由于纤维过滤透析法面积增大，可使透析时间缩短 10 倍。

（二）干燥

干燥是将潮湿的固体、半固体或浓缩液中的水分（或溶剂）蒸发除去的过程。生物大分子制备得到所需的产品，为防止变质、易于保存和运输，常需要干燥处理，干燥后的产品具有疏松、溶解度好、保持天然结构等优点。最常用的方法是真空干燥和冷冻真空干燥。

真空干燥适用于不耐高温，易于氧化物质的干燥和保存，整个装置包括干燥器、冷凝器及真空泵三部分。干燥器内常放一些干燥剂如五氧化二磷、无水氯化钙等，以便干燥保存样品。真空干燥是在相同温度下，被干燥物质所含水分或溶剂由于周围空气压力的降低蒸发速度增加，真空度愈高，溶剂沸点愈低，蒸发愈快。

冷冻真空干燥是在真空干燥原理之上，同时增加了温度因素，在相同压力下，水蒸气压随温度下降而下降，故在低温低压下，冰很易升华为气体。操作时一般先将待干燥的液体冷冻到冰点以下使之变成固体，然后在低温低压下将溶剂变成气体而除去。此法干燥后的产品具有疏松、溶解度好、保持天然结构等优点，适用于各类生物大分子的干燥保存。

（三）储存

生物大分子的稳定性与保存方法密切相关。生物大分子的储藏保存可分为干态和液态储藏两种，注意储藏时应避免长期暴露于空气中以防止微生物的污染。

1. 干态储藏　温度对生物大分子的稳定性影响很大，在低温情况下其活性可在数日甚至数年无明显变化。储藏方法也很简单，只要将干燥后的样品置于干燥容器内（内装有干燥剂）密封，保存于 0～4℃冰箱中即可。有时为了取样方便和避免取样时样品吸水和污染，可先将样品分装于小瓶中，每次用时只取出 1 瓶。

2. 液态储藏　液态储藏的优点是使样品免去干燥这一步骤，生物大分子的生理活性和结构破坏较少；缺点是需要较严格的防腐措施，储藏时间不能太长，液态储藏注意事项如下：

（1）样品太稀易使生物大分子变性，必须浓缩到一定浓度才能封装储藏。

（2）一般需加入防腐剂和稳定剂，常用的防腐剂有甲苯、苯甲酸、氯仿等。蛋白质和酶常用的稳定剂有蔗糖、甘油等，如酶也可加入底物和辅酶以提高其稳定性。此外，钙、锌、硼酸等溶液对某些酶也有一定保护作用。

（3）储藏对温度要求较低，大多数在 0℃左右冰箱保存，另有文献报道某些蛋白质和酶在低温中反而引起变性，故应分情况对待，不能一概而论。

总之，生物大分子的储藏和保存，温度和水分是影响稳定性的两个主要因素。其次，各种稳定剂的应用是否适当关系也很大，实际应用时应全面加以考虑。

（孔　英）

第二节　分光光度法

物质的分子或离子对光波有选择性的吸收作用。不同的物质由于其分子（或离子）结构不同，对光波的吸收能力也各不相同。利用物质对不同波长光波的吸收特性，对物质进行定性、定量及结构分析的方法，称为分光光度法。

分光光度法是在比色法的基础上发展起来的，两者所依据的原理基本相同。比色法仅限于在可见光区进行测定，而且谱带宽度范围偏大（通常是 40～120nm），灵敏度、精确度不高，使其应用受到一定限制。而分光光度法由于采用了更为先进的单色系统和光检测系统，不仅光谱带宽大大缩窄（可见区最大不超过 3～5nm，紫外区更是在 1nm 以下）而且可在可见光区和紫外区（合称紫外可见分光光度法）、红外区（红外分光光度法）进行测定，因此其在灵敏度、准确度、精密度及应用范围上都大大优于比色法，在医药、化工、冶金、环境保护、地质等诸多领域有着广泛的应用。本节重点介绍紫外可见分光光度法。

一、基本原理

（一）光波的基本知识

光线是高速运动的光子流，也是具有波长和频率特征的电磁波。光子的能量与频率成正比，与波长成反比。肉眼可见的光线称为可见光，只占电磁波谱的很窄一部分，不同波长的可见光具有不同的颜色。波长大于 760nm 的光线称为红外线。波长小于 400nm 的光线称为紫外线（表 1-5）。

表 1-5　各种光波的波长范围

光波	波长 λ	光波	波长 λ
紫外线	200～400nm	可见光	400～760nm
远紫外线	200～280nm	红光	760～640nm
中紫外线	280～320nm	橙光	640～610nm
近紫外线	320～400nm	黄光	610～530nm
红外线	0.7～100μm	绿光	530～505nm
近红外线	0.7～2μm	蓝靛光	505～470nm
中红外线	3～5μm	紫光	470～380nm
远红外线	8～100μm		

（二）物质对光波的选择性吸收

1. 吸收光谱　光在与物质作用时，物质可对光产生不同程度的吸收。物质的分子或离子结构决定了物质在吸收光波时只能吸收某些特定波长的光，也就是说，物质对光的吸收有选择性。例如，当一束白光（复合光）通过硫酸铜溶液时，水合铜离子中的电子选择性的吸收复合光中的黄光而发生跃迁，其他颜色的光不被吸收而透过溶液，故溶液呈现出黄色的互补色——蓝色。我们通常见到的有色物质，都是由于他们吸收了可见光中的部分光，而呈现出被吸收光颜色的互补色。不同分子中的电子跃迁需要的能量不一样，因此不同物质对光的吸收特性也各不相同。

将不同波长的光连续地照射到一定浓度的样品溶液，便可得到与不同波长相对应的不同的吸收强度（吸光度）。如以波长（λ）为横坐标，吸光度（A）为纵坐标，就可绘出该样品的特异性吸收曲线，这种曲线体现了物质对不同波长的光的吸收能力，称为吸收光谱。每种物质都具有其特异的吸收光谱，据此可以用来鉴定各种不同的物质。例如核黄素之所以呈现黄色，是由于它仅吸收可见光中的蓝光范围，并测得其吸收峰在 450nm（图 1-3）。在紫外光范围它还有两个吸收峰，分别是 260nm 和 370nm。

2. 影响紫外-可见吸收光谱的因素　物质的吸收光谱与测定条件有密切的关系。测定条件（温度、溶剂极性、pH 等）不同，吸收光谱的形状、吸收峰的位置、吸收强度等都

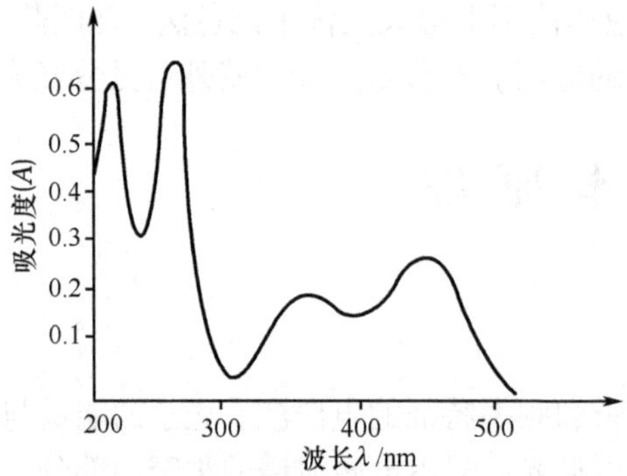

图 1-3 核黄素 200～500nm 波长的吸收光谱

注：核黄素 22μmol/L 溶于 0.1mol/L 磷酸钠中，pH 7.06，吸收杯厚 1cm

可能发生变化。

（1）温度：在室温范围内，温度对吸收光谱的影响不大。

（2）溶剂：在选择使用溶剂时，要注意如下几点：

1）同一种物质由于使用的溶剂不同，得到的紫外-可见吸收光谱的峰形和最大吸收位置可能不一样，所以在测定物质的吸收光谱时，一定要注明所使用的溶剂。

2）尽量选用低极性溶剂。

3）能很好地溶解待测样品，并且形成的溶液具有良好的化学和光化学稳定性。

4）溶剂本身在样品的吸收光谱区无明显吸收。

3. pH 溶液的酸碱度对待测样品、显色剂、二者形成的有色化合物及溶液体系中的其他试剂的解离均可产生显著的影响。解离程度不同，溶液的颜色也不尽相同，即可能会造成吸收光谱发生一定程度的位移。为尽可能减少这种影响，应该在实验前确定合适的 pH 范围，并选择适宜的缓冲体系。

（三）郎伯-比尔定律

在实际应用中，分光光度法常被用来测定溶液中存在的某个光吸收物质的浓度。其理论依据是郎伯-比尔（Lambert-Beer）定律。

1. 郎伯定律 一束单色光在通过一溶液时，由于溶液吸收一部分光能，使光的强度减弱。若溶液的浓度不变，则溶液的厚度愈大，光强度的减弱也愈显著（图 1-4）。

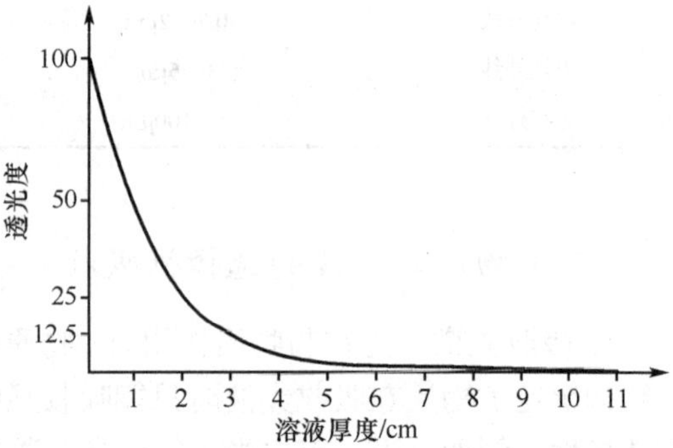

图 1-4 光吸收与溶液厚度的关系

若以 I_0 表示入射光强度，I 表示光线通过溶液后的透过光强度，L 表示溶液的厚度，

则 $\frac{-\mathrm{d}I}{\mathrm{d}L} \propto I$，$-\frac{\mathrm{d}I}{\mathrm{d}L} = \alpha I$ 或 $\frac{\mathrm{d}I}{I} = -\alpha \mathrm{d}L$

积分：$\int \frac{\mathrm{d}I}{I} = -\int \alpha \mathrm{d}L$

得：$\ln I = -\alpha L + C$

当 $L=0$ 时，$I=I_0$，所以 $C=\ln I_0$

即 $\ln I = -\alpha L + \ln I_0$

所以 $$\ln\frac{I_0}{I} = \alpha L \text{ 或 } \frac{I}{I_0} = \mathrm{e}^{-\alpha L}$$

或 $$\lg\frac{I_0}{I} = K_1 L \quad (\mathrm{K}_1 = \frac{\alpha}{2.303})\frac{I}{I_0} = 10^{-K_1 L} \tag{1-4}$$

K_1 是一常数，受光线波长、溶液性质和溶液浓度影响。从上述公式可知，透过溶液后，

光线强度的减弱（I/I_0）与溶液厚度（L）呈指数函数关系。可见光强度的改变与溶液厚度并不呈简单的正比关系。这一关系就是郎伯定律。

2. 比尔定律　当一束单色光通过一溶液时，若溶液的厚度不变，则溶液浓度愈高，光线强度减弱也愈显著。与上定律相似，两者的关系可以表示如下：

$$\lg\frac{I_0}{I}=K_2C \quad 或 \quad \frac{I}{I_0}=10^{-K_2L} \tag{1-5}$$

式 1-5 中，C 表示溶液的浓度，K_2 是一常数，受光线波长、溶液性质和溶液厚度的影响。式 1-5 所表示的光线强度与溶液浓度的关系称为比尔定律。

虽然所有的溶液均符合郎伯定律，但并非所有的溶液都符合比尔定律。这是由于有些物质在不同浓度条件下其颜色可能发生改变，即在不同浓度条件下其吸收光的波长发生改变。常见的原因如下：

（1）有些有色物质在溶液中可能解离成相应的离子，离子的颜色与分子的颜色不同，造成对比尔定律的误差。

（2）有些物质在较高浓度状态下可形成络合物，络合物使吸收光谱发生改变。例如：氯化钴在稀溶液中呈玫瑰色，而在浓溶液中呈蓝色。

$$\underset{玫瑰色}{CoCl_2+CoCl_2} \longrightarrow \underset{蓝色}{Co^{2+}(CoCl_4)^{2-}}$$

（3）氢离子浓度和电解质也可引起一些有色物质颜色的改变，这些改变也可能造成比尔定律的误差。

3. 郎伯-比尔定律　将 Lambert 定律和 Beer 定律合并，即式 1-4 和式 1-5 合并为：

$$\lg\frac{I_0}{I}=KCL \quad 或 \quad \frac{I}{I_0}=10^{-KCL}$$

一般将通过溶液后的光线强度（I）和入射光强度（I_0）的比值称为透光度（transmittance，T），将$-\lg I/I_0$用光密度（optical density，OD 或 D）表示，以反映该溶液对光吸收的情况。有时也用吸光度（absorbance，A）表示。则它们之间的关系如下

$$A(D)=-\lg\frac{I}{I_0}=-\lg T=KCL \tag{1-6}$$

其中，K 为常数，称为消光系数（extinction coefficient，符号 E）表示物质对光线吸收的本领，其值因物质种类和光线波长而异。

二、分光光度法的应用

分光光度法以物质特异性的吸收光谱为检测基础，因此具有灵敏度高、选择性好、准确度高等优点，而且由于其分析成本低，操作简便、快速，现在已被广泛地应用于化工、冶金、地质、医学、食品、制药及环境监测等领域，是研究物质的成分、含量、结构、纯度及物质间相互作用的非常有效而便捷的手段之一。此外，紫外分光光度法还可作为红外（IR）、核磁共振（NMR）、质谱（MS）等方法的辅助手段，对有机物进行定量、定性及结构等方面的分析。现将分光光度法的应用做一简要介绍。

1. 定量分析测定物质的浓度　这是分光光度法最早期的应用之一，其基本原理是郎伯-比尔定律。

根据郎伯-比尔定律，对于相同物质和相同波长的单色光来说，式 1-6 中的消光系数不变，是个定值。而在实际工作中利用分光光度计测量吸光度时，所用比色杯的大小是一样的，因此式 1-6 就变成了：

$$\frac{A_1}{A_2}=\frac{C_1}{C_2} \quad 或 \quad C_1=\frac{A_1}{A_2}\times C_2 \tag{1-7}$$

如果 C_2 为标准溶液的浓度，则可根据测得的吸光度值，按式 1-7 求得待测溶液的浓度。

为简便起见，实际工作中常常不是每测一个待测样品都做一个标准管，而是事先测定一系列不同浓度的标准管，然后以吸光度对标准浓度作图，得到标准曲线，测得待测物质的吸光度后，便可从标准曲线上查到相应的浓度数值。

从式 1-6 可知，若知道某待测物质的消光系数和溶液的厚度，也可以从吸光度推算出待测溶液的浓度。消光系数的常用表示方法有两种：

（1）百分消光系数（$E_{1cm}^{1\%}$）：浓度以百分浓度来表示的消光系数。百分消光系数等于浓度为 1%，液层厚度为 1cm 的吸光度值。

（2）克分子消光系数（ε）：浓度以摩尔浓度来表示的消光系数。克分子消光系数等于溶液浓度为 1 个摩尔浓度，液层厚度为 1cm 的吸光度值。

用消光系数计算浓度的公式是：

$$C=\frac{A}{E_{1cm}^{1\%}}(浓度单位为g/100ml) \quad 或C=\frac{A}{\varepsilon}(浓度单位为摩尔浓度)$$

例：一蛋白质溶液在其吸收峰 λ=278nm 处的吸光度 A=0.520，吸收杯厚度为 1.00cm，已知 $E_{1cm}^{1\%}$ 278=5.10，则此蛋白质溶液的浓度为

$$C=\frac{A}{E_{1cm}^{1\%}}=\frac{0.520}{5.10}=0.102\%$$

2. 定性分析鉴定物质的属性　每一种化合物都有自己的特征光谱。测出未知物的吸收光谱，可以对该未知物作出定性鉴定，即当某一未知物质的吸收光谱与某一已知物质的吸收光谱曲线形状一样时，则很可能二者即为同一物质。如前文所述，核黄素吸收峰在 450nm，在紫外光范围它还有两个吸收峰，分别是 260nm 和 370nm。如果某一样品具有这样的吸收光谱，则可初步判定该物质为核黄素。分光光度法对复杂化合物的定性分析有一定的困难。

3. 纯度的鉴定　用紫外吸收光谱确定试样的纯度是比较方便的。如核酸的纯度分析中，可用 A_{260}/A_{280} 的比值，鉴定其纯度。

4. 结构分析　紫外-可见吸收光谱一般不用于化合物的结构分析，但利用紫外吸收光谱鉴定化合物中的共轭结构和芳香环结构还是有一定价值。如果某化合物在近紫外区内无吸收，说明该物质无共轭结构和芳香环结构。

5. 显色剂的选择及使用　对于紫外分光光度法而言，一般无须特殊的试剂即可直接进行测定。但这种方法只适用于含共轭或芳香环结构的有机物和少数无机阴离子（如 NO^{2-}、NO^{3-}），对于其他大多数物质来说此法则不适用。为此，需要对待测样品进行显色。

显色反应所需要的试剂通常包括各种显色剂和增敏剂。常用的无机显色剂有硫氰酸盐、钼酸铵、过氧化氢等几种。有机显色剂则种类繁多，有杂环偶氮类、三氮烯类、荧光酮、安替比林类、腙类、三苯甲烷碱性染料、环芳烃等几大类，这些显色剂的显色反应已经涉及元素周期表中的绝大部分元素，可用于许多阴阳离子及有机组分的直接或间接测

定。增敏剂中应用得比较多的是各种表面活性剂、高分子聚合物、环糊精等试剂，它们在改善光度分析性能、提高灵敏度方面起重要作用。

有机物的显色反应涉及离子缔合反应、重氮-偶合反应、荷移配位反应、氧化还原反应、金属离子作显色剂的显色反应等几大类。在这些反应中，只有针对性高、灵敏度好、反应速度快、生成物稳定、显色剂在测定波长处无明显吸收、反应条件易于控制且两种有色物最大吸收波长之差大于60nm的化学反应才能满足实验的要求。

三、分光光度计的结构原理

不论比色计（colorimenters）、光度计（photometers）还是分光光度计（spectrophotometers），其基本结构原理都是相似的，都由光源、单色光器、狭缝、吸收杯和检测器系统等部分组成（图1-5）。

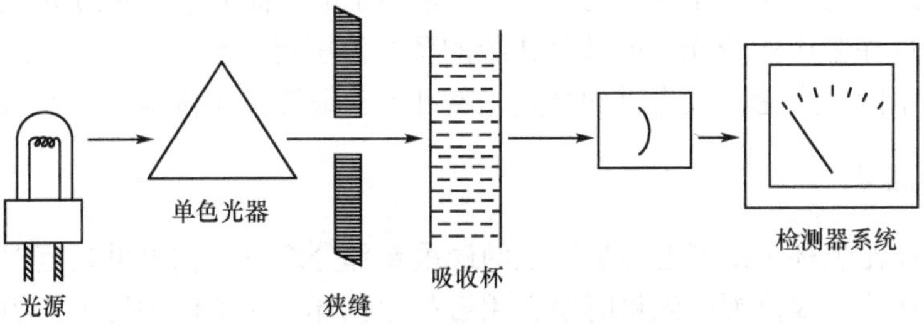

图1-5　分光光度计结构原理

（一）光源

一个良好的光源要求具备发光强度高、光亮稳定、光谱范围广、有连续性和使用寿命长等特点。利用固体灯丝材料高温放热产生的辐射作为光源的是热辐射光源，如钨灯（tungsten lamp）、卤钨灯，它们适用于做340～1000nm范围的光源，在可见区使用。卤钨灯的使用寿命及发光效率高于钨灯。气体放电光源是指在低压直流电条件下，氢或氘气放电所产生的连续辐射，一般为氢灯或氘灯，适用于做200～360nm的紫外分析的光源。此外，金属弧灯（各种汞灯）有时也用作分光光度计的光源。

（二）单色光器

分光光度法测定某一物质的吸光度需要在某一特定波长下进行。单色光器的作用在于根据需要选择一定波长范围的单色光。在实际工作中欲选择出单个某波长的光线是困难的。所谓单色光是指在此波长有最大发射，而在相邻较长和较短波长范围内的发射能量较少而言。单色光的波长范围愈窄，仪器的敏感度愈高，测量的结果愈可靠。

最简单的单色光器是光电比色计上所采用的滤光片（一定颜色的玻璃片）。由于通过光线的光谱范围较宽，所以光电比色计的分辨效果较差，现在已被棱镜（prism）和衍射光栅（diffraction grating）所取代。后二者是较好的单色光器，它们能在较宽光谱范围内分离出相对单一波长的光线（图1-6）。

1. 棱镜　光波通过棱镜时，不同波长的光折射率不同，因而能将不同波长的光分开。

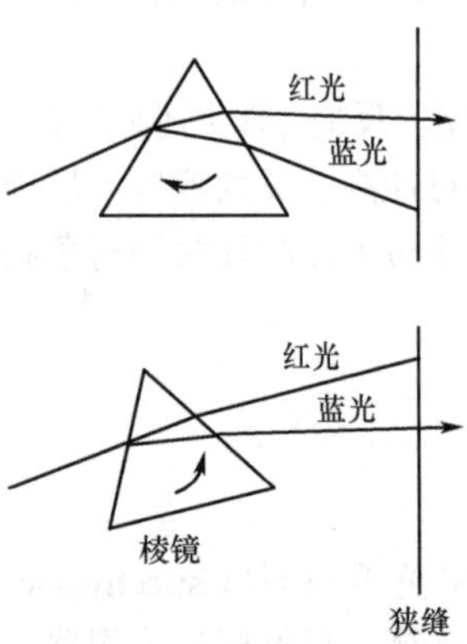

图 1-6　用棱镜产生单色光

玻璃棱镜的色散能力强，但只能用于可见光区。石英棱镜工作波长范围为 185～4000nm，既可在紫外光区工作，也可用于可见光区和近红外光区。

2. 衍射光栅　在石英或玻璃表面上刻划许多平行线（每英寸约刻 15 000～30 000 条）。由于刻线处不透光，通过光的干涉和衍射使较长的光波偏折角度大，较短的光波偏折角度小，因而形成光谱。

（三）狭缝

通过单色光器的发射光的强度可能过强也可能过弱不利于进一步检测。狭缝是由一对隔板在光通路上形成的狭缝。通过调节狭缝的大小来调节入射单色光强度并使入射光形成平行光线，以适应检测器的需要。光电比色计的狭缝是固定的，而光度计和分光光度计的狭缝大小是可调的。现在常用的分光光度计其狭缝的调节范围可低至 0～2nm，由于棱镜的色散能力随波长的不同而变化，较先进的分光光度计的狭缝宽度可随波长一起被调节。

（四）样品池

样品池（即比色杯）是光度测量系统的最重要部分之一。在可见光范围内测量时选用玻璃比色杯，在紫外线范围内测量时要选用石英比色杯。注意保护比色杯的质量是取得好的分析结果的重要条件之一。不得用粗糙、坚硬物质接触比色杯；不能用手指握取比色杯的光滑面；用后要用水及时冲洗，不得残留测定液，尤其是蛋白质和核酸溶液。

（五）检测器系统

有些金属在受到光的照射时会产生电流，光愈强电流愈大，这种现象叫做光电效应。分光光度计的检测系统（受光器）就是由具备光电效应的金属制成的光电元件。受光器主要有两种：光电池和光电管。常见的光电池是硒光电池，它产生的电流较强，可直接用微电流计测量。但硒光电池易产生疲劳现象，使光电流下降，必须在暗中放置一段时间才能恢复，因此不宜长时间连续使用，并且硒光电池对波长在 270nm 以下和 700nm 以上的光波不敏感，使其使用受到限制。

较精密的分光光度计都是采用真空光电管或光电倍增管作为受光器，并采用放大装置以提高敏感度。虽然光谱范围狭窄的单色光的能量比范围宽的弱很多，但这种有放大线路的灵敏检测系统仍能准确地检测出来。

检测器产生的光电流信号通常转变成模拟的或者数字的结果输出，模拟输出装置包括电流表、电压表、记录器、示波器及与计算机联用等，数字输出则通过数字式电压表进行。

四、常用的国产分光光度计的使用

（一）721 型分光光度计

721 型分光光度计是学生实验常用的一种分光光度计，用于样品在可见光范围内的定量、定性测定（图 1-7，图 1-8）。

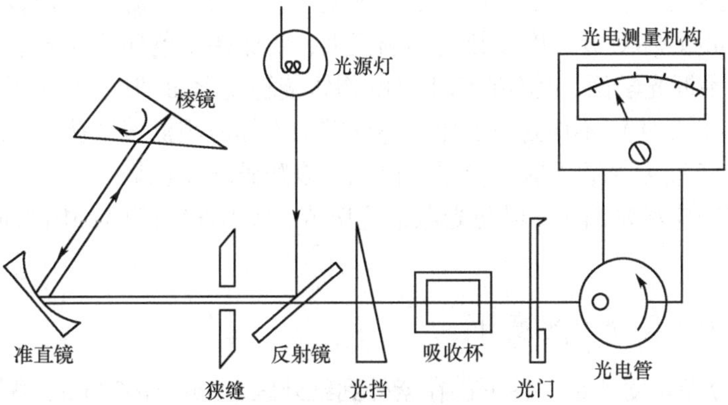

图 1-7　721 型分光光度计示意图

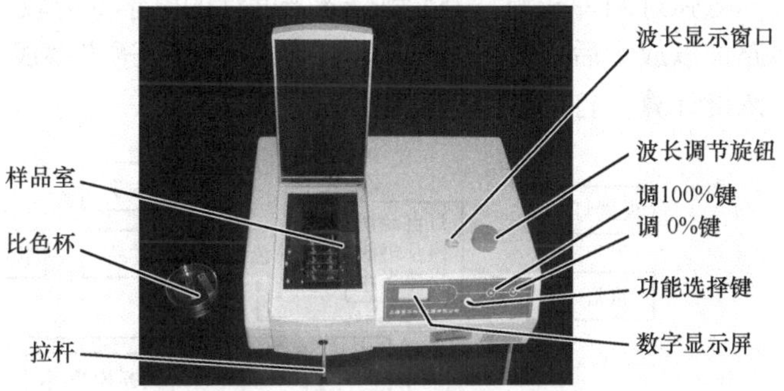

图 1-8　721 型分光光度计外观

1. 使用方法

（1）开启电源，指示灯亮，仪器预热 20 分钟，选择功能键于“透射比 T”。

（2）打开样品室盖（光门自动关闭），将装有溶液的比色杯放置于样品室的比色架中，注意要让光路通过比色杯的光玻璃面。

（3）旋动波长调节旋钮，把测试所需的波长调节至刻度线处。

（4）盖上样品室盖，将装有空白对照液的比色杯置于光路，按下“调 100%”按键，数字依次显示为“8L”，“100.0”　。

（5）拉动拉杆，将被测溶液依次置于光路中，从液晶显示屏上直接读出被测溶液的透射比（*T*）值。

（6）吸光度 *A* 的测量：选择功能键于“吸光度 A”位置，参照（2）～（4）放置比色杯及调整仪器（注意按下“调 0%”按键时，数字依次显示为“8L”，“–0.00”），然后依次移入被测溶液，显示屏上显示的数值即为样品的吸光度 *A* 值。

（7）仪器在使用时，应常参照本操作方法中（4）调试仪器。

（8）每台仪器所配套的比色皿不能与其他仪器上的比色皿调换。

（9）如大幅度改变测试波长时，需等数分钟后才能正常工作，因波长由长波向短波或短波向长波移动时，光能量变化急剧，光电管受光后响应较慢，需一段光响应平衡时间。

（10）比色完毕后，关上电源开关，取出比色杯，将比色样品室盖好，清洗比色杯并分开倒置晾干。

2. 注意事项

（1）分光光度计属精密仪器，应精心爱护使用，要防震、防潮、防腐蚀。

（2）比色杯的好坏对吸光度读数的影响很大，要保持比色杯的清洁干净，保护光学面的透明度，不能手握光学面，也不能用粗糙的物体接触光学面，比色杯中的液体应适量（占比色杯体积的 2/3～3/4），不应过满，比色杯外壁的液体应用擦镜纸擦干，以防腐蚀仪器和影响读数。如比色液为强酸强碱，应尽快比色，以防破坏比色杯。

（3）比色时间应尽量缩短，以防光电系统疲劳。如需连续使用，中间应适当暂停使用，使之避光休息。

（二）UV-754 型分光光度计

UV-754 型分光光度计是一种可供在紫外到红外区（200～1000nm）测量吸收光谱的较高级分光光度计。此仪器的光学部分与 721 型分光光度计相类似，但它采用石英棱镜作单色光器，有钨丝灯和氢弧灯两种光源。754 型分光光度计的电学部分较为复杂（图 1-9）。光电流经过放大线路加以放大后，此时得到的样品信号变为与透光率成比例的值。其后，调零、变换对数、浓度计算、打印数据等均由微处理机进行。

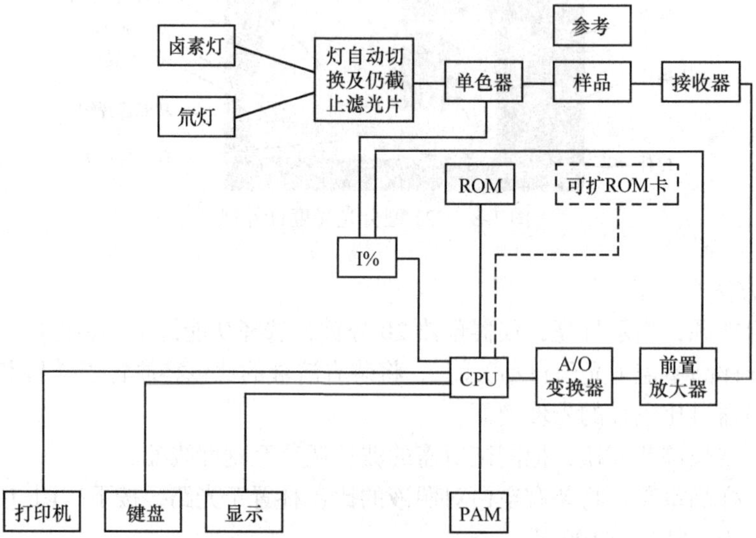

图 1-9　UV-754 电气系统

仪器的使用方法

1. 测试准备

（1）打开电源开关之前，检查一下样品室是否放置遮光物。

（2）样品室的试样槽置“参考（空白调零）”位置。

（3）接电源开关（如果波长工作在 200～360nm 时需按氘灯触发按钮）。显示器显示“754”后，数字显而易见：“100.0”，则表示仪器已通过自检程序。

（4）仪器预热 30 分钟后开始测试。

2. 测试

（1）数显为 100.0 后，稳定 2～3 秒，即可把试样槽置“样品”位置进行测试。待第一个数据打印完毕后，再将试样槽置第二个“样品”位置测试。

（2）每当需要调换波长时，必须把试样槽置“参考”位置，重新调满度。

【注意】

如果在设定测试波长时，需等待数分钟后，才能工作，因这时光能量变化急剧，使光电管受光后响应缓慢，需一段光响应平衡时间。

（徐跃飞）

第三节　层析技术

层析技术是近代生物化学实验中常用的分析方法之一，任何层析过程都是在两个相中进行的。一是固定于支持物上的固定相，另一是流经固定相的流动相，由于样品中各组分理化性质（如溶解度、吸附能力、分子形状、分子所带电荷的性质和数量、分子表面的特殊基团、分子量等）不同，表现出对固定相和流动相的亲和力各不相同。当混杂物通过多孔的支持物时，它们受固定相的阻力和受流动相的推力也不同，各组分移动速度各异并在支持物上集中分布于不同的区域，从而各组分得以分离。

根据层析法中两相的性质和操作方法不同，层析法有许多类型：

1. 吸附层析　利用吸附剂表面对不同组分吸附性能的差异达到分离鉴定目的。
2. 分配层析　利用不同组分在流动相和固定相间分配系数不同分离。
3. 离子交换层析　利用不同组分对离子交换剂亲和力不同分离。
4. 凝胶层析　利用某些凝胶对不同大小分子组分的阻滞作用不同分离。
5. 亲和层析　利用生物分子间专一的亲和力进行分离。

一、吸附层析

吸附作用是指某些物质能够从溶液中将溶质浓集在其表面的现象。吸附剂吸附能力的强弱与被吸附物质的化学结构、溶剂的本质和吸附剂的本质有关。当改变吸附剂周围溶剂成分时，吸附剂对被吸附物质的亲和力便发生变化，使被吸附物质从吸附剂上解脱下来，这一解脱过程称为“洗脱”或“展层”。

吸附层析（absorption chromatography）是把吸附剂装入玻璃柱内（吸附柱层析法）或铺在玻璃板上（薄层层析法），由于吸附剂的吸附能力可受溶剂影响而发生改变，样品中的物质被吸附剂吸附后，用适当的洗脱液冲洗，改变吸附剂的吸附能力，使之解吸，随洗脱液向前移动。当解吸下来的物质向前移动时，遇到前面新的吸附剂又重新被吸附。此被吸附的物质再被后来的洗脱液解脱下来。经如此反复的吸附-解吸-再吸附-再解吸的过程，物质即可沿着洗脱液的前进方向移动。其移动速度取决于吸附剂对该物质的吸附能力。由于同一吸附剂对样品中各组分的吸附能力不同，所以在洗脱过程中各组分便会由于移动速度不同而逐渐分离出来，这就是吸附层析的基本过程。

实验中常用的固体吸附剂有氧化铝、硅酸镁、磷酸钙、氢氧化钙、florsit、活性钙、蔗糖、纤维素和淀粉。常用的洗脱液有乙烷、苯乙醚、氯仿，以及乙醇、丙酮或水与有机溶剂形成的各种混合物，吸附层析通常用于分离脂类、类固醇类、类胡萝卜素、叶绿素以及它们的前体等非极性和极性不强的有机物。

值得提出的是，几乎所有的溶质对于所有的层析介质，即使是惰性的物质都有一定限度的吸附力，除吸附层析本身之外，吸附作用还或多或少地存在于所有其他类型的层析中。

二、分配层析

分配层析（partition chromatography）是利用混合物中各组分在两相中分配系数不同而达到分离目的的层析技术，相当于一种连续性的溶剂抽提方法。

在分配层析中，固定相是极性溶剂（例如水、稀硫酸、甲醇等）。此类溶剂能和多孔的支持物（常用的是吸附力小、反应性弱的惰性物质如淀粉、纤维素粉，滤纸等）紧密结合，使之呈不流动状态；流动相则是非极性的有机溶剂。分配系数（a）是指在一定温度和压力条件下达到平衡，物质在固定相和流动相两部分的浓度比值。

$$\text{分配系数(a)} = \frac{\text{物质在固定相中的浓度}}{\text{物质在流动相中的浓度}}$$

在层析过程中，当有机溶剂（流动相）流经样品点时，样品中的溶质便按其分配系数部分地转入流动相向前移动。当经过前方固定相时，流动相中的溶质就会进行分配，一部分进入固定相。通过这样不断进行的流动和再分配，溶质沿着流动方向不断前进。各种溶质由于分配系数不同，向前移动的速度也各不相同。分配系数较大的物质，由于分配在固定相多些，分配在流动相少些，溶质移动较慢；而分配系数较小的物质，流动速度较快。从而将分配系数不同的物质分离开来。

支持物在分配层析中起支持固定相的作用，根据其使用方式也分柱层析和薄层层析两种。用滤纸做支持物的纸层析法是最常用的分配层析。实验中应选用厚度适当、质地均一、含金属离子（钙、铜、镁、铁等）尽量少的滤纸为支持物。滤纸中吸附着的水（含 20%～22%）是常用的固定相。酚、醇是常用的流动相。展层方法多可采用垂直型（图 1-10），也可采用水平型。把欲分离的样品点加于纸的一端，使流动相经此移动，这样在两相间就发生分配现象。根据样品中各组中的分配系数不同，它们就逐渐集中于纸上不同的部位。各组分在滤纸上的移动速度可用 R_f 值来表示。

$$R_f = \frac{\text{溶质层析点中心到原点中心的距离}}{\text{溶剂前沿到原点中心的距离}}$$

在纸层析中，R_f 值的大小主要取决于该组分的分配系数。分配系数大者移动速度慢，R_f 值也小；反之分配系数小者移动速度快 R_f 值也大。因为每种物质在一定条件下对于一定的溶剂系统，其分配系数是一定的，R_f 值也恒定。因此可以根据 R_f 值对分离的物质进行鉴定。

有时几种成分在一个溶剂系统中层析所得 R_f 值相近，不易分离清楚。这时可以在第一次层析后将滤纸吹干逆转 90°，再采用另一种溶剂系统进行第二次层析，往往可以得到满意的分离效果。这种方法称为“双向纸层析法”（图 1-11），以与一般的“单向纸层析”相区别。

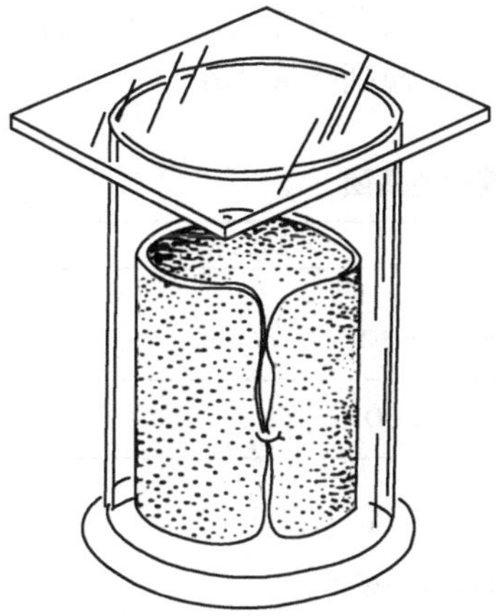

图 1-10　纸层析示意图

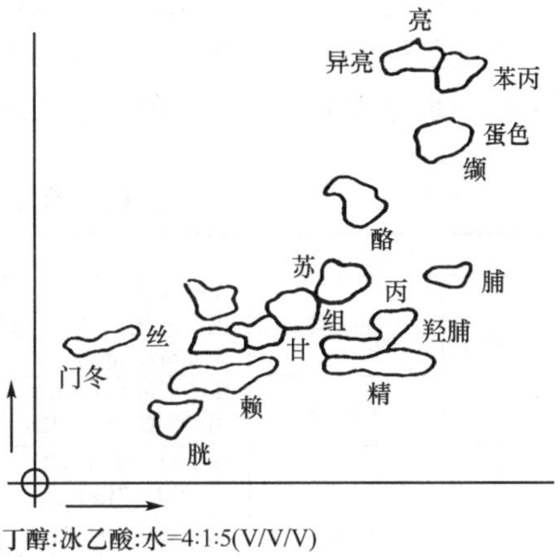

图 1-11　氨基酸双向纸层析色谱

薄层层析属于固-液吸附层析，适用于小量样品（几到几十微克，甚至 0.01μg）分离，若在制作薄层板时，把吸附层加厚，将样品点成一条线，则可分离多达 500mg 的样品，因此又可用来精制样品。薄层层析在洗涤干净的玻板（10cm×3cm 左右）上均匀的涂一层吸附剂或支持剂，干燥、活化后将样品滴加于离薄层板一端起点线上，晾干后置薄层板于盛有展开剂的展开槽内展开，取出色谱板，干燥后喷以显色剂，或在紫外灯下显色。

三、离子交换层析

离子交换层析（ion-exchange chromatography）是利用离子交换剂对需要分离的各种离子具有不同的亲和力（静电引力）而达到分离目的的层析技术。离子交换层析的固定相是离子交换剂，流动相是具有一定 pH 和一定离子强度的电解质溶液。

离子交换剂是具有酸性或碱性基团的不溶性高分子化合物，这些带电荷的酸性或碱性基团与其母体以共价键相连，这些基团所吸引的阳离子或阴离子可以与水溶液中的阳离子或阴离子进行可逆的交换。因此根据可交换离子的性质将离子交换剂分为两大类：阳离子交换剂和阴离子交换剂（图 1-12）。

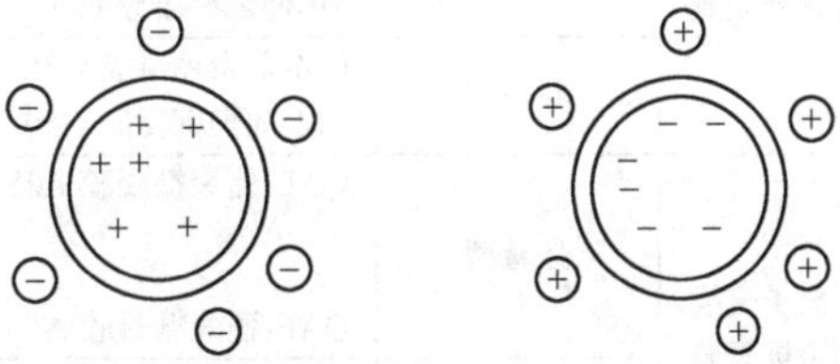

图 1-12　离子交换剂和它们所吸引的电荷

据离子交换剂的化学本质，可将其分为离子交换树脂、离子交换纤维素和离子交换葡聚糖等多种。

离子交换树脂是人工合成的高分子化合物，生化实验中所用的离子交换树脂多为交联聚苯乙烯衍生物。离子交换树脂多用于样品去离子，从废液中回收所需的离子和水的处理等。由于它可使不稳定的生物大分子变性，因此不适用于对生物样品进行分离。离子交换纤维素可用于生物大分子的分离。其缺点是分子形态不规则，孔隙不均一，对要求非常严格的试验尚不够满意。

较为理想的离子交换剂是离子交换葡聚糖凝胶和离子交换琼脂糖凝胶。它们具有颗粒整齐，孔径均一等优点，往往得到较好的分离效果。

根据各种离子交换剂所带酸性和碱性功能团的不同和其解离能力的差异，各种交换剂又可进一步分为强酸型、弱酸型、强碱型和弱碱型四种，现列于表 1-6。

表 1-6　离子交换剂的类型及其功能基团

类型		名称	功能基团
阳离子交换树脂	强酸型	Dowex 50 国产强酸 1×7（732） IR-120Zerolit 225	硫酸基—SO_3^-
	弱酸型	IRC-150Zerolit 226 国产弱酸 101×128（724）	羟基—COO^-
阴离子交换树脂	强碱型	Dowex 1 Dowex 2 201×7（713）及 国产 201×4（714） Zerolit FF IRA-400	季胺基 —N^+R_3
	弱碱型	IR-45 Dowex 3 国产弱碱 301（701） Zerolith	伯胺基—N^+H_3 伯胺基—N^+H_2R 伯胺基—N^+HR_2
阳离子交换纤维素	强酸型	磷酸纤维素（P） 磺甲基纤维素（SM） 磺乙基纤维素（SE）	磷酸基—O—PO_3^- 磺甲基—O—CH_2—SO_3^- 磺乙基—O—CH_2—CH_2—SO_3^-
	弱酸型	羧甲基纤维素（CM）	羧甲基—O—CH_2—COO^-
阴离子交换纤维素	强碱型	三乙基氨基乙基纤维素（TEAE）	三乙基氨基乙基 —O—CH_2—CH_2—N^+—（CH_2CH_3）$_3$
	弱碱型	二乙基氨基乙基纤维素（DEAE） 氨基乙基纤维素（AE） 三羟乙基氨基纤维素（ECTEOLA）	二乙基氨基乙基 —O—CH_2—CH_2—N^+H—（CH_2CH_3）$_2$ 氨基乙基—O—CH_2—CH_2—N^+H_3 三羟乙基氨基—N^+—（CH_2CH_2OH）$_3$
阳离子交换葡聚糖凝胶	强酸型	SE-葡聚糖凝胶 G25 SE-葡聚糖凝胶 G50 SP-葡聚糖凝胶 G25 SP-葡聚糖凝胶 G50	磺乙基—O—CH_2—$CH_2SO_3^-$ 磺丙基—$CH_2SO_3^-$
	弱酸型	CM-葡聚糖凝胶 G25 CM-葡聚糖凝胶 G50	羧甲基—O—CH_2—COO^-
阴离子交换葡聚糖凝胶	强碱型	QAE-葡聚糖凝胶 A25 QAE-葡聚糖凝胶 A50	二乙基（α-羟丙基）氨基乙基 —O—CH_2—CH_2N^+—（CH_2CH_3；CH_2OH—CH_3；CH_2CH_3）
	弱碱型	DEAE-葡聚糖凝胶 A25 DEAE-葡聚糖凝胶 A50	二乙基氨基乙基 —O—CH_2—CH_2N^+H—（CH_2CH_3）$_2$

1. 离子交换层析的基本过程　离子交换剂处理装柱，用酸或碱处理（可用一定 pH 的缓冲液处理），使离子交换剂变成相应的离子型（阳离子交换剂带负电并吸引相反离子 H^+，阴离子交换剂带正电并吸引相反离子 OH^-），加入样品后，使样品与交换剂所吸引的相反离子（H^+或 OH^-）进行交换，样品中待分离物质便通过电价键吸附于离子交换剂上面（图 1-13）。然后用基本上不会改变交换剂对样品离子亲和状态的溶液（如起始缓冲液）充分冲洗，使未吸附的物质洗出。

2. 洗脱待分离物质常用的方法　一是制作电解质浓度（即离子强度）梯度，不断增加离子强度，吸附到交换剂上的物质根据其静电引力的大小而不断竞争性的解脱下来。二是制作 pH 梯度影响样品电离能力，也使交换剂与样品离子亲和力下降，当 pH 梯度接近各样品离子的等电点时，该离子就解脱下来。在实际工作中，离子强度梯度和 pH 梯度可以是连续的（称梯度洗脱），也可以是不连续的（称阶段洗脱）。一般来讲，前者分离的效果比后者的分离效果理想，梯度洗脱需要梯度混合器来制造离子强度梯度或 pH 梯度。图 1-14 是最简单的梯度混合器，它由两个容器组成，两容器之间以连通管相连接，与出口连接的容器装有搅拌装置，内盛起始洗脱液，此洗脱液代表开始洗脱的离子强度（或起始 pH）；另一容器内盛有终末洗脱液，此洗脱液代表洗脱的最后离子强度（或最后 pH）。在洗脱过程中，由于终末洗脱液不断进入起始洗脱液中，并不断搅拌均匀，所以流出的洗脱液成分不断的由起始状态向终末状态演变形成连续的梯度变化。

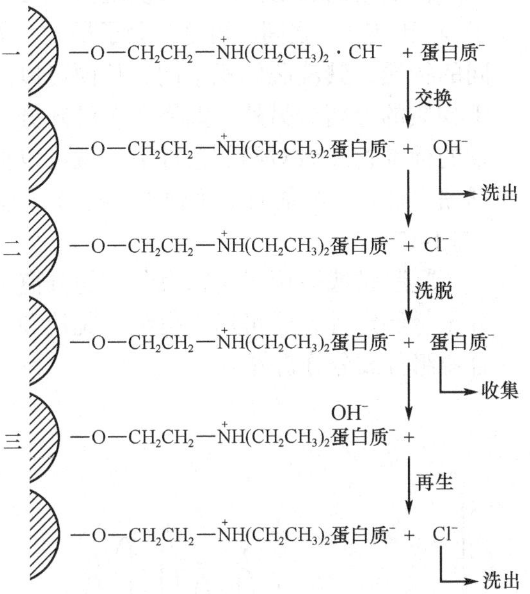

图 1-13　离子交换分析基本过程

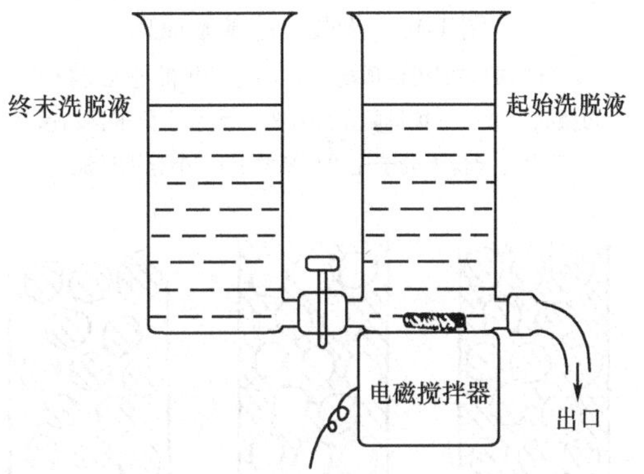

图 1-14　梯度混合器

四、凝 胶 过 滤

凝胶过滤（gel filtration）是利用具有一定口径的多孔凝胶的分子筛作用对生物大分子进行分离的层析技术。当样品随流动相经过由凝胶组成的固定相时，分子量大的物质不能扩散进入凝胶颗粒内部，于是随流动相流经颗粒之间的狭窄空隙，首先洗脱出层析柱；分子量小的物质可以扩散进入凝胶颗粒内部，比较大分子量物质流经的截面积宽，流动速度慢，于是与分子量大的物质分离开来，最后被洗脱出来（图 1-15）。即固定相的网孔对不同分子量的样品成分具有不同的阻滞作用，使之以不同的速度通过凝胶柱，从而达到分离的目的，凝胶过滤又因此得名"分子筛层析"和"凝胶排阻层析"。

在实际工作中，对于同一个凝胶柱来说，各种分子量的物质有其固定的洗脱体积。因此，准确掌握凝胶柱的一些基本因素是十分有益的。

凝胶柱的总体积（V_t）：凝胶颗粒之间空隙的体积（外水体积 V_o）、凝胶颗粒网眼内的体积（内水体积 V_i）和凝胶颗粒基质本身的体积（V_r）的总和（图 1-16）。

$$V_t=V_o+V_i+V_r$$

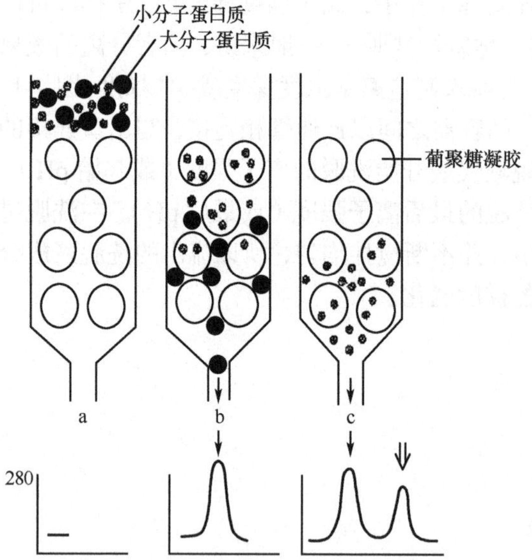

图 1-15　凝胶过滤基本原理

a. 样品加在层析柱顶端；b. 小分子扩散进入凝胶颗粒微孔，大分子被排阻于颗粒外，大、小分子移动速度发生差异将大分子先出层析柱；c. 小分子后流出

如果被分离的物质分子量很大，完全不能进入网孔内，那么它从柱上洗脱下来（小样品时以洗脱峰为准）所需的洗脱液体积（V_e）就等于颗粒间隙的体积（V_o），即 $V_e=V_o$。如果被分离物质的分子量极小，可以非常自由的通过网孔即进出凝胶颗粒，那么它的洗脱液体积就应当等于颗粒内和颗粒间隙体积的总和（$V_e=V_o+V_i$）。至于分子量位于上两者之间的，其洗脱体积便位于 V_o 和 V_o+V_i 之间。可见，分子量大小不同的物质，其洗脱体积不同，从而可以用于物质的分离。另外，如果在有已知分子量的标准物质做对照的条件下，就可以根据洗脱体积来估计待测物质的分子量（图 1-17）。

凝胶过滤除用于生物大分子的分离、分子量测定外，还可用于提纯、脱盐和复合物组分成分分析等。

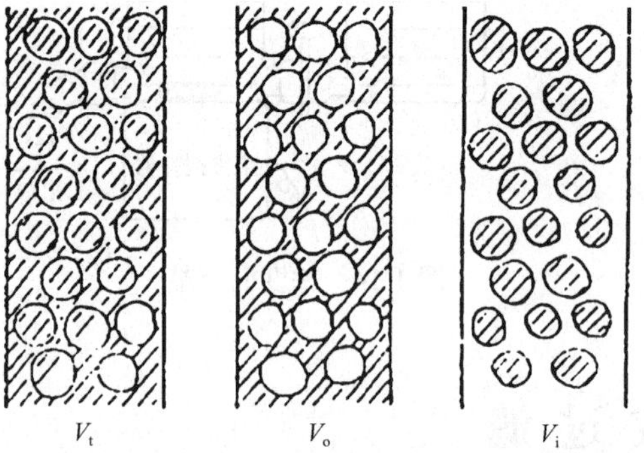

图 1-16　凝胶过滤的 V_t、V_o 和 V_i V_r（凝胶粒本身体积）

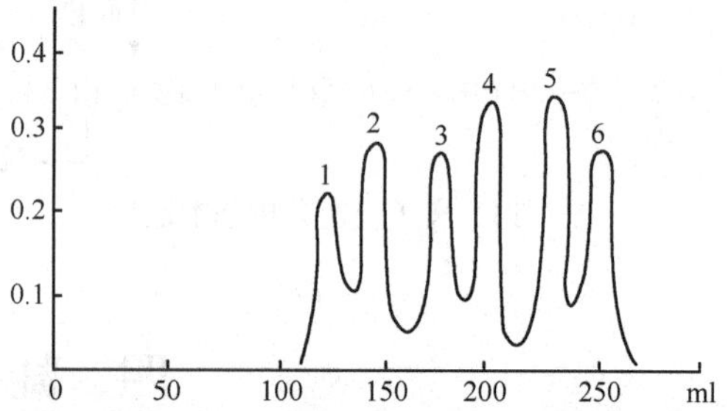

图 1-17　几种标准物质凝胶过滤图

Sephadex G-200（超细颗粒）柱 2.6cm×70cm，洗脱液：0.05mol/L 磷酸钾缓冲液，内含 0.1mol/L NaCl 及 0.02%NaN_3，流速 1ml/cm^2/hr

1. 过氧化氢酶（210 000）；2. 醛缩酶（158 000）；3. 牛血清蛋白（67 000）；4. 卵清蛋白（43 000）；5. 糜蛋白酶原 A（25 000）；6. 核糖核酸酶 A（13 700）

适用于做凝胶过滤的材料有多种，主要有葡聚糖凝胶颗粒（sephadex G）、琼脂糖凝胶颗粒（sepharose）和聚丙烯酰胺凝胶颗粒（bio-gel-p）等。现将这些凝胶颗粒的种类和某些应用数据列于表 1-7。

不论何种凝胶，其共同特点是化学性质稳定，不带电，与待分离物质吸附力很弱，不影响待分离物质的生物活性，样品得率可达 100%，凝胶过滤尚有操作简便，凝胶柱不经特殊处理便可反复使用等特点，是近年来被广泛应用的生化技术之一。

表 1-7　一些凝胶过滤用凝胶颗粒

凝胶种类	型号	每克涨溶柱床体积（ml）	溶涨所需时间（小时）		适用于分离球形蛋白质的分子量范围
			22℃	100℃	
葡聚糖凝胶	G-10	2～3	3	1	<700 ～700 ～1 500 1 000～1 500 1 500～30 000 3 000～70 000 4 000～150 000 5 000～400 000 5 000～800 000
	G-15	2.5～3.5	3	1	
	G-25	4～6	3	1	
	G-50	9～11	3	1	
	G-75	12～15	24	3	
	G-100	15～20	72	5	
	G-150	20～30	72	5	
	G-150 超细	10～22	72	5	
	G-200	30～40	72	5	
	G-200 超细	20～25	72	5	
聚丙烯酰胺凝胶	P-2	3.8	4	2	200～1 800
	P-4	5.8	4	2	800～4 000
	P-6	8.8	4	2	1 000～6 000
	P-10	12.4	4	2	1 500～20 000
	P-30	14.8	12	3	2 500～40 000
	P-60	19.0	12	3	3 000～60 000
	P-100	19.0	24	5	5 000～100 000
	P-150	24.0	24	5	15 000～150 000
	P-200	34.0	48	5	30 000～200 000
	P-300	40.0	48	5	60 000～400 000
琼脂糖凝胶颗粒	6B	（以溶涨状态出售）			4×10^6
	4B				20×10^6
	2B				40×10^6

五、亲和层析

生物分子间存在特异性的相互作用，如抗原-抗体、酶-底物或抑制剂、激素-受体等，它们之间都能够特异并可逆的结合，这种结合力称为亲和力。亲和层析（affinity chromatography）是利用生物分子间专一的亲和力，将具有亲和力的两分子中的一个固定在不溶性基质上，利用分子间亲和力的特异性和可逆性，对另一个分子进行分离纯化的一种层析技术。是分离纯化蛋白质、酶等生物大分子最为特异、有效的方法，分离过程简单、快速，具有很高的分辨率，在生物分离中广泛应用。

被固定在基质上的分子称为配体，亲和层析时首先选择与待分离的生物大分子有亲和力物质作为配体，将配体共价结合在不溶性基质上，构成固定相，称为亲和吸附剂（常用 Sepharose-4B 等）。将制备的亲和吸附剂装柱平衡，当样品通过亲和层析柱时，待分离的生物分子就与配体发生特异性结合，留在固定相上；其他杂质不与配体结合仍在流动相中，并随洗脱液流出，再通过适当的洗脱液从层析柱中将待分离的生物分子从配体上洗脱下来，就得到了纯化的待分离物质（图 1-18）。

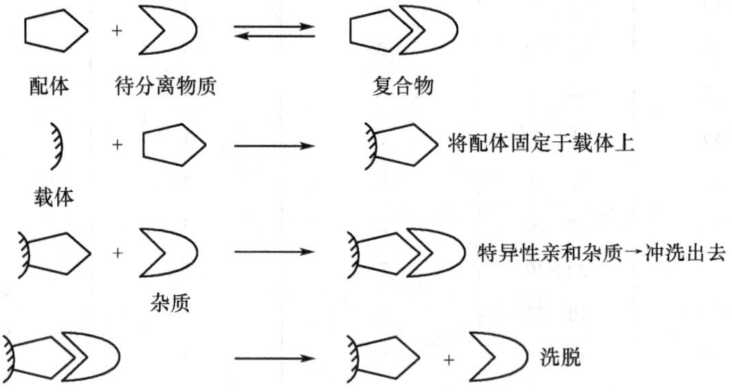

图 1-18　亲和层析的基本原理

选择并制备合适的亲和吸附剂是亲和层析的关键步骤之一，它包括基质和配体的选择、基质的活化、配体与基质的偶联等。

（一）基质的选择、活化

1. 基质应具备的性质

（1）较好物化稳定性。

（2）能够和配体稳定结合。

（3）应是均匀多孔网状结构，以使被分离分子能均匀、稳定的通透，并充分与配体结合。

（4）基质本身与样品中各个组分均无明显非特异性吸附，不影响配体与待分离物结合。

（5）基质应具有较好亲水性，以使生物分子易于靠近并与配体作用。

一般纤维素以及交联葡聚糖、琼脂糖、聚丙烯酰胺、多孔玻璃珠等用于凝胶排阻层析的凝胶都可以作为亲和层析的基质，其中以琼脂糖凝胶应用最为广泛。

2. 基质的活化　基质活化指通过对基质进行化学处理，使基质表面一些化学基团转变为易和特定配体结合的活性基团。配体和基质的偶联，通常首先要进行基质的活化。

（1）多糖基质的活化：多糖基质如琼脂糖，含有大量羟基，通过处理可以引入各种活性基团，常用活化琼脂糖方法有：

1）溴化氰活化：它可与伯氨（NH_2）反应，生成异脲衍生物。溴化氰活化的基质可在温和条件下与配体结合，结合量大。缺点是此法活化的基质和配体偶联后会带一定正电荷，影响亲和层析分辨率。且溴化氰有剧毒、易挥发。

2）环氧乙烷基活化：活化后基质含环氧乙烷基，不引入电荷基团，所以配体与基质结合紧密，亲和吸附剂使用寿命长，便于在亲和层析中使用强烈的洗脱手段。缺点是活化的基质在与配体偶联时需要碱性条件，对于一些较敏感的配体不适用。

（2）聚丙烯酰胺的活化：聚丙烯酰胺凝胶有大量甲酰胺基，可以通过对甲酰胺基的修饰而对聚丙烯酰胺凝胶进行活化。

（3）多孔玻璃珠的活化：常采用硅烷化试剂与玻璃反应生成烷基胺-玻璃，在多孔玻璃上引进氨基，再通过这些氨基进一步反应引入活性基团，与适当的配体偶联。

3. 间隔臂分子　亲和层析中配体结合在基质上时，再与待分离生物大分子结合时，受到基质和待分离大分子间位阻效应影响，尤其当配体小或待分离分子较大时，使其与配体结合的部位无法接近配体，影响待分离大分子与配体结合，造成吸附量降低。解决方法常是在配体和基质间引入“间隔臂”，即加入一段有机分子，减少空间位阻，增加配体对待分离大分子的吸附效率。常用方法是将适当长度的氨基化合物 $NH_2(CH_2)_nR$ 共价结合到活化的基质上。

（二）配体的选择

1. 配体的性质　选择合适的配体对于亲和层析的分离效果非常重要，理想的配体应具有以下性质：

（1）配体与待分离物质有适当亲和力。

（2）配体与待分离的物质间亲和力要有较强的特异性。

（3）配体要能与基质稳定共价结合。

（4）配体自身应具有较好的稳定性，可多次重复使用。

2. 配体分类

（1）特异性配体（specific ligand）：一般是只与单一或很少种类的蛋白质等生物大分子结合的配体。如生物素和亲和素、抗原和抗体、酶及其抑制剂、激素-受体等，它们之间结合具有高特异性，属于特异性配体，保证亲和层析高分辨率。

（2）通用性配体（general ligand）：一般是指特异性不强，能和某一类蛋白质等生物大分子结合的配体。如各种凝集素（lectine）可以结合各种糖蛋白，核酸可以结合 RNA、结合 RNA 的蛋白质等。通用性配体专一性虽然不强，但通过选择合适的洗脱条件也可以得到很高的分辨率，且这些配体结构稳定、偶联效率高、吸附容量高、易洗脱、便宜，所以广泛应用。

（三）配体与基质的偶联

基质活性基团可与含氨基、羧基、醛基、酮基、羟基、硫醇基等多种配体反应，使配体偶联在基质上。配体和基质偶联后要反复洗涤，去除未偶联配体，并要用适当方法封闭基质中未偶联上配体基团，即使基质失活。目前多种活化基质及偶联各种配体的亲和吸附剂已制成商品出售，使用方便，效果好，但一般价格昂贵。

（四）亲和吸附剂的再生和保存

亲和吸附剂的再生就是指使用过的亲和吸附剂，通过适当方法去除吸附在其基质和配体上结合的杂质，使亲和吸附剂恢复亲和吸附能力。一般使用过的亲和层析柱，用大量洗脱液或较高浓度盐溶液洗涤，再用平衡液重新平衡即可再次使用。亲和吸附剂的保存一般是加入 0.01%的叠氮化钠，4℃条件下保存。

（张文利）

第四节 电 泳 技 术

目前电泳技术已被广泛应用于蛋白质、核酸和氨基酸等物质的分离和鉴定。

电泳（electrophoresis）是指溶液中带电粒子在外加电场的作用下，向相反电极方向移动的现象称为电泳。电泳时不同的带电粒子在同一电场中泳动速度不同。电泳速度常用泳动率（mobility）来表示。泳动率也称迁移率，即带电粒子在单位电场强度下的泳动速度。

$$M = \frac{V}{E} \tag{1-8}$$

因

$$V = \frac{L}{t} \tag{1-9}$$

和

$$E = \frac{V}{d} \tag{1-10}$$

在式 1-9 中，L 为泳动距离，t 为通电时间；在式 1-10 中，V 为加在支持物两端的实际电压，d 为支持物的有效长度。

将式 1-9 和式 1-10 代入式 1-8 得：

$$M = \frac{Ld}{Vt} \tag{1-11}$$

由式 1-11 可知，当 d、L、V 及 t 等数值为已知时（实验测得），可以计算求得泳动率 M 的值。

一、影响泳动率的因素

根据物理学原理，带电粒子在电场中所受电场力（F）等于电场强度与粒子所带电量的乘积

$$F=E\,Q \tag{1-12}$$

在式 1-12 中，E 为电场强度，Q 为粒子所带电量。

又据 Stokes 定律，一个球形分子在溶液中泳动时，受到的阻力（F'）与球形分子的半径（r）、溶液的黏度（η）及泳动速度（v）成正比，其比例系数为 6π。即：

$$F'=6\pi r\,\eta v \tag{1-13}$$

当带电粒子所受的电场力 F 与阻力 F' 相等时，即 $F= F'$，就有

$$E\,Q=6\pi r\,\eta v \tag{1-14}$$

式 1-14 两端同时除 $6\pi r\,\eta E$，得：

$$\frac{V}{E}=\frac{Q}{6\pi r\eta} \tag{1-15}$$

由式 1-8 和式 1-15 可得

$$M=\frac{Q}{6\pi r\eta} \tag{1-16}$$

由式 1-16 可见，泳动率与球形分子所带电量成正比，与球形分子的大小及介质黏度成反比。此外泳动率还受其他外界因素的影响。

（一）电泳介质 pH 的影响

对于蛋白质和氨基酸等两性分子，电泳介质的 pH 决定了它们所带净电荷性质和数量。pH 小于等电点，分子带正电荷，向负极泳动；如果 pH 大于等电点，分子带负电荷，向正极泳动。pH 偏离等电点越远，分子所带净电荷越多，其泳动速度越快。当缓冲液 pH 等于其等电点时，分子处于等电状态，净电荷为零不移动。由于血清蛋白质的等电点多在 pH 4～6 之间，因此，分离血清蛋白质常用 pH 8.6 的巴比妥缓冲液或三羟甲基氨基甲烷（Tris）缓冲液。

（二）缓冲液的离子强度

离子强度是表示溶液中电荷数量的一种量度。离子强度等于溶液中各种离子的摩尔浓度与其价数平方之积总和的一半

$$I=1/2\ \sum miZi^2 \qquad (1\text{-}17)$$

式 1-17 中，*mi* 系离子的摩尔浓度，*Zi* 为相应离子的价数。

两个单价离子化合物（如 NaCl）离子强度在数值上等于它的摩尔浓度，如 0.05mol/L NaCl 溶液的离子强度

$$I = 1/2\ (0.05\times1^2+0.05\times1^2)=0.05$$

两个二价化合物（$CuSO_4$）的离子强度在数值上等于它的摩尔浓度的 4 倍，例如 0.05mol/L $CuSO_4$ 溶液的离子强度

$$I = 1/2\ (0.05\times2^2+0.05\times2^2)=0.20$$

溶液中的离子浓度越大、或离子的价数越高，离子强度就越大。对缓冲液来说，离子强度过低主要是影响缓冲液的缓冲容量，不易维持介质 pH 的恒定；离子强度过高，带电粒子的电泳速度减慢。这是由于带电的生物大分子吸附溶液中的反离子（图 1-19）形成反离子氛，犹如大气层包围地球。距离中心离子愈近，反离子密度愈大；反之，密度愈小。根据反离子与中心离子结合的紧密程度不同，可将反离子层分为吸附层和扩散层。在电场的作用下，吸附层的反离子随中心离子一起泳动。离子强度越大，吸附层反离子越多，泳动粒子团的净电荷越少，泳动速度也就越慢。

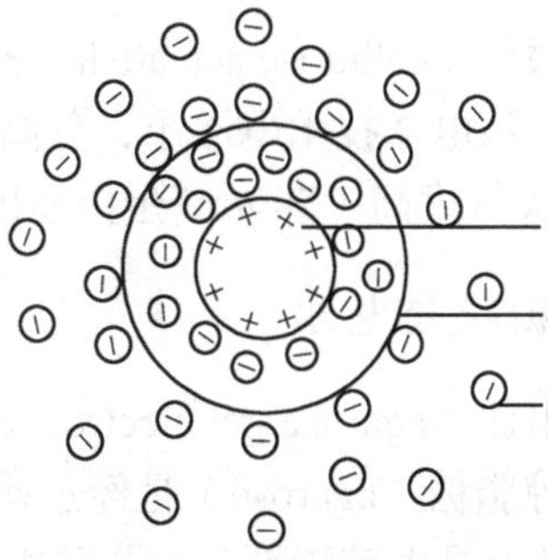

图 1-19　离子氛示意图

（三）电渗

在电场中，液体对于固体支持物的相对移动称为电渗（electron-osmosis）。电渗是由于支持物带有电荷所引起的。支持物上的电荷使介质中的水感应产生相反电荷。如纸上电泳所用的滤纸纤维素带有负电荷；琼脂电泳中，所用的琼脂由于大量硫酸根的存在也带有负电荷，它们使水感应产生水合氢离子（H_3^+O）在外电场的作用下，水向负极移动。如果被测定样品也带正电荷，则移动更快；如果被测定样品带负电荷，则移动减慢。所以电泳时，颗粒泳动所表现的速度决定于颗粒本身的泳动速度和溶液的电渗作用。因此在选用支持物

时，应尽量避免高电渗作用的物质。

（四）电场强度的影响

电场强度和电泳速度成正比关系。电场强度增高，带电粒子受到的电场力增大，泳动速度加快，但泳动率不变。

随着电场强度的增高，电流强度增加，产热也增多。产热的不良后果是：①引起水的蒸发而改变溶液 pH 及离子强度；②引起介质温度高，可使蛋白质变性。因此电泳必须控制电压在一定范围之内，当进行高压电泳时，必需装备有效的冷却装置。

二、电泳技术的种类

电泳技术的种类很多，根据有无固体支持物，可分为两大类，即界面电泳和区带电泳。界面电泳是指在溶液中进行的电泳，没有固体支持物。当溶液中有几种带电粒子时，通电后由于不同种类粒子泳动速度不同，在溶液中形成相应的区带界面，但区带界面由于扩散而易于互相重叠，不易得到纯品，且分离后不易收集，故目前已很少应用。区带电泳是指在支持物上进行的电泳，支持物将溶液包绕在其网孔中，防止溶液自由移动。通电后各种带电粒子可以形成许多清晰的区带。故区带电泳的分离效果远比界面电泳的好。根据支持物的不同，常用的区带电泳又可分为纸上电泳、乙酸纤维素薄膜电泳、聚丙烯酰胺凝胶电泳及琼脂糖凝胶电泳等。

（一）乙酸纤维素薄膜电泳

乙酸纤维素薄膜（cellulose acetate layer sheeets）电泳是利用乙酸纤维素薄膜做固体支持物的电泳技术，该电泳技术电渗小，分离速度快、样品用量少、图谱清晰、电泳时间短（45～60 分钟）、灵敏度高（5μg/ml 蛋白质即可检出）、可准确定量等优点。

（二）琼脂糖凝胶电泳

琼脂糖凝胶电泳（agarose gel electrophoresis）是以琼脂或琼脂糖凝胶作为支持介质的一种电泳方法。琼脂糖（agarose）是经过挑选，以质地较纯的琼脂（agar）作为原料而制成的。琼脂在化学上是由琼脂糖和琼脂胶组成的复合物。琼脂糖是直链多糖，它由 D-半乳糖和 3，6-脱水-L-半乳糖的残基交替排列织成的中性物质，不带电荷（图 1-20）。而琼脂胶是一种含有硫酸根和羧基的多糖，由于这些基团带有电荷，在电场中能产生较强的电渗现象，影响电泳的速度及分离效果。因此多采用琼脂糖为支持物进行电泳。

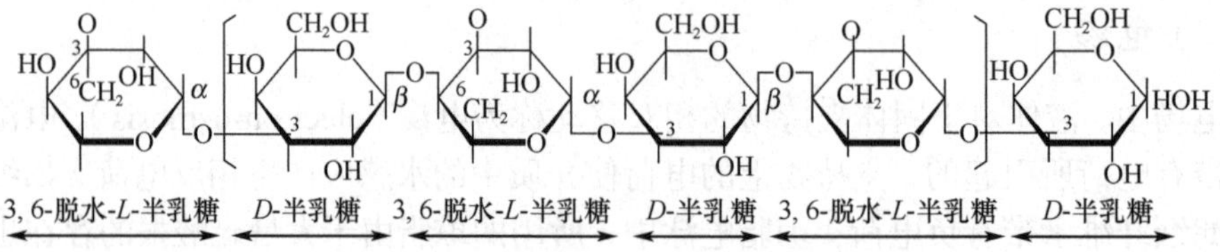

图 1-20　琼脂糖结构中的一个链段

琼脂糖凝胶结构均匀，电泳时因凝胶含水量大（98%～99%），近似自由电泳，固体支持物的影响较少，故电泳速度快，区带整齐。而且由于琼脂糖不含带电荷的基团，电渗影响很少，是一种较好的电泳材料，分离效果较好。

（三）聚丙烯酰胺凝胶电泳

聚丙烯酰胺凝胶电泳（polyacrylamide gel electrophoresis，PAGE）是以聚丙烯酰胺凝胶为支持物的电泳方法。聚丙烯酰胺凝胶是一种人工合成的凝胶，具有机械强度好、弹性大、透明、化学稳定性高、无电渗作用、设备简单、样品量小（1～100μg）、分辨率高等优点。聚丙烯酰胺凝胶是由丙烯酰胺和N，N′-甲叉双丙烯酰胺聚合而成的具有网状结构的凝胶。在聚合前通过控制单体丙烯酰胺浓度或单体与交联剂的比例，可得到不同孔径大小的凝胶，可用于蛋白质、核酸等分子大小不同的物质的分离、定性和定量分析。还可结合阴离子去污剂十二烷基硫酸钠（sodium dodecyl sulphate，SDS），以测定蛋白质亚基的相对分子质量。

PAGE 根据凝胶装置形式可分为圆盘电泳和垂直板型电泳。

PAGE 根据凝胶中缓冲液组成、pH 和凝胶孔径是否一致又可分为连续电泳和不连续电泳两种。连续电泳体系中缓冲液组成、pH 和凝胶孔径相同，带电粒子在电场中泳动率，主要取决于电荷及分子筛效应；不连续聚丙烯酰胺凝胶电泳由于缓冲液组成、pH 和凝胶孔径及电位梯度的不连续性，带电粒子在电场中泳动兼有电荷效应、浓缩效应和分子筛效应，因此具有很高的分辨率。

1. 聚丙烯酰胺的合成和结构　聚丙烯酰胺凝胶是由丙烯酰胺（acrylamide，简写为 Acr）和交联剂甲叉双丙烯酰胺（*N*，*N*′-methylene-bisacrylamide，简写 Bis）在催化剂的作用下，聚合交联成三维网状结构的凝胶（图 1-21）。

催化剂有两个系统可供选用。

（1）过硫酸铵-四甲基乙二胺（*N*、*N*、*N*′、*N*′-tetramethyl-thylene diamine，简写 TEMED）系统，其中过硫酸铵是引发剂。它在光照射下裂解成带有自由基的硫酸铵，通过自由基的传递，使丙烯酰胺成为自由基，发动聚合反应，TEMED 是加速剂，加快引发剂释放自由基的速度。

$$(NH_4)_2S_2O_8 \rightarrow (NH_4)_2SO_4$$

（2）核黄素-TEMED 系统，其中核黄素是引发剂，TEMED 是加速剂。这一催化剂系统需较强的光线和少量氧气。

2. 凝胶质量和孔径大小的控制　凝胶的机械性能、弹性必须适中，过软易断，过硬则脆。凝胶的透明度和黏着度影响分离的效果，凝胶质量的好坏取决于凝胶中成胶物质的总浓度和 Acr 与 Bis 的比例是否合适。一般电泳采用成胶物质总浓度为 7.5%，此浓度称为标准凝胶浓度。如果改变总胶浓度，也应相应改变 Acr 和 Bis 的比例。

（1）总胶浓度为 5%以下时，Acr：Bis 在 20 左右。

（2）总胶浓度为 5%～10%时，Acr：Bis 在 40 左右。

（3）总胶浓度为 5%～20%时，Acr：Bis 在 125～200。

实验中应根据分子量大小，选择合适的凝胶总浓度和 Acr 和 Bis 的比例（表 1-8）。

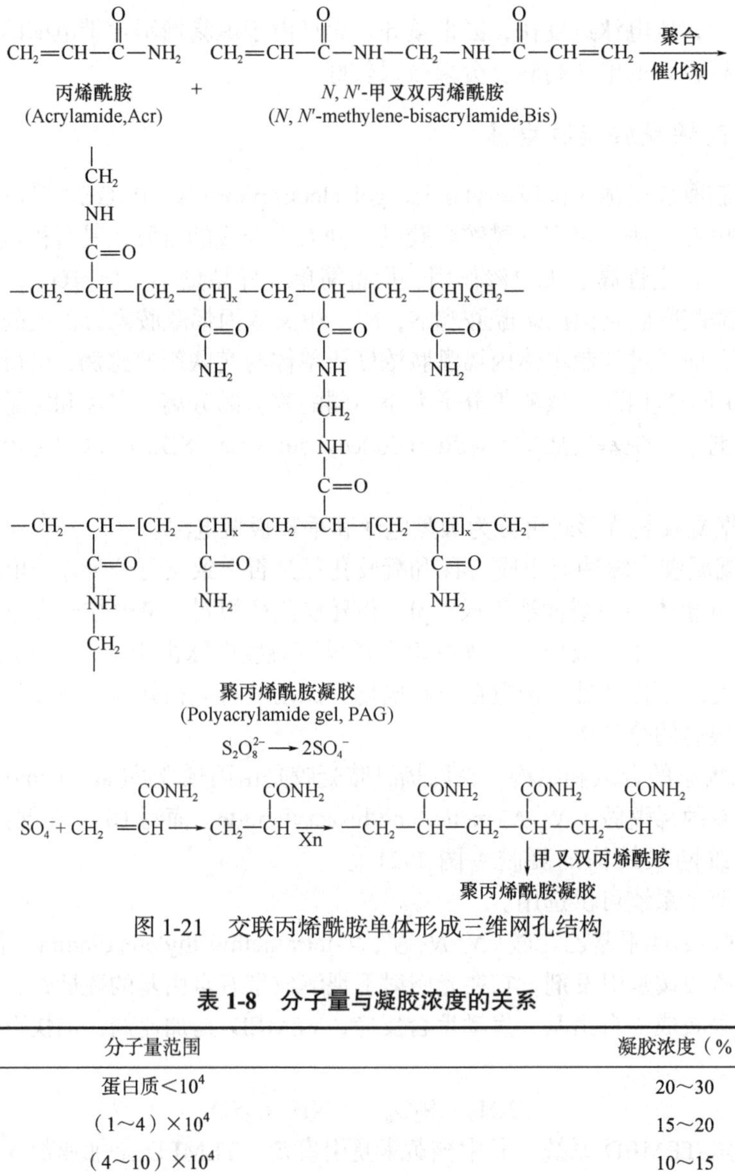

图 1-21 交联丙烯酰胺单体形成三维网孔结构

表 1-8 分子量与凝胶浓度的关系

分子量范围	凝胶浓度（%）
蛋白质＜10^4	20～30
（1～4）×10^4	15～20
（4～10）×10^4	10～15
（1～5）×10^5	5～10
＞5×10^5	2～5
核酸＜10^4	15～20
10～10^5	5～10
10～2×10^5	2～5

3. 不连续聚丙烯酰胺凝胶电泳的三种效应

（1）浓缩效应：以圆盘电泳为例，管中有三种不同的凝胶层。如图 1-22 所示，上层为样品胶，中间为浓缩胶，这两层胶的凝胶浓度为 3%是大孔胶，应用 Tris-HCl 缓冲液，其 pH 6.7。下层是分离胶，此层凝胶总浓度为 7.5%，是小孔胶，也用 Tris-HCl 缓冲液，pH 8.9（电泳时实际是 pH 8.5）。上下电极槽缓冲液是 Tris-甘氨酸缓冲液，pH 为 8.3。通电后，向阳极泳动的阴离子有三种，即 Cl^-，蛋白质阴离子（Pr^-）和甘氨酸阴离子（Gly^-）。在样品胶及浓缩胶 pH 为 6.7 的环境下 HCl 全部电离为 Cl^-，甘氨酸仅极少部分电离为 Gly^-（甘氨酸等电点 pI 为 6.0），一般酸性蛋白质也解离为阴离子。这样，Cl^-泳动最快（称快离子），Gly^-泳动最慢（称慢离子），蛋白质介于其间。通电后，快离子很快超过蛋白质离子和 Gly^-泳动到最前面。于是，快慢离子之间形成一个离子浓度低的区域，即低电导区域，低电导区域有较高的电压梯度。电压梯度驱动慢离子加速泳动。这样，当快慢离子移动速度相等时，就建立一个不断向阳极移动的界面。Pr^-的泳动速度恰好介于快慢离子之间。因而被挤压在快慢离子之间形成一条窄带。这种浓缩作用可使蛋白质浓缩数百倍。血清蛋白在纸上电泳和乙酸纤维素薄膜电泳上仅可分成 5～7 个组分。而在聚丙烯酰胺凝胶电泳上则可以分为 20～30 个成分。

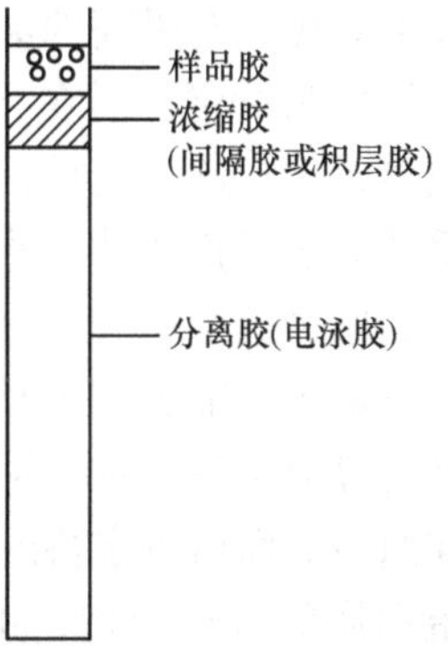

图 1-22　不连续圆盘电泳玻璃管中三层不同凝胶示意图

（2）电荷效应：蛋白质样品在界面处被浓缩成一狭窄的高浓度蛋白质区，但由于每种蛋白质分子所带有效电荷不同，因而泳动率也不同，因此各种蛋白质就按泳动率快慢顺序排列成一个一个圆盘区带。在进入分离胶时，电荷效应仍起作用。

（3）分子筛效应：当被浓缩的蛋白质样品从浓缩胶进入分离胶时，pH 和凝胶孔径突然改变，选择分离胶的 pH 8.9 接近甘氨酸的 pK_a 值（9.7～9.8），这样慢离子的解离度增大，因而它的有效泳动率也增加。此时慢离子的有效泳动率超过了所有蛋白质的有效泳动率。这样，高电势梯度不存在了，各种蛋白质仅会由于其分子量或构型的不同，在一个均一的电势梯度和 pH 条件下通过一定孔径的分离胶时所受阻滞的程度不同，表现的泳动率的不同而被分开。

进行 PAGE 时，一般将凝胶在聚合前灌在两块玻璃板之间，聚合后制成垂直板。垂直板电泳的优点是：①可同时做多个样品，便于比较；②一个样品在第一次电泳后转 90° 进行第二次电泳，即双向电泳，这样可提高分辨力；③便于电泳后进行拍照、进行印迹转移电泳及放射自显影。

其缺点是：制备凝胶时较圆盘电泳复杂，所需电压较高，电泳时间长。

（四）等电聚焦电泳

等电聚焦（isoelectric focusing，IEF）是根据两性物质等电点（pI）不同而进行分离的一种电泳技术，具有极高的分辨率，可以分辨出等电点相差 0.01 的蛋白质，是分离蛋白质等两性物质的一种理想方法。等电聚焦电泳的分离原理是在电泳支持物中加入两性电解质形成一个由阳极到阴极逐步递增的 pH 梯度，当分离的两性物质在电泳过程中会自动集中在与其等电点相应的 pH 区域内，从而得到分离。

两性电解质是人工合成的一种复杂的多氨基-多羧基混合物，不同的两性电解质具有不同的 pH 梯度范围。因此，要根据待分离样品的具体情况选择适当的两性电解质，使待分离样品中各个组分都介于两性电解质的 pH 范围之内。

等电聚焦多采用水平平板电泳，由于两性电解质价格昂贵，同时聚焦过程需要蛋白质根据其电荷性质在电场中自由迁移，所以等电聚焦通常使用低浓度聚丙烯酰胺凝胶（如 4%）薄层电泳，以降低成本和防止分子筛作用。

等电聚焦具有极高的灵敏度和分辨率（10^{-10} 克级），特别适合于研究蛋白质微观不均一性，例如某种蛋白质在 SDS-聚丙烯酰胺凝胶电泳中仅出现单一区带，但在等电聚焦中却表现多条带。这可能是由于此种蛋白质存在多种磷酸化形式。由于几个磷酸基团不会对蛋白质的分子量产生明显影响，因此在 SDS-聚丙烯酰胺凝胶电泳中仅出现单一区带，但由于它们所带的电荷有差异，所以在等电聚焦中可以被分离检测到。

等电聚焦还能测定未知蛋白质的等电点。将一系列已知等电点的标准蛋白及待测蛋白同时进行等电聚焦。测定各个标准蛋白电泳区带到凝胶某一侧的距离对各自的 pI 作图，得到标准曲线。而后测定待测蛋白的距离，通过标准曲线即可求出其等电点。等电聚焦主要用于蛋白质的分离分析，也可以用于纯化制备，虽然成本较高，但操作简单、纯化效率极高。

（五）双向凝胶电泳（二维电泳）

双向凝胶电泳（two-dimensional gel electrophoresis，2-DE）又称二维凝胶电泳技术，是由两个单向凝胶电泳组合而成的，即在第一向电泳后，再与第一向垂直的方向上进行第二向电泳。目前双向电泳主要指 O'Farrall 等人建立的等电聚焦/十二烷基硫酸钠-聚丙烯酰胺凝胶双向电泳。其中第一向电泳是等电聚焦，在玻璃管中进行，使蛋白质根据其等电点不同进行分离。而后将凝胶从管中取出，用 SDS-聚丙烯酰胺凝胶进行第二向电泳。第二向电泳的方向与等电聚集垂直。在第二向电泳中，蛋白质依据其分子量大小进行分离。这样各个蛋白质根据等电点和分子量不同而被分离、分布在双向图谱上。双向电泳的分辨率很高，是目前常用的能够连续在一块胶中分离数千种蛋白质的方法，因此特别适合于分离细菌或细胞中复杂的蛋白质组分。

（六）高效毛细管电泳

高效毛细管电泳（high performance capillaryelectrophoresis，HPCE）是近年来发展起来的一种分离、分析方法，是凝胶电泳技术和高效液相色谱分析相结合的产物。该技术的特点：分离速度快，分辨率高，每米理论塔板数达 10^5～10^7；高效快速，3 分钟内可分离 36 种无机及有机阴离子；成本低，用样量少；应用范围广，应用范围从小分子、无机离子到生物大分子如蛋白质、核酸、甚至整个细胞。根据其分离样本的原理设计不同主要分为以下几种类型：①毛细管区带电泳（capillary zoneelectrophoresis，CZE）：用于对带电物质（药物、蛋白质、肽类等）分离分析，对于中性物质无法实现分离；②毛细管胶速电动色谱（miceller electrokineticcapillary chromatography，MECC）：是基于胶束增容和电动迁移的新型液体色谱，在缓冲液中加入离子型表面活性剂作为胶束剂，利用溶质分子在水相和胶束相分配的差异进行分离，拓宽了 CZE 的应用范围，适合于中性物质的分离；③毛细管凝胶电泳（capillarygelelectrophoresis，CGE）：依据大分子物质的分子量大小进行分离，主要用于蛋白质、核苷酸片段的分离。

三、染色方法

经电泳分离的各种生物大分子需用染色法使其在支持物相应位置上显示出谱带，从而检测其纯度、含量及生物活性。蛋白质、糖蛋白、脂蛋白、核酸及酶等均有不同的染色方法，现分别介绍如下：

（一）蛋白质染色

染色液种类繁多，各种染色液染色原理不同，灵敏度各异。使用时可根据需要加以选择。常用的染色液有：

1. 考马斯亮蓝 R250（coomassie brilliant blue R250，CBBR250）　考马斯亮蓝 R250 的 *Mr*=824，λ_{max}=560～590nm。染色灵敏度比氨基黑高 5 倍。该染料是通过范德瓦力与蛋白质结合，适用于 SDS 电泳微量蛋白质染色，但蛋白质浓度超过一定范围时，染色与 Beer 定律不相符，做定量分析时要注意这点。

2. 考马斯亮蓝 G250（简称 CBB G 250）　考马斯亮蓝 G250 的 *Mr*=854，λ_{max}=590～610nm，比 CBB R250 多二个甲基。染色灵敏度不如 R250，但比氨基黑高 3 倍。其优点是在三氯乙酸中不溶而成胶体，能选择地使蛋白质染色而几乎无本底色，所以常用于重复性好和稳定的染色，适于做定量分析。

3. 氨基黑 10B（amino black 10B）　氨基黑 10B 的 *Mr*=715，λ_{max}=620～630nm，是酸性染料。其磺酸基与蛋白质反应构成复合盐，是最常用的蛋白质染料之一，但对 SDS-蛋白质染色效果不好。另外，氨基黑 10B 染不同蛋白质时，着色度不等、色调不一（有蓝、黑、棕等）；作同一凝胶柱的扫描时，误差较大。

4. 银染色法　此法是 Switzer.R.C 和 Merril.CR 首先提出的，它较 CBB R250 灵敏 100 倍。染色机制是利用银离子与氨基酸共价结合，还原剂的加入使与胶内蛋白质结合的银离子形成金属银而显色。

（二）脂蛋白染色

1. 油红 O（oil red）染色　将凝胶先用 5%乙酸置于平皿中，用 H_2O 漂洗吹干后，再用油红 O 应用液染色 18 小时，在乙醇：水=5：3 中浸洗 5 分钟，最后用蒸馏水洗去底色。

2. 苏丹黑 B（sudan black B）　2g 苏丹黑+60ml 吡啶+40ml 乙酸酐混合，放置过夜。再加 3000ml 蒸馏水，乙酰苏丹黑析出。抽滤后再溶于丙酮中，将丙酮蒸发后剩下粉状物即乙酰苏丹黑。将其溶于无水乙醇中，使呈饱和溶液。用前过滤。按样品总体积 1/10 量加入乙酰苏丹黑饱和液将脂蛋白预染后进行电泳。

（三）核酸染色

凝胶先用固定液三氯乙酸、甲酸-乙酸混合液、氯化汞、乙酸、乙酸镧等固定，或者将有关染料与上述溶液配在一起，同时固定与染色。

1. 荧光染料溴乙锭（ethidium bromide，EB）　EB 可嵌入核酸双链的配对碱基之间，DNA 与 EB 结合能力：超螺旋 DNA＜双链开环 DNA＜线性 DNA，在紫外线激发下，发出橘红色荧光。EB 染料在核酸电泳中有着条带边缘清晰、背景着色低、灵敏度高的优点，对 1ng RNA、DNA 均可显色。EB 染料是一种皮肤致癌剂，操作时应戴聚乙烯手套，被 EB 污染物应妥善处理。

2. Genefinder　是一种新推出的核酸荧光染料，属于花青类染料，毒性很低，使用安全，与该染料结合的核酸在紫外光下发出绿色荧光。

3. 焦宁 Y（pyronine Y）　此染料对 RNA 染色效果好，灵敏度高。脱色后凝胶本底颜色浅而 RNA 色带稳定，抗光且不易褪色。此染料的最适浓度为 0.5%。

4. 甲基绿（methyl grenn） 将 0.25%甲基绿溶于 0.2mol/L 的乙酸缓冲液（pH 4.1）中，用氯仿抽提至无紫色，室温下染色 1 小时即可显色，此法适用于检测天然 DNA。

（杨 帆）

四、离心技术

离心现象是指物体在离心力场中表现的沉降运动现象。应用离心现象进行物质分析和分离的技术称为离心技术。离心技术是常用的分离、纯化方法，实现离心技术的仪器是离心机，离心机是生命科学研究的基本设备之一。

（一）基本原理

1. 离心力 离心力（centrifugal force，F）是物体围绕中心轴旋转时所受到的向外的作用力。当物体的质量为 M、体积为 V、密度为 D、旋转半径为 r、角速度为 ω（弧度数/秒）时，离心力为：

$$F=M\omega^2r \text{ 或者 } F=V.D.\omega^2r \qquad (1\text{-}18)$$

式 1-18 表明：被离心物质所受到的离心力与该物质的质量、体积、密度、离心角速度以及旋转半径呈正比关系。离心力越大，被离心物质沉降的越快。

2. 相对离心力 相对离心力（relative centrifugal force，RCF），离心机工作时对单位质量物质产生的离心力。在实际应用中，由于各种离心机转子的半径或者离心管至旋转轴中心的距离不同，会导致离心力产生变化，因此以相对离心力来表示离心力。相对离心力是以地心引力（gravity）的倍数来表示的，即“数字×g”来表示。

$$RCF(\times g)=\omega^2r/980\text{（厘米·克·秒）} \qquad (1\text{-}19)$$

式 1-19 中角速度 ω 与每分钟转数 r/min（revolutions per minute）的关系是

$$\omega=2\pi \text{rpm}/60$$

所以

$$RCF=1.119\times10^{-5}\cdot \text{rpm}^2\cdot r \qquad (1\text{-}20)$$

根据式 1-19，相对离心力和每分钟转数之间便可以互换，这种互换关系是很有实用价值的。

3. 沉降系数 沉降系数（sedimentation coefficient，s）为沉降速度与离心力的比率或单位离心场中颗粒的沉降速度，以 svedberg 为单位计算，单位是秒，$1S=1\times10^{-13}$s。

4. 沉降速度 沉降速度（sedimentation velocity）指在离心力的作用下，单位时间内被离心物质移动的距离。在离心过程中，被离心物质还要克服浮力和摩擦力的阻碍作用。浮力 F' 和摩擦力 F'' 分别由下式表示：

$$F'=V\cdot D'\cdot\omega^2r \qquad (1\text{-}21)$$

$$F''=f\frac{dr}{dt} \qquad (1\text{-}22)$$

其中 D' 为溶液密度，f 为摩擦系数。在一定条件下，可有

$$F=F'+F''$$

$$V \cdot D \cdot \omega^2 r = V \cdot D' \ \omega^2 r + f\frac{\mathrm{d}r}{\mathrm{d}t}$$

$$\frac{\mathrm{d}r}{\mathrm{d}t} = V\frac{D-D'}{f}\omega^2 r \tag{1-23}$$

式 1-23 表明，沉降速度与被离心物质的体积、粒子的密度和介质密度之差呈正比，与摩擦系数 f 成反比。若以沉降系数 S 表示单位力场（$\omega^2 r$=1）下的沉降速度，则

$$S = V\frac{D-D'}{f} \tag{1-24}$$

沉降系数对于生物大分子来说，多数在（1～500）×10^{-13} 秒之间。一般单纯的蛋白质在 1～20S 之间，较大核酸分子在 4～100S 之间，更大的亚细胞结构在 30～500S 之间。

（二）离心机的种类与用途

离心机的分类方法有两种，即按照转速和用途来进行分类。

1. 根据离心转速划分　根据离心时可达的转速，离心机分为低速离心机、高速离心机和超速离心机。

（1）低速离心机：低速离心机其最大转速在 8000r/min 以内，相对离心力在 10 000g 以下，是临床及实验室中广泛使用的一类离心设备。低速离心机常在室温下运转，该设备适用于生物化学实验室进行定性分析；常用于分离细胞或其碎片，以及培养基残渣等固体物质，也可用于粗结晶等较大颗粒的分离。

（2）高速离心机：高速离心机的转速 10 000～25 000 r/min，最大相对离心力 45 000～100 000g。由于运转速度高，高速离心机一般具有制冷装置，对于生物样品，转子室内的温度通常控制在 4℃。高速离心机是细胞生物和分子生物水平研究的基本工具，适用于各种生物细胞、病毒、血清蛋白等样品的分离、浓缩、提取等制备工作。

（3）超速离心机：超速离心机转速 25×10^3～12×10^4 r/min，最大相对离心力可达 10^6g。由于超速离心机运行时会产生大量的热量，因而超速离心机都附有冷冻装置和温度控制系统，以降低转子室内温度；而且转子是在真空下运转的，可减小摩擦和空气阻力。此外超速离心机还有安全保护系统、制动系统及各种指示仪表等。超速离心机主要用于 DNA、RNA 和蛋白质等生物大分子以及细胞器、病毒等的分离纯化、样品纯度检测、沉降系数及相对分子量的测定等。

2. 根据用途分类　按用途分有制备用离心机和分析用离心机两种。

制备用离心机是应用最广泛的离心机，可用于大分子组分的提取、分离和纯化，可对 10～200ml 的样品进行分离。

分析性离心机主要用于生物大分子的沉降系数和相对分子质量测定、样品纯度的检测及检测生物大分子构象的变化等。一般仅能对小样品（小于 1ml）进行分析。分析用离心机一般都装有光学检测系统、自动记录仪和数据处理系统等。例如在进行样品纯度检测时，在一定的转速下离心一段时间，用光学仪器测出各种颗粒在离心管中的分布情况，通过紫外吸收率或折光率等判断其纯度。若只有一个吸收峰或只显示一个折光率改变，表明样品中只含一种组分，样品纯度很好。若有杂质存在，则出现二种或多种组分的图谱。

（三）离心分离方法的选择

1. 离心方法　根据离心原理的不同，具有沉降速度离心和梯度离心两种离心方法。

（1）沉降速度离心：沉降速度离心（velosity sedimentation centrifugation）是指在离心管内液体密度均一情况下进行的离心。最常见的离心方法是差速离心（differential cntrifugation），它是对含两种以上大小不同的待分离物质的混合液，以不同离心速度和离心时间分步骤离心沉淀，使之互相分离的方法。操作时，采用均匀的悬浮液进行离心，选择好离心速度和离心时间，使大颗粒先沉降，取出上清液，加大离心速度再次离心，分离较小的颗粒。如此多次离心，使不同大小的颗粒分批分离。

差速离心主要用于分离大小和密度差异较大的颗粒，例如对亚细胞结构成分的分离（表1-9）。差速离心操作简单方便，但分辨率不高，沉淀系数在同一个数量级内的各种粒子不容易分开，常用于其他分离手段之前的粗制品提取。

从表 1-9 可知如果以 4000 *g* 离心 15 分钟，未打破的真核细胞、细胞碎片和细胞可以沉淀下来；将此上清液再以 15 000 *g* 离心 20 分钟可将线粒体沉淀出来。如去除线粒体的上清液再以 30 000 *g* 离心 30 分钟，溶酶体便被沉淀下来。如去除溶酶体的上清液再以 100 000 *g* 离心 3 小时，核糖体和多聚核糖体可被沉淀下来。由此可知，对于沉淀不同的亚细胞组分，相对离心力和离心时间这两个因素是不可忽视的。如果根据离心条件的不同，需要改变离心力或离心时间（必须是同一大小的转头）应根据式 1-25 进行计算方可达到相同的分离目的。

$$\text{rpm}^2\text{规定} \cdot t\,\text{规定} = \text{rpm}^2\text{新选} \cdot t\,\text{新选} \qquad (1\text{-}25)$$

式 1-25 中，rpm 为每分钟转速，*t* 为时间。

表 1-9　用差速离心法分离亚细胞成分

离心条件		沉淀的亚细胞成分
1000 *g*	5 分钟	真核细胞
4000 *g*	10 分钟	叶绿体　真核细胞碎片　细胞核
15 000 *g*	20 分钟	线粒体　细菌
30 000 *g*	30 分钟	溶酶体　细菌菌体碎片
100 000 *g*	3 小时	核糖体　多聚核糖体

（2）梯度离心：梯度离心是待分离的物质在具有密度梯度的介质中进行的离心。梯度离心可分为两种，即密度梯度离心（又称沉降速度离心、速度区带离心或差速区带离心）和平衡密度梯度离心（等密度梯度离心和沉降平衡离心）。

1）密度梯度离心：密度梯度离心（density gradient centrifugation）是在密度梯度介质中进行离心，使密度不同的组分得以分离的一种区带分离方法。密度梯度介质应有足够大的溶解度，以形成所需的密度；不与分离组分反应，而且不会引起分离组分的凝聚、变性或失活，常用蔗糖或甘油来制作梯度。使用最多的是蔗糖密度梯度系统，其梯度范围为：蔗糖浓度 5%～60%，密度 1.02～1.30g/cm。梯度的作用是使离心液稳定以减少扩散或得到较为锋利的区带。被离心的物质根据其沉降系数不同进行分离，同类物质则因分子大的沉降速度快于分子小的物质（式 1-24）从而得到分离（图 1-23）。密度梯度离心和差速离心一样是依赖时间的，离心时间过长使已经分离的物质均可沉到管底或某一介质密度区域（图 1-24）。

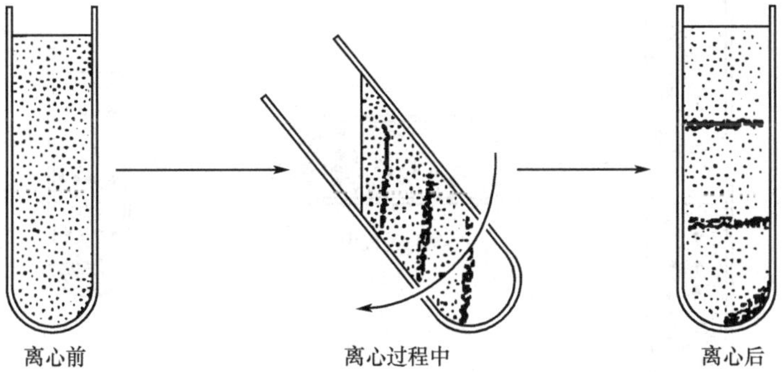

图 1-23　密度梯度离心示意图

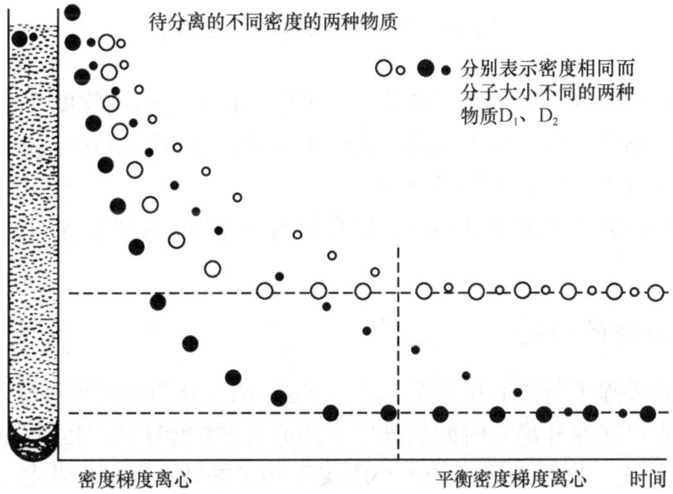

图 1-24　两种梯度离心比较

2）平衡密度梯度离心：平衡密度梯度离心（equilibrium density gradient centrifugation）虽然也是在密度梯度介质中进行的离心，但被分离的物质是依靠它们的密度不同进行分离的，此种离心常用无机盐类制作密度梯度。在梯度介质中，当被分离的物质分别达到与其密度相同的介质部位时就不再移动，从而达到分离的目的（图 1-25）。例如，DNA 在平衡密度梯度离心过程中，停留在密度梯度为 1.7g/cm 的位置，而 RNA 停止在 1.9g/cm 的部位。由此可见平衡密度梯度离心是不依赖于时间的，只要梯度不破坏，时间延长不影响分离（图 1-25）。此方法应用于被分离物质的大小相近，而密度差异较大时。常用的梯度剂是 CsCl。

2. 离心方法的选择　在进行离心分离时，要根据研究对象选择离心方法。选择的依据主要是颗粒的大小和密度以及各种离心方法的特点。

如果样品中颗粒的大小或沉淀系数差别很大，一般采用差速离心方法即可达到较好的分离目的，通过选择合适的离心速度和离心时间，使沉降速度不同的样品分次分离。

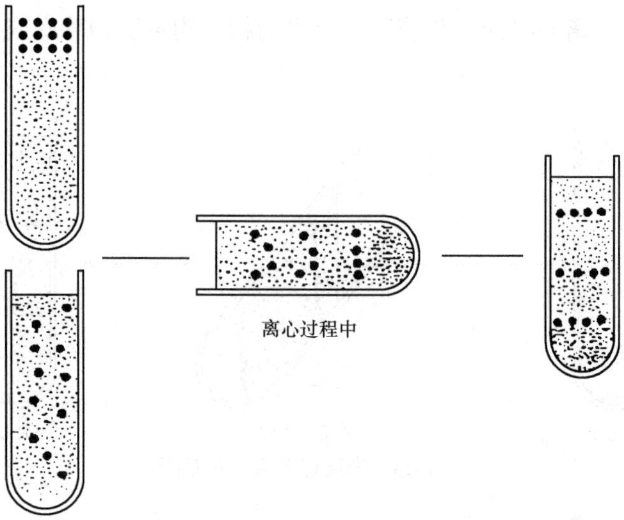

图 1-25　平衡密度梯度离心示意图

如果颗粒的大小差别不大而密度有差别，则应采用平衡密度梯度离心法；离心时密度不同的物质颗粒因浮力差异或向下沉降，或向上漂浮，一直移动到与它们各自密度恰好对应的位置（等密度点），形成区带以分离。

如果两种颗粒的大小和密度都相似，就必须通过适当方法改变某种组分的性质，然后进行离心分离。

（四）离心条件的确定

离心分离的效果除了与离心机种类、离心方法、离心介质及密度梯度等因素有关以外，实际操作时，离心机转速和离心时间的确定、离心介质的 pH 和温度等条件也至关重要。

1. 离心机的转速　离心加速度的大小取决于转子的转速及旋转半径，故在说明离心条件时，通常用相对离心力来表示。

2. 离心时间　离心时间依据离心方法的不同而有差别。对于差速离心，离心时间是指被分离的某种物质颗粒完全沉降到离心管底的时间；对平衡密度梯度离心，是指颗粒完全到达等密度点的平衡时间；而密度梯度离心所需的时间则是指形成界限分明的区带的时间。离心的具体时间，尤其是密度梯度离心和平衡密度梯度离心所需的区带形成时间或平衡时间，其影响因素非常复杂，一般要通过试验后再确定。

3. 温度　为了防止被分离物质变性和失活，还必须控制好温度及介质溶液的 pH 等离心条件。生物样品进行离心分离时，温度一般控制在 4℃左右；对于某些热稳定性较好的酶等，离心也可在室温下进行；但在超速或高速离心时，由于转子高速旋转而产热会引起转子室内温度升高，故必须采用冷冻系统，使温度保持在一定范围内。

（杨雪松）

第二章　蛋白质分子组成与理化性质分析

第一节　蛋白质的分子组成与结构

蛋白质是生物体的基本组成成分，是体内主要的含氮物质，各种蛋白质平均含氮量为16%。组成蛋白质的氨基酸共有 20 种，各种氨基酸共同的结构为：在 α-碳原子连接有一个 NH_2、一个 COOH、一个 H 和一个侧链（R），根据侧链的极性不同可将氨基酸分为 4 类，即非极性氨基酸、极性中性氨基酸、酸性氨基酸和碱性氨基酸。氨基酸通过肽键连接形成肽。小于 10 个氨基酸组成的肽称为寡肽，大于 10 个氨基酸的肽称为多肽，常把超过 51 个氨基酸连接的多肽链称为蛋白质。

蛋白质的结构可分为一级、二级、三级和四级结构四个层次。蛋白质一级结构是指蛋白质分子中氨基酸从 N 端到 C 端的排列顺序，即氨基酸序列，其连接键为肽键，还包括二硫键的位置。参与肽键组成的 6 个原子位于同一平面，构成了所谓的肽单元。肽单元是蛋白质构象的基本单位。蛋白质二级结构是指蛋白质主链局部的空间结构，不涉及氨基酸残基侧链构象，主要为 α 螺旋、β 折叠、β 转角和无规卷曲，以氢键维持其稳定性。在蛋白质分子中，两个或两个以上具有二级结构的肽段，在空间上相互接近，形成有规则的二级结构的组合，被称为超二级结构。具有特殊功能的超二级结构称为模体。三级结构是指多肽链中全部氨基酸残基的相对空间位置，也就是整条肽链所有原子在三维空间的排布位置，其稳定的化学键主要靠次级键。蛋白质的三级结构可形成一个或数个球状或纤维状的区域，各行其功能，称为结构域。四级结构是指蛋白质亚基之间的缔合，主要也靠次级键维系。蛋白质根据形状可分为球状蛋白质和纤维状蛋白质；根据组成还可分为单纯蛋白质和结合蛋白质。

不同的蛋白质各有其特定的结构和特殊的生物学功能。蛋白质一级结构是空间结构的基础，也是功能的基础。一级结构相似的蛋白质，其空间结构与功能也相近。若蛋白质的一级结构发生改变则影响其正常功能，由此引起的疾病称为“分子病”。

蛋白质空间结构与功能密切相关，血红蛋白亚基与 O_2 结合可引起其他亚基构象变化，使之更易与 O_2 结合，这种别构效应是蛋白质中普遍存在的功能调节方式之一。若蛋白质的折叠发生错误，虽然其一级结构不变，但蛋白质的空间结构发生改变，可导致疾病的发生，此类疾病称为“构象病”。

因蛋白质空间构象被破坏而使蛋白质理化性质、生物学活性发生改变称为蛋白质的变性。变性的蛋白质由于一级结构（即肽键）未受到破坏，在去除变性因素后仍能恢复（或部分恢复）原有构象及功能，称蛋白质复性。变性严重的蛋白质难以恢复天然构象则为凝固。蛋白质分子大小在 1～100nm 的胶粒范围之内，且球状蛋白质的表面多亲水基团可吸引水分子，使蛋白质表面形成一层水化膜而阻止蛋白质颗粒间的相互聚集，因此蛋白质处于胶体溶液状态。当稳定蛋白质亲水胶体性质的两个因素（颗粒表面电荷、水化膜）被破坏后，蛋白质便容易凝集而从溶液中析出即为蛋白质沉淀。蛋白质溶液可与硫酸铜、酚、乙醛酸等试剂等发生颜色反应，可以此鉴定溶液中是否含有蛋白质，借助分光光度计等可测定并计算出蛋白质含量，作为蛋白质检测常用的技术。

第二节　蛋白质的分离和纯化

分离纯化蛋白质，一是利用混合物中各蛋白组分分配率的差别，把它们分配到可用机械方法分离的两个或几个物相中（如盐析、有机溶剂提取、层析和结晶等）；二是将混合物置于单一物相中，通过物理力场作用使各组分分配于不同区域而达到分离目的（如电泳、超速离心、超滤等）。得到高度纯化并具有生物活性的蛋白质是研究蛋白质结构与功能的前提条件，在兼顾得率、纯度和完整性的情况下来确定选择适宜的蛋白质提纯方法，并应注意强酸、强碱、高温、剧烈机械作用、强辐射及自溶等都会使蛋白质变性或失活。蛋白质的制备一般可分为以下几个阶段：选择材料和预处理，细胞的破碎及细胞器的分离，蛋白质提取、分离和纯化，蛋白质纯度检测及定量，蛋白质浓缩、干燥和保存等。蛋白质在组织或细胞中是以复杂的混合物形式存在，每种类型的细胞都含有上千种不同的蛋白质，因此每种蛋白质的分离纯化要依据其与其他蛋白质之间在理化性质上的差异来选择合适的方案，提取过程中应注意的问题有：

（1）在早期分离纯化的蛋白质浓度很稀，可选用吸附、萃取、沉淀法（盐析、有机溶剂沉淀等）、亲和层析等。主要目的是除去糖、脂类、核酸及大部分杂蛋白，并将蛋白浓缩。

（2）必要时可重复使用同一种分离纯化方法，如分级有机溶剂沉淀（按有机溶剂浓度不同）、分级盐析（按盐浓度不同）、分级沉淀（按各蛋白质等电点不同）连续两次凝胶过滤或离子交换层析等。

（3）后期分离纯化蛋白质（如需高纯样品）可选用吸附层析、凝胶过滤、离子交换层析、亲和层析、等电聚焦、电泳、结晶等。此时因目的蛋白的纯度和浓度提高，易受各种条件的影响而变性失活，因此操作步骤要连续，尽可能在低温下（如在冷室中）进行。同时应注意：盐析后不可以进行吸附，以免盐离子过多影响吸附效率；离子交换要安排在凝胶过滤之前，可以加大离子交换层析的上样量；在得到最终产品后，必要时要冰冻干燥，分装并在−20℃或−70℃保存。

第三节　蛋白质的定量

蛋白质定量对研究蛋白质是最常用最基本的要求，含蛋白质的样品一般有两种状态，固体样品（原料、纯品）或液体样品，固体样品蛋白质含量测定一般用凯氏定氮法（测定蛋白质的含氮量）比较准确；液体样品蛋白浓度测定可根据其理化性质，采用的方法常有凯氏定氮法、紫外吸收法、双缩脲法、Folin-酚试剂法、考马斯亮蓝法和BCA法，后四种方法是基于蛋白质（或氨基酸）可与外加的显色基团或显色试剂（如双缩脲、茚三酮等）产生有色物质（也可称为显色法），可判断待测定样品中蛋白质（或氨基酸）的有无，如借助分光光度计检测反应后不同颜色溶液的吸光值，可鉴定和计算出溶液中蛋白质的含量。

一、凯氏定氮法（Kjeldahl 法）

鉴于各种蛋白质含氮量相对恒定，平均约为 16%（1g 氮相当于 6.25g 蛋白质），因此，测定生物样品中氮的含量可以推算蛋白质的含量。检测方法是先将待测样品与浓硫酸共加热，硫酸与蛋白质中的氮分解所生成的氨发生作用生成硫酸铵，硫酸铵与强碱作用分解释放出氨，氨气蒸发收集至标准盐酸中，以 NaOH 检测盐酸液被中和的程度，可计算总氮的含量。以甘氨酸为例，其反应式如下：

$$NH_2CH_2COOH+3H_2SO_4 \rightarrow 2CO_2+3SO_2+4H_2O+NH_3 \quad (1)$$

$$2NH_3+H_2SO_4 \rightarrow (NH_4)_2SO_4 \quad (2)$$

$$(NH_4)_2SO_4+2NaOH \rightarrow 2H_2O+Na_2SO_4+2NH_3 \quad (3)$$

反应（1）、（2）在凯氏瓶内完成，反应（3）在凯氏蒸馏装置中进行。

欲求样品中蛋白质的含量，用样品中蛋白含氮量再乘以 6.25 即可（100g 样品中蛋白质含量（g%）=每克样品中含氮克数×6.25×100），此法用于标准蛋白质含量的准确测定。

二、双缩脲法（Biuret 法）

双缩脲（$NH_3CONHCONH_3$）分子在强碱溶液中与 $CuSO_4$ 作用，肽键（或酰胺键）与铜离子结合能够形成紫红色化合物，颜色的深浅与蛋白质的含量成正比，凡具有两个以上肽键连接的物质均有此反应，它受蛋白质特异氨基酸成分影响较小。此法适用于蛋白质含量的快速测定，测定范围为 1～20mg 蛋白质，干扰这一测定的物质主要有：硫酸铵、Tris 缓冲液和某些氨基酸等。主要的缺点是灵敏度差。

三、Folin-酚试剂法（Lowry 法）

此法的显色原理与双缩脲方法是相同的，只是加入了第二种试剂（即 Folin-酚试剂）以增加显色量，从而提高了检测蛋白质的灵敏度。即在碱性条件下，蛋白质分子中的酪氨酸、色氨酸、半胱氨酸等，能还原 Folin 酚试剂中磷钼酸-磷钨酸产生深蓝色（钼蓝和钨蓝的混合物），蓝色的深浅与蛋白质浓度有较好的线性关系。如果使用碱性铜溶液，可促使蛋白质分子中肽键显色，显色强度比单独使用酚试剂增加 3～15 倍。实验中把待测液与标准蛋白液（通常采用牛血清清蛋白）同样处理，显色后经分光光度计在 680nm 波长检测溶液吸光值，便可以进行蛋白液比色定量分析。此法灵敏度是双缩脲方法的 100 倍，可检测的最低蛋白质量达 5μg。缺点是需要按顺序加入几种不同的反应试剂，反应时间较长，且容易受到非蛋白物质的影响；含 EDTA、Triton X-100、巯基乙醇等物质的蛋白不适合此种方法。

四、考马斯亮蓝法（Bradford 法）

游离状态的考马斯亮蓝 G-250 在酸性溶液中呈棕褐色，与蛋白质中碱性氨基酸和芳香族氨基酸结合后呈现蓝色，蛋白质含量与颜色的深浅成正比，经分光光度计 595nm 波长检测蛋白质吸光值，借助标准蛋白含量与吸光值的标准曲线，求出待测样品中的蛋白质浓度。考马斯亮蓝 G-250 法操作简单、速度更快、灵敏度高（比 Lowry 法可提高 4 倍，其最低蛋白质检测量可达 1μg）、干扰物质少且颜色稳定，且与一系列干扰 Lowry 反应的还原剂（如 DTT，巯基乙醇）相容，但是对于去污剂（SDS 等）依然敏感。缺点是不同的标准品会导致同一样品的结果差异较大，无可比性。

五、紫外吸收法

利用蛋白质中的芳香族氨基酸（色氨酸、酪氨酸、苯丙氨酸）含有共轭双键，使蛋白质在 280nm 处具有吸收紫外光的性质，吸收峰值与蛋白质含量成正比，通过与标准蛋白质比较而定量。此法由于不同蛋白质的芳香族氨基酸含量不同而有较大差异，因而此方法的准确性不高，优点是迅速简便且不消耗样品。紫外吸收法测定蛋白质吸收峰常因 pH 的改变而有变化，因此测定样品时的 pH 要与测定标准曲线的 pH 相一致。

六、BCA 法

Bicinchoninic acid（BCA）法是近来广为应用且较理想的蛋白定量方法。其原理与 Lowry 法蛋白定量相似，即在碱性环境下，蛋白质与 Cu^{2+}络合并将 Cu^{2+}还原成 Cu^{+}。BCA 与 Cu^{+}结合形成稳定的紫蓝色化合物，在 562nm 处有高的光吸收值并与蛋白质浓度成正比，据此可测定蛋白质浓度。与 Lowry 法相比，BCA 蛋白测定方法灵敏度高、操作简单、稳定可靠，对不同种类蛋白质检测的变异系数非常小。BCA 法测定蛋白浓度不受组织裂解液中低浓度去污剂（SDS、Triton X-100、Tween 等）的影响。

由于各种方法反应的基团以及显色基团不一，所以同时使用几种方法测定同一样品得出的样品浓度无可比性。即使是使用同一种比色法测定同一样品而选择的标准样品不一致，测试后的浓度也不一致。因此，在选择比色法之前，最好是参照要测试的样本的化学构成，寻找化学构成类似的标准蛋白作标准品。蛋白质测定方法比较见表 2-1，选择方法时应考虑对测定要求的灵敏度、蛋白质的性质、溶液中干扰物质、时间等。

表 2-1　蛋白质测定方法

测定方法	原理	干扰因素	灵敏度	时间	备注
凯氏定氮法	将蛋白质含氮转为氨，氨蒸发以酸吸收后滴定，测氮量乘以 6.25	非蛋白氮（可用三氯乙酸沉淀蛋白质而分离）	灵敏度低，适用于 0.2～1.0mg 氮，误差为±2%	8～10 小时	常作为其他方法的标准蛋白质
双缩脲法	多肽键与碱性 Cu^{2+}产生紫色络合物	硫酸铵；Tris 缓冲液；某些氨基酸	灵敏度低 1～20mg	20～30 分钟	用于快速测定，不同蛋白质显色相似
Folin-酚	1. 双缩脲反应 2. 磷钼酸-磷钨酸被 Tyr 和 Phe 还原	硫酸铵；Tris 缓冲液；甘氨酸；各种硫醇	灵敏度高 5μg	40～60 分钟	操作要严格计时；颜色深浅随不同蛋白质变化
考马斯亮蓝法	考马斯亮蓝染料与蛋白质结合时，其最大吸收值 595nm	强碱性缓冲液；TritonX-100；SDS	灵敏度最高 1～5μg	5～15 分钟	最好的方法；干扰物少；颜色深浅随不同蛋白质变化

续表

测定方法	原理	干扰因素	灵敏度	时间	备注
紫外吸收法	蛋白质中酪氨酸、色氨酸残基在 280nm 有吸收峰	各种嘌呤、嘧啶各种核苷酸	较为灵敏 50～100μg	5～10 分钟	层析柱流出液的检测
BCA 法	蛋白质将 Cu^{2+}还原成 Cu^{+}，BCA 与 Cu^{+}形成紫蓝色化合物，562 nm 处高吸收值	受螯合剂和略高浓度还原剂的影响	灵敏度高 0.5μg	40～60 分钟	稳定可靠，需精确控制显色反应的时间和温度

七、蛋白质纯度的鉴定

蛋白质分离纯化后的纯度需要有一些指标来鉴定，纯的蛋白质在一定条件下进行电泳，将以单一的速度移动，它的电泳图谱只出现一条带。同样纯的蛋白质在离心场中，应以单一的沉降速度移动。许多分离纯化蛋白质的方法也可以用来鉴定蛋白质的纯度，例如聚丙烯酰胺凝胶电泳（PAGE）、SDS-聚丙烯酰胺凝胶电泳（SDS-PAGE）、等电聚焦（IEF）、毛细管电泳（CE）、离子交换层折、基于蛋白质疏水性质的反相层析、凝胶过滤等都可以用于蛋白质纯度的鉴定。一些新方法如质谱等也可用于蛋白质纯度的鉴定。一般检测蛋白质的纯度时必须应用两种不同机理的分析方法相互印证才能做出准确的判断。确定蛋白质纯度应考虑：分子大小是否均一，电荷是否均一，是否具有恒定的氨基酸组成，是否具有单一的 N 末端和 C 末端残基，进一步纯化时生物活性是否再有提高及能否结晶等。

第四节　蛋白质相对分子量测定

分子量是蛋白质的基本特征之一，测定时有许多方法可以采用，但最好用两个方法相互印证。

一、SDS-聚丙烯酰胺凝胶电泳测定蛋白质的相对分子量

聚丙烯酰胺凝胶电泳（SDS-PAGE）可根据各种蛋白质分子所带净电荷多少以及分子量和形状的不同而表现出电泳迁移率的差异。SDS-PAGE 是在聚丙烯酰胺凝胶中加入 SDS，SDS 与蛋白质分子结合形成 SDS-蛋白质复合物，消除蛋白质分子之间所带电荷量和分子形状的差异。此时蛋白质的迁移速度只取决于蛋白质分子的大小。当蛋白质的分子量在 17 000～165 000 之间时，SDS-蛋白质复合物在电泳中的相对迁移率与蛋白质分子量的对数呈线性关系：

$$\lg M_r = \lg K - bm$$

上式中，M_r 为蛋白质的分子量，m 为相对电泳迁移率，K 为常数，b 为斜率。将已知分子量的标准蛋白质在 SDS-PAGE 中的电泳迁移率对分子量的对数作图，即可得到一条标准曲线。只要测得未知分子量的蛋白质在相同条件下的电泳迁移率，就能根据标准曲线求得各未知蛋白条带的相对分子量。

二、凝胶过滤法测定蛋白质的分子量

凝胶过滤法分离蛋白质的原理是根据不同大小的蛋白质分子，通过具有不同排阻范围的葡聚糖凝胶时，蛋白质分子量的对数和洗脱体积之间呈线性关系。因此，用几种已知分子量的蛋白质为标准，进行凝胶层析，以每种蛋白质的洗脱体积对它们的分子量的对数作图，绘制出标准洗脱曲线。未知蛋白质在同样的条件下进行凝胶层析，根据其所用的洗脱体积，从标准洗脱曲线上可求出此未知蛋白质对应的分子量。

凝胶层析法测定分子量也有一定的局限性，在 pH 6～8 的范围内，线性关系比较好，pH 偏大或偏小会引起蛋白质变性，因此要和其他方法的测定结果对比，才可做出较可靠的结论。

三、沉降法（超速离心法）

离心是利用机械的快速旋转所产生的离心力，将不同密度的物质进行分离。在单位力场下，溶质分子的沉降速度与离心角速度、离心半径呈正比，其比例常数为沉降系数。蛋白质溶液经高速离心分离时，由于比重关系，蛋白质分子趋于下沉，沉降速度与蛋白质颗粒大小成正比，应用光学方法观察离心过程中蛋白质颗粒的沉降行为，可判断出蛋白质的沉降速度。沉降系数（S）也常用于近似地描述生物大分子的大小，根据沉降速度可求出沉降系数，即可计算出蛋白质的分子量。

（隋琳琳）

第五节　实 验 项 目

实验一　蛋白质的定量测定

一、劳瑞（Lowry）法

【基本原理】

在碱性条件下，蛋白质分子中的酪氨酸、色氨酸、半胱氨酸等，能还原酚试剂（folin-ciocalteau）中磷钼酸-磷钨酸，使产生深蓝色（钼蓝和钨蓝），蓝色深浅与蛋白质的含量相关。由于蛋白质所含酪氨酸量不同使显色产生差异。Lowry 等加入碱性铜溶液后，发现显色强度比单独用酚试剂时增加了 3～15 倍，由蛋白质种类引起的显色偏差也少，这可能是铜离子作用下蛋白质分子中肽键的显色效果发挥出来的缘故，如把待测液与标准蛋白液同样处理，显色后便可进行比色定量。

【器材】

721 分光光度计、试管、坐标纸。

【试剂】

1. 生理盐水 称取氯化钠 0.9g，溶于 100ml 蒸馏水中。

2. 蛋白质标准液（125μg/ml） 可用结晶牛血清清蛋白或酪蛋白，必要时预先经微量凯氏定氮法测定蛋白质含量，根据其纯度精确称重配成，用生理盐水溶解并稀释定容。

3. A 液 无水碳酸钠 2g 溶于 0.10mol/L 氢氧化钠 100ml。

4. B 液 硫酸铜（$CuSO_4 \cdot 5H_2O$）0.5g 加水至溶。称取酒石酸钾钠 1.0g 加水溶解，两者混合后，加蒸馏水至 100ml。

5. C 液 按 A 液：B 液=49：1 配成。

6. D 液 酚试剂：蒸馏水（5：4.7）用前现配。

酚试剂的配制：所用药品皆需优级纯或分析纯。于 2000ml 的圆底烧瓶中，放入钨酸钠（$Na_2WO_4 \cdot 2H_2O$）100g，钼酸钠（$Na_2MoO_4 \cdot 2H_2O$）25g，蒸馏水 700ml，浓磷酸（85% W/V）50ml 及浓盐酸 100ml，摇匀，加入沸石（玻璃珠或毛细管防暴沸）。应用回流装置微沸 10 小时。除去回流装置冷却后，再加入硫酸锂（$Li_2SO_4 \cdot H_2O$）150g，蒸馏水 50ml 及溴 2～3 滴，在通风橱（或开窗流通空气）加热煮沸 15 分钟（不必回流），以驱除过量的溴。冷却后加蒸馏水到 100ml，保存于玻塞棕色瓶中备用。此制成的酚试剂应为淡黄色而不带绿色。本试剂主要成分是磷钨酸和磷钼酸。配制时加溴是氧化混合溶液中的还原性生成物。加硫酸锂防止生成沉淀。

【操作步骤】

1. 标准蛋白曲线绘制 取试管 6 支编号，按表 2-2 操作。

表 2-2 蛋白质标准曲线的制作

	1	2	3	4	5	6
标准蛋白溶液（125μg/ml）（ml）	0.00	0.10	0.20	0.30	0.40	0.50
生理盐水（ml）	0.80	0.70	0.60	0.50	0.40	0.30
C 液（ml）	2.00	2.00	2.00	2.00	2.00	2.00
混匀放置 10 分钟						
D 液（ml）	0.20	0.20	0.20	0.20	0.20	0.20

快速混匀，避光放置 45 分钟，于 680nm 波长比色。以各管吸光度值为纵坐标，各管所含蛋白质量为横坐标，在方格坐标纸上画出各坐标点，连接各点，绘制成标准曲线。

在标准曲线上写明仪器的型号和编号、所用波长和比色皿光径，以及测定物名称、室温及制作日期。

2. 血清蛋白含量测定 按表 2-3 操作。

表 2-3 血清蛋白含量测定

	测定管	空白管
待测液（ml）	0.10	—
生理盐水（ml）	0.70	0.80
C 液（ml）	2.00	2.00
混匀放置 10 分钟		
C 液（ml）	0.20	0.20

迅速混匀，避光放置 45 分钟，680nm 波长测定吸光度值。查标准曲线求得样品液蛋白含量。样品液如经稀释，结果应乘以稀释倍数。

【注意事项】

1. 进行测定时，加酚试剂（D 液）要特别小心，因为该试剂只在酸性条件下稳定，而还原反应只是在 pH=10 时发生，故当酚试剂加到碱性铜-蛋白质溶液中时，必须立即混匀，以便在磷钼酸-磷钨酸被破坏之前，还原反应即能发生。

2. 样品溶液中含硫酸铵，只需加浓碳酸钠-氢氧化钠溶液（试剂 A）即可显色测定。若样品的酸度高，显色后颜色浅，则必须提高碳酸钠-氢氧化钠溶液浓度 1～2 倍。

3. 本法宜用于未知蛋白质浓度在 10～100μg 范围内，如蛋白质含量过高需适当稀释。

二、考马斯亮蓝法

【基本原理】

游离状态的考马斯亮蓝 G250 在酸性溶液中呈红褐色，与蛋白质结合后呈蓝色，蛋白质含量与颜色的深浅成正比，经 595nm 测定，可作出蛋白质含量与吸光度值的标准曲线，并求出未知样品的蛋白质浓度。

【器材】

可见光分光光度计、试管。

【试剂】

1. 0.9% NaCl 溶液。

2. 蛋白质标准溶液（125μg/ml） 小牛血清清蛋白 12.5mg 加生理盐水至 100ml。

3. 考马斯亮蓝 G250 溶液 考马斯亮蓝 G250 100mg 加 95%乙醇 50ml，加 85%（W/V）H_3PO_4 100ml 加蒸馏水至 1000ml，置棕色瓶过夜，用双层滤纸过滤。

【操作步骤】

1. 标准蛋白质曲线的绘制 取小试管 6 支，按表 2-4 操作。

表 2-4 蛋白质标准曲线的制作

	1	2	3	4	5	6
标准蛋白液（125μg/ml）（ml）	0.00	0.10	0.20	0.30	0.40	0.50
生理盐水（ml）	1.00	0.90	0.80	0.70	0.60	0.50
考马斯亮蓝（ml）	5.00	5.00	5.00	5.00	5.00	5.00

混匀后静置 5 分钟，以 1 号为空白对照，于波长 595nm 处测吸光度值。以各管吸光度为纵坐标，各管蛋白质含量为横坐标，绘制成标准曲线。

2. 蛋白质含量测定 按表 2-5 操作。

表 2-5　样品中蛋白含量测定

	测定管	空白管
待测液（ml）	0.10	—
生理盐水（ml）	0.90	1.00
考马斯亮蓝（ml）	5.00	5.00

混匀静置 5 分钟后，以空白管调零，595nm 室温比色，根据标准曲线确定样品中蛋白质含量。

【思考题】

1. 用标准曲线法及标准管法测定蛋白质含量有何区别与意义。

2. 考马斯亮蓝法测定蛋白质的原理是什么？其他还有什么方法测定蛋白质的含量。

（董伟杰）

实验二　血清蛋白质的层析分离

一、血清γ-球蛋白的分离纯化（分子筛层析法）

【基本原理】

在蛋白质的溶液中加入大量中性盐，使蛋白质表面电荷被中和以及水化膜被破坏，导致蛋白质在水溶液中的稳定性因素去除而沉淀称为盐析。常用的中性盐有：硫酸铵、硫酸钠等。由于各种蛋白质分子大小和亲水程度不同，故盐析所需的盐浓度也不同。因此调节盐的浓度可使不同的蛋白质沉淀，从而达到分离的目的。如血清中的清蛋白在饱和硫酸铵溶液中即可沉淀，而γ-蛋白在 33%饱和硫酸铵溶液中沉淀。

盐析分离的蛋白质溶液中含有大量的无机盐，需脱盐后才能进一步纯化。本实验采用凝胶过滤法除盐。凝胶过滤主要是根据混合物中分子大小不同的各种物质随流动相流经作为固定相的葡聚糖凝胶层析柱时，小分子蛋白质进入凝胶颗粒的网孔，因而在柱中滞留时间较长，大分子蛋白质不能进入凝胶颗粒的网孔，垂直向下移动速度较快，因此混合物中各组分按分子大小不同得以分离。

【器材】

玻璃层析柱（1.0cm×12cm）、凹孔白瓷板、试管、离心管、烧杯、滴管、螺旋夹等。

【试剂】

1. 血清。

2. 磷酸盐缓冲液-生理盐水（PBS）　用 0.01mol/L 磷酸盐缓冲液配制的 0.9% NaCl 溶液。配制方法如下：

$$\left.\begin{array}{l}0.2\text{mol/L } Na_2HPO_4\ 72\text{ ml}\\0.2\text{mol/L } NaH_2PO_4\ 28\text{ ml}\end{array}\right\}\text{混匀后稀释20倍}$$

3. pH 7.2 饱和硫酸铵溶液　用氨水将饱和硫酸铵溶液调到 pH 7.2。

4. 葡聚糖凝胶 G-50（Sephadex G-50）。

5. 纳氏试剂（Nessler's reagent）

（1）储存液：于 500ml 锥形瓶内加碘化钾（KI）150g，蒸馏水 100ml，溶解后加碘（I_2）110g，振摇至溶解后再加汞（Hg）150g，连续振摇 7～15 分钟。在此过程中，碘的颜色渐浅且溶液发热，可在冷水浴中连续振摇到溶液由棕红色（碘色）转变成浅黄绿色（碘化钾汞色）为止。将上清液倒入 2L 量筒内，并用蒸馏水洗锥形瓶内沉淀物数次，洗液全部倒入量筒内，再加水至 2L 后混匀。

（2）应用液：取储存液 150ml 加 10%NaOH 溶液 700ml、蒸馏水 150ml 混匀，放棕色瓶内静置数日后取上清液使用。此液要求酸碱度适宜。即与 1.0mol/L HCl 滴定时需此试剂 11.0～11.5ml 使酚酞指示剂变色为宜，否则需加以纠正。

6. 双缩脲试剂　$CuSO_4 \cdot 5H_2O$ 0.39g，酒石酸钾钠 1.2g 分别溶于 50ml 蒸馏水中，加 2.5mol/L NaOH 60ml，KI 0.2g，混匀后加水至 200ml。

【操作步骤】

1. 盐析

（1）血清 1ml 加入离心管中，加入磷酸盐缓冲液-生理盐水（PBS）1ml 混匀，逐滴加入 pH 7.2 饱和硫酸铵溶液 1ml，边加边摇匀。静置 30 分钟后，离心 3000r/min 10 分钟，弃上清液（上清中主要含清蛋白）。

（2）将离心管中的沉淀用 1ml PBS 搅拌溶解，再逐滴加入 pH 7.2 饱和硫酸铵溶液 0.5ml，边加边摇匀。静置 30 分钟后，离心 3000r/min 10 分钟。弃上清液（上清中主要含α、β球蛋白）。

（3）沉淀用 6～7 滴 PBS 溶解备用。

2. 脱盐

（1）装柱：称取葡聚糖凝胶 G-50 1g，放入 100ml 烧杯中，加蒸馏水 50ml，微火煮沸 1 小时（注意需随时补充蒸馏水以免蒸干）。冷却后倾弃上清液。再加入 PBS 10ml，用玻璃棒轻轻搅拌，倾入玻璃层析柱内。于柱下口接一小段胶管，待全部凝胶倾入柱内且液面接近凝胶上表面时将出口胶管夹紧。为使凝胶表面平坦，可用手指轻轻弹动层析柱，然后小心放松调节夹，使液体缓缓流出 8～10 滴/分。同时检查流出液中是否有 NH_4^+ 存在，若有则需用 PBS 洗至流出液中无 NH_4^+为止。当液面恰好与凝胶表面重合时，立即将出口胶管夹紧，装柱即结束（注意：液面不得低于凝胶表面，且柱内不得有气泡）。

（2）脱盐：用乳头吸管吸出 γ-球蛋白液，加到层析柱内凝胶表面。然后稍打开流出口，使流速为 8～10 滴/分。待 γ-球蛋白液全部进入凝胶柱内时，再用乳头吸管小心加入 PBS 约 1cm 高，待大部分液体进入凝胶柱后，再继续加 PBS 直至洗脱完毕（加液时注意不要冲击凝胶表面）。在整个洗脱过程中不能让液面降至凝胶面以下。

（3）收集：准备 12 只小试管用于收集流出液。从加样后开始，每管收集 1ml。收集 12 管后继续用 PBS 洗至胶中无 NH_4^+时，停止洗脱。回收凝胶。

（4）检测：准备反应板两块。将 12 管收集液各取 1 滴分别放入两块反应板的 12 个凹孔。一块板的各孔内加纳氏试剂 1 滴，有 NH_4^+ 者呈黄色至橙色。可用“+、−”号表示有无呈色或颜色深浅。再向另一块板的各孔内加双缩脲试剂 1 滴，有蛋白者呈蓝紫色。亦可用“+、−”号表示有无呈色或颜色深浅。将呈色最深的一管收集液保留测定其蛋白含量并通过电泳鉴定本次实验所提 γ-球蛋白的纯度。

二、血清蛋白质的分离（离子交换层析法）

【基本原理】

DEAE 纤维素是阴离子交换剂，在 pH 为 8 的溶液中，血清蛋白皆解离为阴离子，可交换结合到 DEAE 纤维素离子交换层析柱上，然后用梯度洗脱法（参看第一章第三节）即逐步改变洗脱液的 pH 与离子强度使 DEAE 纤维素与蛋白质的亲和力降低可使不同蛋白质按其亲和力的大小不同分步洗脱下来，从而达到分离提纯的目的。

【器材】

分光光度计、梯度发生器、磁力搅拌器、量筒、漏斗、烧杯、试管、移液管、乳头吸管、玻璃棒、尼龙布、螺旋夹。

【试剂】

1. DEAE 纤维素-22（diethylaminoethyl cellulose）。
2. 0.5mol/L HCl 溶液。
3. 0.5mol/L NaOH 溶液。
4. 0.01mol/L Na_2HPO_4 溶液。
5. 0.5mol/L NaH_2PO_4 溶液。

【操作步骤】

1. DEAE 纤维素-22 处理　DEAE 纤维素-22 2.5g，倾洒在盛有 40ml 0.5mol/L HCl 的烧杯中。用玻璃棒轻搅拌使纤维素粉下沉，浸泡 30 分钟。加蒸馏水 60ml，用玻璃棒搅拌，静置 10 分钟。轻弃上层液体。重复加水搅拌，静置弃上清，重复上述步骤 1～2 次。使上层液体没有细的混悬物，然后倾入有 100 目尼龙滤布的漏斗中。用蒸馏水充分洗涤，直到流出液 pH≥4（用 pH 试纸检查）。将纤维素放到 250ml 的烧杯中，加 0.5mol/L NaOH 40ml 浸泡 30 分钟后，倾弃上清。加蒸馏水 100ml 搅拌，然后倾入有 100 目尼龙滤布的漏斗中。用蒸馏水充分洗涤，直到流出液 pH≤8，滤去水分。

将上述纤维素放到 250ml 的烧杯中，加入 0.01mol/L Na_2HPO_4 100ml 浸泡并搅拌。室温放置 10 分钟。轻弃上层液体。再加入 0.01mol/L Na_2HPO_4 100ml 浸泡并搅拌。必要时重复操作到溶液 pH＝8 为止。

2. 装柱　在层析柱（20cm×1cm）底部细玻璃管上安上胶塞。细玻璃管下端出口套上细胶管，用螺旋夹扭紧。把层析柱夹在铁支架上，使柱竖直放好。柱中加数毫升 0.01mol/L Na_2HPO_4 液。然后打开出口，排出气泡。待柱中液体只剩约 1cm 高时关闭出口。

将处理好的 DEAE 纤维素混悬液用乳头吸管加入层析柱内，拧松下口螺旋夹，使液体流出。注意不要带入气泡。如悬液过浓，可加 0.01mol/L Na_2HPO_4 液适当稀释。将 DEAE 纤维素悬液均匀加到柱内，并注意保持表面平整。纤维素全加到柱内后待液面接近纤维素上界面（床面）时，关闭出口。

3. 安装梯度发生器　把梯度发生器两筒间及出口胶管处螺旋夹都拧紧。向有出口的一侧筒内加入 0.01mol/L Na_2HPO_4 40ml，另侧加 0.5mol/L NaH_2PO_4 40ml。把此梯度发生器放到磁力搅拌器上，搅拌子放在出口侧的盛液筒中。此磁力搅拌器放在比层析柱高约 30～

50cm 处。使梯度发生器出口细胶管内充满液体。排出气泡拧紧该螺旋夹，将细胶管下端连到层析柱上端胶塞上的连接管上。

4. 加样　打开层析柱的上口，拧紧出口螺旋夹，待液面恰好到床顶表面时关闭出口。用吸管吸取血清 0.2ml 缓慢加入（不要搅动床面）。打开下口，让液体缓慢流出，流速按每分钟 5～10 滴。到全部血清恰好流入纤维素界面时，立即小心地加入 0.01mol/L Na_2HPO_4 液 0.5ml。到液面接近纤维素界面时，拧紧下口胶管的螺旋夹，并把胶管连接到收集管上。

5. 洗脱　拧松梯度发生器两盛液筒间的螺旋夹，开动磁力搅拌器（搅拌速度不宜过快，以免空气卷入液内）。将连接梯度发生器出口的细胶管连接管上，使液体流入层析管内。拧松层析柱下端胶管的螺旋夹，控制流速约 15 滴/分，使洗脱液滴入收集管内，每管收集到约 3ml 时，换管。全收集完为止。

6. 检测　用紫外分光光度计测读各管的吸光度值（波长 280nm），以 0.01mol/L Na_2HPO_4 液作空白管。吸光度值作为纵坐标，管号为横坐标，用方格坐标纸绘出血清蛋白层析图谱，观察并判断结果。第 1 及第 2 号吸收高峰的溶液分别保留于试管内，标明出吸光度，保存于冰箱，以供下次实验用。

【思考题】

1. 阴阳离子交换剂如何选择？

2. 通过 DEAE-纤维素 22 离子交换层析法分离血清蛋白所得收集液第一个蛋白峰主要是哪种蛋白？为什么？

（刘　帅）

实验三　血清蛋白质的电泳分离

一、乙酸纤维素薄膜电泳

【基本原理】

带电粒子在外加电场作用下向与其电性相反方向移动的现象称为电泳。用电泳技术分离蛋白质是因为蛋白质是两性电解质，在不同 pH 条件下，其带电情况不同。在等电点时，蛋白质为兼性离子，净电荷为零，在电场中不发生泳动；蛋白质分子在 pH 小于其等电点的溶液中，带正电荷，在电场中向负极泳动；蛋白质分子在 pH 大于其等电点的溶液中，带负电荷，在电场中向正极泳动。泳动速度主要决定于分子颗粒的电荷量以及分子的大小与形状。

本实验以乙酸纤维素薄膜作为支持物，于浸有缓冲液的薄膜一端加微量血清，膜两端连接于缓冲液。因所用缓冲液的 pH 为 8.6，大于血清中各种蛋白质的等电点（见注意事项）。因此，各种蛋白质皆带负电荷，在电场中向正极方向泳动，加每种蛋白质 pI 不同，与缓冲液 pH 差异越大，带电量越多，泳动速度越快。蛋白质因泳动速度不同而被分离，依次为清蛋白 A、α_1、α_2、β 和 γ-球蛋白，将蛋白质染色后，可按染色区带位置进行定性观察，也可对各条色带进行定量测定。

【器材】

电泳仪、乙酸纤维素薄膜（2cm×8cm）、点样板、铅笔、尺。

【试剂】

1. 巴比妥缓冲液（pH 8.6，离子强度 0.06） 巴比妥钠 12.76g，巴比妥 1.66g 加蒸馏水数百毫升，加热溶解后再补加蒸馏水至 1000ml，混匀。

2. 染色液 氨基黑 10B 0.5g，溶于甲醇 50ml 中，再加冰乙酸 10ml，蒸馏水 40ml 混匀。

3. 漂洗液 甲醇（或 95%乙醇）45ml，冰乙酸 5ml，蒸馏水 50ml 混匀。

4. 洗脱液 0.4mol/L NaOH 溶液

5. 透明液 95%乙醇 20ml，冰乙酸 5ml 混匀。

【基本操作】

1. 电泳槽内放适量的缓冲液，于两端的液槽间放一充满缓冲液的连通管，经过一定时间使两侧液面达到平衡后，取下连通管。在电泳槽的两侧的支持板上分别用四层滤纸（或纱布）搭桥，即使其一端塔到支持板上，另一端浸入缓冲液中。在乙酸纤维薄膜（2cm×8cm）的无光泽面距一端 2cm 处，用铅笔画一横线（与此端平行），作为准备点样的位置，称为点样线或者是起点线。把膜放进 pH 8.6 的巴比妥缓冲溶液中浸泡数小时使膜完全浸透。

2. 点样 把浸透缓冲液的乙酸纤维素膜取出，夹到滤纸中，轻抚使吸去多余的缓冲液，使膜的无光泽面向上，把微量样品〔血清、γ-球蛋白提纯液等（见实验二）〕分别均匀地涂在盖玻片的一端，把玻片竖直轻贴到膜的点样线上，使样品吸入膜内。注意应使点样线成为粗细一致的直线状。

3. 电泳 把点样膜放进电泳槽内，注意要把膜的点样面即无光泽面向下，点样端靠近阴极侧，把膜的两端紧贴到内侧支持板上搭桥的滤纸或纱布上，把膜摆平拉直，盖好电泳槽盖。

检查电泳槽电极的连接正确无误后通电，调节电流按总膜宽计算，每厘米宽给电流 0.4～0.6mA，通电时间 45～60 分钟。

4. 染色 关闭电源后立即将膜取出，放入染色液中浸染 5～10 分钟，然后移放漂洗液中漂洗数次，至蛋白条带清晰，本底无色为止，取出薄膜用滤纸吸干。

5. 定量 把漂洗干净的膜夹在滤纸中吸干，剪下各蛋白区带及一段平均大小的空白区，分别依次放入试管中，标清管号，向清蛋白管加 0.4mol/L NaOH 10ml，其余各管加 0.4mol/L NaOH 5ml，轻轻振摇，使着色完全洗脱于溶液中，用 620nm 波长比色，记取各管吸光度值。然后计算各组分相对百分含量。计算方法如下：

设测得各管吸光度值为 A_A、$A_{\alpha1}$、$A_{\alpha2}$、A_β、A_γ，则吸光度值总和 $AT=2A_A+A_{\alpha1}+A_{\alpha2}+A_\beta+A_\gamma$。清蛋白%=$2A_A/AT\times100\%$，$\alpha_1$ 球蛋白=$A_{\alpha1}/AT\times100\%$，其余类推，可分别求出各蛋白所占总蛋白的百分数。

另外，如用光密度计扫描，需要先使膜透明化，可把染色后干燥的薄膜放入透明液中 10～20 分钟，取出放到玻璃板上晾干，得到透明薄膜，可用扫描光度计描记出电泳曲线，亦可据此计算出各蛋白组分的百分含量。

【注意事项】

1. 血清蛋白各组分的等电点、分子量及其在正常血清中的百分含量如表 2-6。

表 2-6　血清蛋白各组分的等电点、分子量及其在正常血清中的百分含量

	等电点	分子量	占总蛋白的%
清蛋白	4.64	69 000	57～72
α_1 球蛋白	5.06	200 000	2～5
α_2 球蛋白	5.06	300 000	4～9
β 球蛋白	5.12	90 000～150 000	6.5～12
γ 球蛋白	6.85～7.3	156 000～950 000	12～20

2. 血清蛋白电泳有一定的临床意义。例如肝硬化时清蛋白明显降低，而 γ 球蛋白可增高 2 倍；肾病综合征和慢性肾小球肾炎可见到清蛋白降低，α 和 β 球蛋白增高。从电泳谱上亦可查出某些异常，例如多发性骨髓瘤患者血清，有时在 β 与 γ 球蛋白之间出现巨球蛋白；原发性肝癌患者血清在清蛋白与 α_1 球蛋白之间可见到甲胎蛋白。

【思考题】

1. 蛋白质的泳动速度与哪些因素有关?

2. 电泳后，泳动在最前面的是何种蛋白质？各谱带为何种成分？请分析原因。

3. 电泳时，点样端置于电场的正极还是负极，为什么?

二、聚丙烯酰胺凝胶圆盘电泳

【基本原理】

不连续聚丙烯酰胺凝胶电泳由于同时兼有电荷效应、浓缩效应和分子筛效应，因此具有很高的分辨率。血清蛋白各组分由于所带电荷和分子大小不同，通过三种效应而被精细分离。血清蛋白在乙酸纤维素薄膜电泳上可分为 5～7 个组分，而在聚丙烯酰胺凝胶电泳上则可以分为 20～30 个成分。

【器材】

电泳仪、垂直板电泳槽、进样器、乳头吸管、50ml 小烧杯。

【试剂】

1. 30%丙烯酰胺溶液　丙烯酰胺 29.2g，甲叉双丙烯酰胺 0.8g，加水至 100ml，棕色瓶 4℃保存。

2. 1.5mol /L Tris-HCl 分离胶缓冲液，pH 8.9（4×）　取 18.15g Tris，用 1mol/L HCl 调 pH 至 8.9，加水至 100ml，4℃保存。

3. 0.5mol /L Tris-HCl 浓缩胶缓冲液，pH 6.7（4×）　取 5.98g Tris，用 1mol/L HCl 调至 pH 6.7，加水至 100ml，4℃保存。

4. 电极缓冲液（pH 8.3）　取 14.49g 甘氨酸，3.02g Tris，加 100ml 10%SDS，加水至 1L，4℃保存。

5. 10%过硫酸铵溶液（AP）　临用前现配。

6. 染色液（0.25%考马斯亮蓝 R-250、50%甲醇、7%乙酸）　考马斯亮蓝 R-250 2.5g、甲醇（可用无水乙醇代替）500ml、70ml 冰乙酸，溶解后补足水至总体积 1000ml。

7. 脱色液（30%甲醇、7%乙酸）　甲醇（可用无水乙醇代替）300ml，冰乙酸 70ml，补足水至 1000ml。

【操作步骤】

1. 凝胶柱的制备

（1）取两端已有金刚砂磨平的 10cm×0.6cm 的玻璃管。在距一端 7cm 和 7.5cm 处，各划一条线。插入橡皮垫，垂直安放于试管架中。

（2）按分离胶配制比例（表2-7）加入各种试剂，混匀后即成为分离胶溶液。迅速用乳头吸管将分离胶加入玻璃管内，至 7cm 划线处。

（3）用细尖的乳头吸管沿玻璃管壁加入蒸馏水约 0.5cm，加水时要缓慢，尽量减少凝胶表面的震动与混合。静置 1 小时以上。

（4）按浓缩胶配制比例（表 2-7）加入各种试剂。

表 2-7　分离胶和浓缩胶溶液的配制

	分离胶（ml）	浓缩胶（ml）
H_2O	6.20	7.65
30%丙烯酰胺	2.50	1.00
分离胶缓冲液（pH 8.9）	1.25	—
浓缩胶缓冲液（pH 6.7）	—	1.25
TEMED	0.05	0.05
10%过硫酸铵	0.05	0.05
总体积	10ml	10ml

（5）用乳头吸管吸去分离胶管上面的水层，加入少许浓缩胶迅速吸出去（目的是洗出分离胶表面的水）。

（6）用乳头吸管沿凝胶管壁加入浓缩胶溶液至 7.5cm 处，并随即沿管壁缓慢加入约 0.5cm 高度，静置 20 分钟。

2. 样品配制　正常人血清 0.1ml，加入浓缩胶缓冲液 1.5ml，加入蔗糖 200mg 及 0.05%溴酚蓝水溶液，轻摇混匀。

3. 电泳

（1）选择无气泡和裂缝、聚合均匀的凝胶去水并垂直安放在上电极槽的橡皮塞孔中。

（2）加入电极缓冲液于上、下电泳槽中，使电极缓冲液淹没凝胶管中，用乳头吸管排除凝胶管上下口中的气泡。

（3）加样：用微量注射器取样品液加 30μl，沿管壁加在浓缩胶面上，注入时要慢。标记各管的编号。

（4）电泳：将上层电极槽的电极接在电泳仪的负极、下层电极槽的电极接在电泳仪的正极、接好电源。调节电流为 1～2mA /管。待示踪剂进入分离胶时，调节电流为 2～4mA/管。当示踪剂移出玻璃管下口约 30 分钟，切断电源。

4. 剥胶　取下凝胶管，用带有 10cm 长局麻针头注射器，盛满蒸馏水做润滑剂。将针头插入胶与管壁之间，边注入水边旋转玻璃管。直至胶柱与管壁分开。然后用吸耳球轻轻在胶管的一端加压，使凝胶从玻璃管中缓慢滑出，进入到已编号的试管内。

5. 染色、脱色、固定、保存　向装有凝胶柱的试管中加入染色液，使凝胶柱全都浸泡在染色液于60℃水浴中染色30分钟、倾去染色液，加入固定、保存液，更换三次，次日观察结果。

【注意事项】

Acr 和 Bis 都是神经性毒剂，对皮肤有刺激作用、但在形成凝胶后则无毒，操作时应尽量避免接触皮肤，并注意洗手。

【思考题】

1. 配制样品时，为什么要加入蔗糖？
2. 电泳时，为什么要把上层电泳槽接在负极上？

（田余祥）

实验四　蛋白质理化性质分析

一、等电聚焦电泳法测定蛋白质等电点

【基本原理】

蛋白质的等电点是蛋白质的重要特征之一。测定蛋白质的等电点对于了解某种蛋白质的理化性质有重要的帮助。

等电点聚焦（isoelectric focusing，IEF）是利用两性解离物质等电点不同而对蛋白质进行分离分析的技术，它分辨率高、重复性好、样品容量大、操作简便等优点，在生物化学、分子生物学及临床医学研究等诸方面有广泛应用。

在等电聚焦电泳中，两性电解质载体在电场中形成一个连续而稳定的线性 pH 梯度，使 pH 从正极向负极逐渐增加。蛋白质分子在偏离其等电点的 pH 位置时带有电荷，因此在电场中可以移动，据此可将不同等电点的蛋白质分开。

等电聚焦电泳主要以聚丙烯酰胺凝胶、琼脂糖凝胶等为支持物，在凝胶中加入载体两性电解质。载体两性电解质是一些具有相近等电点的、相对分子质量为 300～1000 Da 的脂肪族多氨基和多羧基两性化合物的混合物，可以在电场中自然形成正极为酸性、负极为碱性的连续线性 pH 梯度。两性电解质载体是 IEF-PAGE 中最关键的试剂，直接影响 pH 梯度的形成及蛋白质的聚集。因此，控制其在凝胶的终浓度不超过 2%（表 2-8）。

表 2-8　不同 pH 范围等电聚焦凝胶载体两性电解质配方

pH 范围	载体两性电解质 pH 范围	凝胶中的百分比（%）
3.5～10.0	3.5～10.0	2.4
4.0～6.0	3.5～10.0	0.4
	4.0～6.0	2.0
6.0～9.0	3.5～10.0	0.4
	6.0～8.0	1.0

续表

pH 范围	载体两性电解质 pH 范围	凝胶中的百分比（%）
9.0～11.0	7.0～9.0	1.0
	3.5～10.0	0.4
	9.0～11.0	2.0

【器材】

电泳仪、电泳槽、微量注射器。

【试剂】

1. 溶液 A　30%（W/V）丙烯酰胺/1%甲叉双丙烯酰胺。
2. 20% Triton X-100。
3. 尿素。
4. 10%过硫酸铵。
5. 载体两性电解质（pH 3.5～10.0 和 pH 4.0～6.0）。
6. TEMED（四甲基乙二胺）。
7. 上样缓冲液（2×）　2.4g 尿素，20μl 载体两性电解质（pH 3.5～10.0），100μl 载体两性电解质（pH 4.0～6.0），500μl 20% Triton X-100，50μl β-巯基乙醇，1%溴酚蓝 200μl，1. 7ml 双蒸水。可分装，储存于–20℃保存。
8. 电极缓冲液　上槽（负极）0.02mol/L NaOH 溶液，下槽（正极）0.01mol/L H_3PO_4 溶液。临用时配制。
9. 0.25%考马斯亮蓝 R250。
10. 脱色液。

【操作步骤】

1. 安装制胶模具。
2. 配制凝胶　按表 2-9 所列配方加入试剂后混匀，倒入制胶模具中，插入梳子，待凝胶聚合。聚合后，小心拔出梳子。

表 2-9　两性电解质载体凝胶的配方

凝胶组成	加入量
H_2O	5.4ml
溶液 A	2.0ml
载体两性电解质（pH 3.5～10.0）	48μl
载体两性电解质（pH 4.0～6.0）	240μl
尿素	6.0g
10%过硫酸铵	25μl
TEMED	20μl

3. 样品的制备　将样品与 2×上样缓冲液等体积混合，10 000*g*，离心 5 分钟。
4. 上样　用微量注射器将制备的样品加入上样孔的底部（含蛋白质 10～30μg）。
5. 电泳　上槽中加入 0.02mol/L NaOH 溶液作为电极缓冲液，下槽加 0.01mol/L H_3PO_4

溶液作为电极缓冲液。接通电源，恒压 150～200V，电泳约 3 小时，当电流基本为零时停止电泳（电流为零说明聚焦完毕）。

6. 凝胶的固定　电泳结束后，取出凝胶，浸泡于 10%三氯乙酸中 10 分钟，再浸泡于 1%三氯乙酸中至少 2 小时（以除去胶中的载体两性电解质）。

7. 染色及脱色　将凝胶浸没于 0.25%考马斯亮蓝 R250 中染色 10 分钟（轻轻摇动）。将凝胶放在脱色液中脱色。

8. 等电点分析　等电点分析有三种方法：

（1）利用标准蛋白质的等电点为纵坐标，距正极的距离为横坐标得标准曲线，然后根据样品距正极的距离求出等电点。

（2）用微电极直接测定胶表面的 pH 而得知样品的等电点。

（3）将蛋白色带切成等距离的小块，浸泡于水中，用精密试纸测定 pH。以 pH 为纵坐标，凝胶胶块距正极的距离为横坐标得 pH 梯度曲线，然后根据样品胶块距正极的距离求其等电点。

二、SDS-PAGE 测定蛋白质的相对分子量

【基本原理】

聚丙烯酰胺凝胶电泳具有较高分辨率，用它分离、检测蛋白质混合样品，主要是根据各蛋白质各组分的电泳迁移率的不同。这种差异就蛋白质分子本身而言，主要与其所带净电荷以及分子量和形状有关。当电泳体系中含有一定浓度的十二烷基硫酸钠（SDS）时，则得电泳迁移率的大小只取决于蛋白质的分子量，从而可直接由电泳迁移率推算出蛋白质的分子量。

SDS 的作用原理在于与蛋白质结合，破坏蛋白质分子内部、分子之间以及与其他物质分子之间的非共价键，使蛋白质变性而改变原有的空间构象。当有强还原剂（如 β-巯基乙醇）存在时，可使蛋白质分子内的二硫键被彻底还原。并且当 SDS 的总量为蛋白量的 3～10 倍且 SDS 单位浓度大于 1mol/L 时，这两者的结合是定量的，大约每克蛋白质可结合 1.4 克 SDS。蛋白质分子一经结合了一定量的 SDS 阴离子，所带负电荷的量远远超过了它原有电荷量，从而消除了不同种类蛋白质间电荷符号的差异。且由于分子量越大的蛋白质结合的 SDS 越多，所带负电荷也越多，这就使各蛋白质-SDS 复合物的电荷密度趋于一致。同时，不同蛋白质的 SDS 复合物形状也相似，均是长椭圆状。因此，在电泳过程中，迁移率仅取决于蛋白质分子量的大小，而与蛋白质原来所带电荷量无关。据经验得知，当蛋白质的分子量在 17 000～165 000 之间时，蛋白质-SDS 复合物的电泳迁移率与蛋白质分子量的对数呈线性关系：

$$\lg M_r = \lg K - bm$$

上式中，M_r 为蛋白质的分子量，m 为相对迁移率，K 为常数，b 为斜率。将已知分子量的标准蛋白质在 SDS-聚丙烯酰胺凝胶中的电泳迁移率对分子量的对数作图，即可得到一条标准曲线。只要测得未知分子量的蛋白质在相同条件下的电泳迁移率，就能根据标准曲线求得其分子量。

【器材】

电泳仪、垂直板电泳槽、进样器、乳头吸管、50ml 小烧杯。

【试剂】

1. 标准蛋白质　根据待测蛋白质相对分子质量的大小，从专业公司购置低分子量标准蛋白质或高分子量标准蛋白质。按说明书要求处理。

2. 30%丙烯酰胺溶液　丙烯酰胺 29.2g，甲叉双丙烯酰胺 0.8g，加水至 100ml，棕色瓶 4℃保存。

3. 1.5mol /L Tris-HCl 分离胶缓冲液 pH 8.9（4×）　取 18.15g Tris，用 1mol /L HCl 调 pH 至 8.9，加水至 100ml，4℃保存。

4. 0.5mol /L Tris-HCl 浓缩胶缓冲液，pH 6.7（4×）　取 5.98g Tris，用 1mol /L HCl 调至 pH 6.7，加水至 100ml，4℃保存。

5. 电极缓冲液（pH 8.3）　取 14.49g 甘氨酸，3.02g Tris，加 100ml 10%SDS，加水至 1L，4℃保存。

6. 10% SDS　取 10g SDS，加水至 100ml，完全溶解后室温保存。

7. 10%过硫酸铵溶液（AP）　临用前现配。

8. 染色液（0.25%考马斯亮蓝 R-250、50%甲醇、7%乙酸）　考马斯亮蓝 R-250 2.5g、甲醇（可用无水乙醇代替）500ml、70ml 冰乙酸，溶解后补足水至总体积 1000ml。

9. 脱色液（30%甲醇、7%乙酸）　甲醇（可用无水乙醇代替）300ml，冰乙酸 70ml，补足水至 1000ml。

10. 样品缓冲液（2×）　H_2O 2.4ml，浓缩胶缓冲液 1.0ml、甘油 0.8ml、10% SDS 3.2ml，β-巯基乙醇 0.4ml，0.025%（W/V）溴酚蓝 0.2ml。

11. TEMED（四甲基乙二胺）。

【操作步骤】

1. 安装制胶模具。

2. 根据所测蛋白质的相对分子量范围，选择某一合适的分离胶浓度。按表 2-10 所列的试剂用量配制。

表 2-10　分离胶的配制

	7.5%（ml）	10%（ml）	15%（ml）
H_2O	4.90	4.10	2.40
30%丙烯酰胺	2.50	3.30	5.00
分离胶缓冲液（pH8.9）	2.50	2.50	2.50
10% SDS	0.10	0.10	0.10
TEMED	0.02	0.02	0.02
10%过硫酸铵	0.02	0.02	0.02
总体积	10ml	10ml	10ml

将分离胶混匀后立即灌注于玻板间隙中，上层小心覆盖一层正丁醇。将胶板垂直放于室温下，待分离胶聚合完全后，倾去正丁醇并用滤纸吸干。

3. 浓缩胶的制备　按表 2-11 配制浓缩胶，将浓缩胶混匀后直接灌注在已聚合的分离胶上，立即插入梳子，将凝胶垂直放于室温下聚合。

表 2-11　浓缩胶的配制

	3%（ml）	4%（ml）	6%（ml）
H_2O	3.20	3.05	2.70
30%丙烯酰胺	0.50	0.65	1.00
浓缩胶缓冲液（pH6.7）	1.25	1.25	1.25
10% SDS	0.05	0.05	0.05
TEMED	0.05	0.05	0.05
10%过硫酸铵	0.05	0.05	0.05
总体积	5ml	5ml	5ml

4. 样品预处理　取样品液与等体积样品缓冲液混合，100℃加热 1～2 分钟。

5. 待浓缩胶聚合完全后，小心移出梳子，然后将胶板固定于电泳装置上，上下槽各加入电极缓冲液。

6. 加样　用微量进样器加样。每个样品孔加入 20μl 样品。

7. 电泳　在 100～150V 的电压下电泳，直至溴酚蓝达到胶底部，关闭电源。

8. 染色　从电泳装置上卸下玻板，小心撬开玻板取出凝胶，放入染色液中染色 2 小时以上。

9. 脱色　将凝胶放入脱色液中脱色至本底无色为止。

10. M_r 的计算　用直尺分别量出样品区带中心及染料与凝胶顶端的距离，按下式计算：

相对迁移率（M_r）=样品迁移的距离（cm）/染料迁移距离（cm）

以标准蛋白质的相对分子质量的对数对相对迁移率作图，得到标准曲线。根据待测样品的相对迁移率，从标准曲线上查出其相对分子质量。

【思考题】

1. 蛋白分子量的测定，除本实验采用的方法外，还有什么其他方法？
2. 采用电泳技术如何测定蛋白质的分子量？

（田余祥）

实验五　固定化蛋白质的免疫生化鉴定（Western Blot）

【基本原理】

蛋白质印迹免疫分析的过程包括蛋白质经聚丙烯酰胺凝胶电泳分离后，在电场作用下将凝胶上的蛋白质条带转移到硝酸纤维素膜上，经封闭后再用抗待检蛋白质的抗体作为探针与之结合，经洗涤后，再将滤膜与二级试剂——放射性标记的或辣根过氧化物酶或碱性磷酸酶偶联抗免疫球蛋白抗体结合，进一步洗涤后，通过放射自显影或原位酶反应来确定抗原-抗体复合物在滤膜上的位置和丰度。

【器材】

转移电泳槽（图 2-1）、硝酸纤维素膜、滤纸、剪刀、手套、小尺。

【试剂】

1. IgG 标准品。
2. 羊抗人辣根过氧化物酶（HRP）标记的 IgG 抗体。
3. 转移 buffer　Tris 3.03g，Gly 14.4g，甲醇 200ml，加三蒸水至 1000ml 充分溶解，4℃

冰箱储存。

4. Tris buffer（TBS）　Tris 2.42g，NaCl 29.2g，溶于 600ml 三蒸水，再用 1mol/L HCl 调 pH 至 7.5，然后补加三蒸水至 1000ml。

5. 漂洗液（TTBS）　500ml TBS 液中含 250μl Tween 20。

6. 封闭液　5%脱脂奶粉。

7. 抗体 buffer　1.5g BSA 溶于 50ml TTBS。

8. 显色液 DAB（3.3-diaminobenzidine，3.3-二氨基联苯胺）　5mg DAB 溶于 10ml 柠檬酸 buffer（0.01mol/L 柠檬酸 2.6ml，0.02 mol/L Na_2HPO_4 17.39 ml），加 30% H_2O_2 10μl（临用时现配）。

9. 脱色液　甲醇 250ml，冰乙酸 100ml，加蒸馏水至 1000ml。

10. 氨基黑染色液（0.1%氨基黑-10B）　0.2g 氨基黑-10B 溶于 200ml 脱色液中，充分搅拌溶解，滤纸过滤。

【**操作步骤**】

1. 转移印迹

（1）转移前准备：将滤纸和硝酸纤维素膜（NC）剪成与胶同样大小，将 NC 膜浸入蒸馏水中 10～20 分钟后再浸入转移 buffer 中平衡 30 分钟。

（2）凝胶平衡：将电泳后的 SDS-PAGE 胶板置于转移 buffer 中平衡 30～60 分钟。

（3）按图 2-2 所示进行操作：逐层铺平，各层之间勿留有气泡和皱折。

图 2-1　转移电泳槽装置

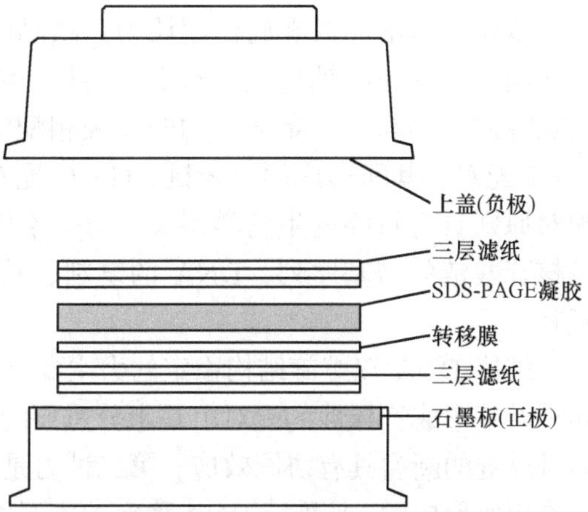

图 2-2　转移电泳槽工作原理

（4）将转移电泳槽与电源连接，在恒流（0.8mA/cm）和室温条件下，转移 1 小时。转移后的凝胶再用氨基黑 10B 染色液染色 20 分钟，然后脱色检测转移效果。

2. 免疫染色

（1）将转移后的 NC 膜在 5%脱脂奶粉中封闭过夜（4℃）。

（2）用 TBS 洗 NC 膜 1～2 次，每次 10 分钟。

（3）将 NC 膜与 HRP 标记的抗体在室温条件下孵育 1 小时。

（4）用 TBS 洗 NC 膜 3 次，每次 10 分钟。

（5）将 NC 膜转入 DAB 显色液中，置暗处反应，待显色反应达到最佳程度时，立即用三蒸水洗涤 NC 膜以终止反应。

（康　健）

第三章　核酸的分子组成及理化性质分析

第一节　核酸的分子组成与结构

核酸是以核苷酸为基本组成单位的生物大分子，是生物遗传信息的载体和生物体中最重要的组成成分之一，它和蛋白质一起构成了生命的主要物质基础，所有的生物包括病毒、细菌、动物和植物都含有核酸。核酸在生物的遗传变异、生长繁殖和分化发育以及疾病的发生和治疗等方面都起着重要的作用。核酸分为两大类：脱氧核糖核酸（DNA）和核糖核酸（RNA）。从核酸在细胞内的分布状况来看，DNA 主要集中在细胞核内，线粒体、叶绿体中也含有少量的 DNA；RNA 主要分布于细胞质中。但对于病毒来说，要么只含有 DNA，要么只含有 RNA，故可将病毒分为 DNA 病毒和 RNA 病毒。

DNA 的一级结构是 DNA 核苷酸的排列顺序，由于核苷酸之间的差异在于碱基的不同，因此核酸的一级结构也就是它的碱基序列。DNA 双螺旋结构模型的提出，被认为是 20 世纪自然科学的重大突破之一，它真正拉开了分子生物学研究的序幕，为分子遗传学的发展奠定了基础。双螺旋模型认为：结晶的 B 型 DNA 钠盐是由两条反向平行的多核苷酸链围绕同一中心轴构成的双螺旋结构，嘌呤碱和嘧啶碱层叠于螺旋的内侧，一条链上的嘌呤碱必须与另一条链上的嘧啶碱相配对，其间的距离正好与双螺旋的直径相吻合。A—T 配对，其间形成两个氢键；G—C 配对，其间形成三个氢键，这种碱基之间的互补配对原则具有重要的生物学意义。当一条核苷酸链上的碱基序列确定后，即可推知另一条核苷酸链的碱基序列，DNA 的复制、转录、逆转录、PCR 扩增的分子基础都是碱基互补。

维持 DNA 双螺旋结构稳定的力主要有三种：一种是互补碱基对之间的氢键，它在使四种碱基形成特异性的配对上是十分重要的，但并不是维持 DNA 结构稳定最主要的力，而且氢键的断裂具有协同效应；第二种力是碱基堆积力，是由芳香族碱基的 π 电子之间相互作用而形成的，是维持 DNA 稳定的主要力量；第三种力是 DNA 骨架磷酸残基上的负电荷与介质中的阳离子之间形成的离子键。DNA 在生理 pH 条件下带有大量的负电荷，要是没有阳离子（或是带正电荷的多聚胺、组蛋白等）与它形成离子键，DNA 链由于自身不同部位之间的排斥力的作用也是不稳定的。原核细胞的 DNA 常与精胺、亚精胺结合，真核生物细胞的 DNA 则在核内与组蛋白结合。DNA 的二级结构是双螺旋结构，并可进一步折叠形成三级结构。RNA 主要包括 mRNA、tRNA、rRNA。mRNA 在胞质中是蛋白质生物合成的模板。成熟的 mRNA 含有 5′帽结构和 3′末端的多聚 A 尾结构。mRNA 的每 3 个核苷酸为一组构成一个密码子，决定了肽链上的一个氨基酸。tRNA 在蛋白质合成过程中作为各种氨基酸的运载体，含有较多的稀有碱基，具有三叶草型二级结构和倒 L 型的三级结构，mRNA 和 tRNA 通过密码子和反密码子的碱基互补关系识别。rRNA 与蛋白质共同组成蛋白质合成的场所——核糖体。

第二节　核酸的理化性质

一、核酸的一般性质

核酸溶液的黏度比较大，特别是 DNA。因为 DNA 是线性的高分子化合物，在水溶液中表现出极高的黏性。RNA 分子比 DNA 要小很多，所以黏度也要小得多。核酸在变性或降解时，黏度降低或消失。细胞内的 RNA 种类多，其分子大小也不相同，DNA 分子比 RNA 分子大得多。DNA 分子的长度与直径之比达到 10^7 时，极易在机械力的作用下发生断裂，所以在提取基因组 DNA 时，应避免剧烈的振荡和搅拌。核酸是大分子在引力场中可以下沉，因此它在溶液中的沉降行为不仅可以用来测定其分子量，而且还可作研究核酸结构的重要依据。不同构象的核酸（线性、开环、闭环）在进行超离心时的沉降速度与它的分子形状和结构有关。

二、核酸的紫外吸收

嘌呤和嘧啶碱基具有共轭双键，因此核苷、核苷酸及核酸具有吸收紫外光的性质，最大吸收值在 260nm 处，蛋白质的最大吸收值在 280nm 处。利用这一特性，可以测定核酸的含量，以及核酸样品中蛋白质的含量。还可以根据核酸溶液在 260nm 处吸光度变化监测 DNA 的变性情况，是因为 DNA 变性后，双螺旋结构被破坏，碱基充分地暴露，导致紫外吸收值增加，出现增色效应。

三、核酸的变性、复性及杂交

（一）变性

核酸的变性是指核酸的双螺旋结构被破坏，氢键断裂，但不涉及核苷酸间共价键的断裂。DNA 变性可导致一系列理化性质的改变，如 A_{260} 处紫外吸收值升高、黏度降低、浮力密度升高、酸碱滴定曲线改变，同时失去部分或全部生物活性。引起核酸变性的因素有很多：由温度升高而引起的变性称热变性，它是最常见也是应用最为广泛的一种变性因素。由于 DNA 的双螺旋结构中 G—C 之间有三对氢键，故核酸分子中（主要是 DNA）G—C 配对越多，核酸解链所需的温度就越高。当溶液的温度达一定的值时，解链先从 A—T 配对较多的区域开始，迅速蔓延至全链解开，所以 DNA 的变性过程是爆发式的，从变性开始至完全变性，是在一个很窄的温度范围内进行的，这个温度范围的中点温度即称为 DNA 的熔点（T_m），或称为解链温度。T_m 值的大小与其碱基构成及介质的离子强度有关：G+C 的比例越高，T_m 值越大，因为 G—C 配对会形成 3 个氢键，而 A—T 配对只有 2 个氢键；介质中离子强度越高，T_m 值也越大。DNA 的 T_m 的计算公式为：T_m=69.3+41（G+C）%，少于 20 个碱基的寡核苷酸的 T_m=4（G+C）+2（A+T）。

（二）复性与杂交

变性的 DNA 在适当的条件下，可以使两条彼此分开的链重新缔合成双螺旋结构，这一过程称为复性。复性后 DNA 的一系列理化性质得到恢复。复性的速度与以下因素有关：DNA 的大小、DNA 的浓度、DNA 的均一性、离子强度等。一般来说，均质 DNA 较异质 DNA 易复性，变性 DNA 的片段越大复性越慢，而 DNA 的浓度越大复性越快。

另外如热变性，热变性的 DNA 若快速冷却则不易复性，只有缓慢地冷却，才可以较完全地复性。若不同来源的变性 DNA 单链之间在某些区域有碱基互补的序列，则复性时，它们之间会形成双链，该过程称为核酸分子杂交（hybridization）。这种现象也会发生在碱基序列互补的单链 DNA 与 RNA 分子之间。杂交技术现已成为分子生物学领域研究核酸的结构、功能以及检测、鉴定等方面一项极其重要的技术。

第三节　核酸的制备和含量测定

一、核酸的制备

要对核酸进行研究，首先要制备单一的、纯净的核酸样品。但是在细胞内的核酸是与蛋白质结合以核蛋白体的形式存在，所以在制备核酸时要去除蛋白质、一般在提取 DNA、RNA 的过程中，首先是利用 DNP 和 RNP 在不同浓度的盐溶液中的溶解度不同而将 DNP 和 RNP 分开，如 DNP 在低浓度盐溶液中，几乎不溶解，如在 0.14mol/L 的 NaCl 溶解度最低，仅为在水中的溶解度的 1%，随着盐浓度的增加溶解度也增加，在 1mol/L NaCl 中溶解度很大，比纯水高 2 倍。RNP 在盐溶液中的溶解度受盐浓度的影响较小，在 0.14mol/L 的 NaCl 溶解度较大。因此，在提取时，常用此法分离这两种核蛋白。提取核酸的方法较多，有苯酚法、氯仿-异戊醇法、SDS 法等，它们都是蛋白质的变性剂，能将核酸与蛋白质分开。一般可根据不同的目的和要求采用不同的方法。最常用的方法是用苯酚法提取核酸，其具有操作条件比较温和，能迅速使蛋白质变性并同时抑制核酸酶的活性，可得到具有生物活性的高聚合度的核酸等优点。

核酸的纯化和鉴定也是核酸制备过程中一个重要的步骤。蔗糖密度梯度离心法可按核酸分子的大小和形状将不同的核酸分子分开；羟基磷灰石柱、甲基白蛋白硅藻土柱和各种纤维素柱也可用来分离各种核酸；通过聚丙烯酰胺凝胶电泳和琼脂糖凝胶电泳可以分离并制备少量高纯度的核酸，并可利用转膜技术、杂交技术和标准相对分子质量 DNA 等对核酸分子进行鉴定。利用寡聚 dT-纤维素柱是提取 mRNA 的一种有效方法。

二、核酸的含量测定

核酸的含量可以用定磷法、定糖法、紫外分光光度法和荧光光度法来测定。

定磷法是利用核酸分子中磷的含量相对恒定这一性质来测定核酸的含量，该法测定的结果较准确（RNA、DNA 中磷的平均值分别为 9.5%，9.9%）。优点是简便、快速、灵敏度高；缺点是受蛋白质和核苷酸的影响。

核酸中的戊糖可在浓盐酸或浓硫酸作用下脱水生成醛类化合物，醛类化合物可与某些成色剂缩合成有色化合物，可用分光光度法测定其溶液中的吸收值，在一定浓度范围内，溶液的吸收值与核酸含量成正比。定糖法用二苯胺法测定DNA的含量，地衣酚法测定RNA的含量，但两种方法的精确度较小。

根据核酸分子中的嘌呤环和嘧啶环在λ=260nm 处有最大吸收值，可采用紫外分光光度法测定核酸的含量。1μg/ml 的DNA溶液的A_{260}吸收值为0.020。1μg/ml的RNA溶液的A_{260}吸收值为0.022，以此为标准，可测得溶液中的核酸含量紫外分光光度法测定核酸较为方便，但误差较大。

荧光光度法即琼脂糖凝胶电泳法，溴化乙锭在紫外光下能发射荧光，它插入到核酸分子中形成荧光结合物，使发射的荧光增强几十倍，荧光强度正比于DNA含量，将已知浓度的标准样品作为电泳对照，就可估计出待测样品的浓度。该方法只是估计水平，还应考虑DNA或RNA样品中分子大小与标准对照中核酸分子的长度。

（任　凤）

第四节　实验项目

实验六　真核生物基因组DNA的制备（苯酚法）

【基本原理】

真核生物的DNA位于细胞核内，是双链线性分子。DNA提取的主要过程是：破碎细胞，去除与核酸结合的蛋白质及其他多糖、脂类等生物大分子。本实验通过蛋白酶K和SDS使蛋白质变性，再用酚/氯仿除去蛋白质，用乙醇使DNA沉淀，经A_{260}/A_{280}检测DNA含量，再经琼脂糖电泳鉴定。

【试剂】

1. DNA提取缓冲液　Tris-HCl（pH 8.0），0.1mol/L EDTA（pH 8.0），0.5% SDS。
2. 蛋白酶K　20mg/ml。
3. 饱和酚。
4. 3mol/L NaAc（pH 5.2）。
5. 1×TE（pH 8.0）　1mmol/L EDTA in 10mmol/L Tris-HCl（pH 8.0）。
6. 100%乙醇。
7. 70%乙醇溶液。

【器材】

Ep管、离心机、水浴箱。

【操作步骤】

1. 取新鲜肝组织0.2g，加1.2ml DNA提取缓冲液制成匀浆，加RNase（20mg/ml）3μl，倒入Ep管中，37℃水浴保温30分钟，然入加3μl蛋白酶K（终浓度50μg/ml），50℃保温2小时。

2. 取 0.5ml 保温液，加 0.5ml 饱和酚，充分振荡混匀，于 10 000r/min 离心 10 分钟。

3. 将上层水相转入 Ep 管中，加等体积氯仿/异戊醇（24∶1），充分混匀后，10 000r/min 离心 10 分钟。

4. 将上层水相转移至 Ep 管中，加 50μl 3mol/L NaAc，加 2～2.5 倍体积的无水乙醇，10 000r/min 离心 10 分钟。

5. 小心去除上清。沉淀加 70%乙醇溶液离心洗涤一次。

6. 保留沉淀，使之自然干燥。

7. 加适量的无菌水或 TE 溶解，进行核酸定量测定和电泳鉴定。

【思考题】

1. 动植物 DNA 提取的方法主要有哪些？各方法的原理是什么？

2. 试述在提取过程中应如何避免大分子 DNA 的降解和断裂？

（任　凤）

实验七　人外周血白细胞 DNA 的制备

【基本原理】

从全血中制备白细胞 DNA，可用水直接破裂血中红细胞和白细胞的细胞膜及核膜，释出血红蛋白、细胞核；再用 KI 裂解细胞核并溶解 DNA；最后用酚/氯仿除去蛋白质，加无水乙醇使 DNA 沉淀，经 A_{260}/A_{280} 检测 DNA 含量，再经琼脂糖电泳鉴定。

【器材】

离心机、紫外分光光度计。

【试剂】

1. 5mmol/L KI 溶液　8.3g KI 加 H_2O 到 10ml。

2. 0.9% NaCl 溶液。

3. 氯仿/异戊醇（24∶1）。

【操作步骤】

1. 取 200μl 抗凝血，加入 1ml 水。

2. 8000r/min 离心 5 分钟，弃上清。

3. 沉淀中加入 40μl 5mol /L KI，旋涡振荡 30 秒。

4. 加入 200μl 0.9% NaCl，然后再加入 300μl 氯仿/异戊醇，振荡 30 秒。

5. 10 000r/min 离心 5 分钟。

6. 小心吸取上清液，加入冷无水乙醇 1ml。

7. 10 000r/min 离心 5 分钟，弃无水乙醇。

8. DNA 样品自然干燥。

9. 加适量的 H_2O 或 TE 溶解 DNA。

10. 核酸定量测定和电泳鉴定。

（任　凤）

实验八　DNA 与 RNA 含量测定

【基本原理】

核酸分子中含有碱基使核酸在 260nm 下有最大吸收。紫外吸收是嘌呤环和嘧啶环的共轭双键系统所具有的性质，含有嘌呤和嘧啶的物质，不论是核苷、核苷酸或核酸都有吸收紫外光的特性。

蛋白质由于含芳香族氨基酸，因此也能吸收紫外光，通常蛋白质在 280nm 波长有特异吸收。因此核酸在 A_{260} 及 A_{260}、A_{280} 测定的比值（A_{260}/A_{280}）可以反映样品中核酸的含量及纯度。RNA 在 A_{260}/A_{280} 的比值在 2.0 以上；DNA 在 A_{260}/A_{280} 的比值为 1.8 左右。当样品中蛋白质含量较高时比值即下降。

$$\text{DNA 浓度}(\mu g/\mu l)=A_{260}\times 50\mu g/ml\times\text{稀释倍数}\times 1/1000$$

$$\text{RNA 浓度}(\mu g/\mu l)=A_{260}\times 40\mu g/ml\times\text{稀释倍数}\times 1/1000$$

根据 DNA 或 RNA 浓度计算 DNA 或 RNA 总量（μg），即 DNA 或 RNA 浓度（μg/μl）×总体积（μl）。

【器材】

紫外分光光度计、紫外灯或凝胶成像仪。

【试剂】

1. 双蒸水。
2. DNA 样品或 RNA 样品。

【操作步骤】

1. 将样品加适量水或 TE 稀释。
2. 用双蒸水（或 TE）做空白调零。
3. 把样品杯放入紫外分光光度计比色槽中。
4. 测 A_{260} 吸光值，计算出样品 DNA 或 RNA 含量。
5. 如检测样品纯度，还要再测 A_{280} 值，并计算二者比例，若比例小于 1.7，说明有蛋白质或其他吸收此波长的杂质在其中，建议再用酚/氯仿抽提，继以乙醇沉淀以除去杂质。

【思考题】

1. 如何判断所提取样品 DNA 的纯度？
2. DNA 含量的测定方法有哪些？并说明各方法的原理。

（任　凤）

实验九　琼脂糖凝胶电泳分离 DNA

【基本原理】

琼脂糖凝胶电泳是分离、纯化、鉴定 DNA 片段的常用方法，具有简便、快速的优点。DNA 琼脂糖凝胶电泳的原理与蛋白质的电泳原理基本相同，DNA 分子在高于其等电点的溶液中带负电荷，在电场中向正极移动。DNA 分子在电场中通过介质而泳动，除电荷效应外，凝胶介质还有分子筛效应，与分子大小及构象有关。对于线性 DNA 分子，其电场中的迁移率与其分子量的对数值成反比。在凝胶中加入少量溴化乙锭（ethidium bromide，EB），其分子可插入 DNA 的碱基之间，因此可在紫外灯下直接观察到 DNA 片段在凝胶上的位置，并可在紫外灯下或经凝胶成像系统观察或拍照（表 3-1）。

表 3-1　线状 DNA 片段分离的有效范围与琼脂糖凝胶浓度关系

琼脂糖凝胶的百分浓度（%）	线状 DNA 分子的有效范围（kB）
0.3	60～5
0.6	20～1
0.7	10～0.8
0.9	7～0.5
1.2	6～0.4
1.5	4～0.2
2.0	3～0.1

【器材】

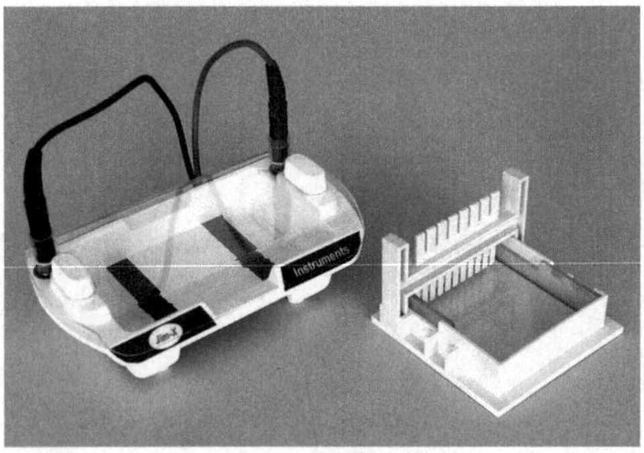

图 3-1　水平电泳槽

水平电泳槽（图 3-1）、电泳仪、外透射仪或凝胶成像系统。

【试剂】

1. 1%琼脂糖。

2. TAE 电泳缓冲液（50×）　242g Tris，75. 1ml 冰乙酸，100ml 0.5mol/L EDTA（pH 8.0）加水定容至 1000ml。用时稀释 50 倍。

3. 10mg/ml 溴化乙锭（EB）。

4. 电泳样品上样缓冲液（6×）　0.25%溴酚蓝，0.25%二甲苯腈 FF，40%（W/V）蔗糖水溶液，在 4℃保存。

【操作步骤】

1. 称 0.2g 琼脂糖，加 20ml 电泳缓冲液（1×TAE）加热熔化。

2. 胶液冷至 50℃时，加 2μl EB，小心混匀，缓慢倒入制胶模具中，在胶一端插上梳子。

3. 待胶凝固后，拔出梳子，将胶置于电泳槽中，加入 1×TAE，让液面高于胶面 2～3mm。

4. 在 DNA 样品中加入 6×上样缓冲液并混匀，将 DNA 样品加入凝胶的样品孔中。

5. 电泳槽与电源接通后，DNA 样品开始电泳。

6. 根据指示剂迁移位置，判断是否终止电泳。切断电源后，取出凝胶，用紫外透射仪或凝胶成像系统对 DNA 进行观察或拍照。

【思考题】

1. 琼脂糖凝胶电泳分离核酸应注意哪些问题?

2. 核酸电泳的染色剂有哪些?

（任　凤）

第四章　酶作用及酶促反应动力学

第一节　酶的分子结构和功能

酶是对其特异性底物起高效催化作用的蛋白质。单纯酶是仅由氨基酸残基组成的蛋白质。结合酶由酶蛋白和辅助因子两部分组成，酶蛋白决定酶促反应的特异性，辅助因子决定酶促反应类型。辅助因子根据与酶蛋白结合的紧密程度不同，又可分为辅酶与辅基。许多B族维生素参与辅酶或辅基的组成。

酶分子中必需基团在一级结构上可能相距很远，但在空间结构上彼此靠近，组成具有特定空间结构的区域，能与底物特异地结合并将底物转化为产物，这一区域称为酶的活性中心。

同工酶是指催化的化学反应相同，酶分子结构、理化性质乃至免疫学特性均不同的一组酶。检测血清同工酶活性对于疾病的器官定位具有诊断价值。

酶促反应重要的特点有：对底物具有极高的催化效率、对底物具有高度的特异性以及可调节性。酶与底物诱导契合形成酶与底物复合物，通过邻近效应与定向排列、表面效应、多元催化作用使酶发挥高效催化作用。酶的特异性是指一种酶仅作用于一种或一类化合物，或一定的化学键，催化一定的化学反应并产生一定的产物。根据酶对其底物分子结构选择的严格程度不同，酶的特异性可分为绝对特异性、相对特异性。

第二节　酶促反应动力学

酶促反应速度受多种因素的影响与制约，这些因素主要包括底物浓度、酶浓度、温度、pH、激活剂和抑制剂等。酶促反应动力学（kinetics of enzyme-catalyzed reaction）是研究酶促反应速度及其影响因素，其所研究的反应速度通常是反应刚开始时的速度，即初速度。

一、底物浓度对酶促反应速度的影响

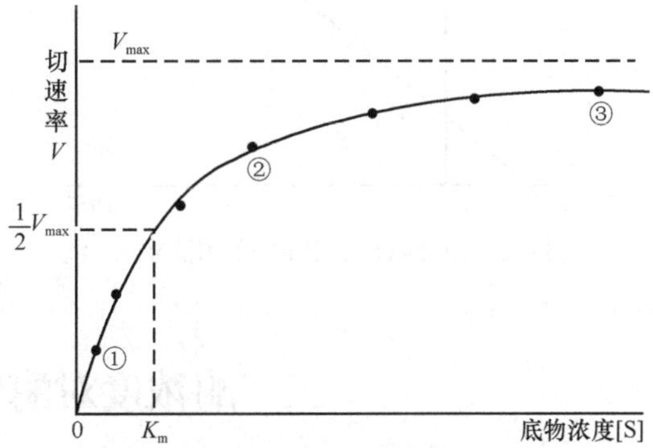

图 4-1　底物浓度对酶促反应速度的影响

在其他因素不变的情况下，底物浓度对酶促反应速度作图呈矩形双曲线（图 4-1）。当底物浓度很低时，游离酶很多，随着底物浓度的增加，酶-底物复合物的生成随之呈正比增加，因此反应速度随着底物浓度增高呈直线上升；随着底物浓度的逐渐增加，游离酶逐渐减少，酶-底物复合物的生成比反应初

时增幅减小，反应速度增高幅度减小；当底物增加到一定浓度时，所有的酶都与底物形成了复合物，此时再增加底物浓度也不会有酶-底物复合物的生成，反应速度趋于恒定，达到最大。

底物浓度与反应速度的这种关系可以用下列米-曼（Michaclis-Menten）方程式表示：

$$V = \frac{V_{\max}[S]}{K_{\mathrm{m}} + [S]} \tag{4-1}$$

式 4-1 中 K_m 为米氏常数。当$V = \frac{V_{\max}}{2}$时，则$K_{\mathrm{m}} = [S]$即米氏常数是反应速度等于最大反应速度一半时底物浓度的数值。

K_m 是酶的特征性常数，对于同一底物，不同酶有不同的 K_m 值，多底物反应的酶对其众底物的 K_m 值也各不相同。大多数纯酶的 K_m 值在 0.01～100mmol/L 之间。K_m 值测定在酶学研究中有重要的实际意义。

根据米-曼方程绘制矩形曲线，其图形为渐进线，难以准确求出 K_m 和 V_{max} 值。若将米-曼方程式进行种种变换，将曲线作图变为直线作图，则容易求得 K_m 及 V_{max} 值。

双倒数作图法又称林-贝作图法，它将米氏方程式等号两边采用倒数表示，则成为 Lineweaver-Burk 方程式：

$$\frac{1}{V} = \frac{K_{\mathrm{m}}}{V_{\max}} \cdot \frac{1}{[S]} + \frac{1}{V_{\max}} \tag{4-2}$$

以 1/[S]对 $1/V$ 作图（图 4-2），得一直线。直线斜率为 K_m/V_{max}，纵轴截距为 $1/V_{max}$，横轴截距为$-1/K_m$。据此可以测定不同浓度底物的反应速度，按 $1/V$ 与 1/[S] 关系作图而容易正确得出 K_m 值外，还可用于判断可逆性抑制反应的性质。

此外 Hanes 作图法（图 4-3）也是从米氏方程式衍化来的，其方程式为

$$\frac{[S]}{V} = \frac{K_{\mathrm{m}}}{V_{\max}} + \frac{1}{V_{\max}} \cdot [S] \tag{4-3}$$

以[S]/V 为纵轴，[S]为横轴作图，则直线在横轴上的截距为$-K_m$，斜率为 $1/V_{max}$。

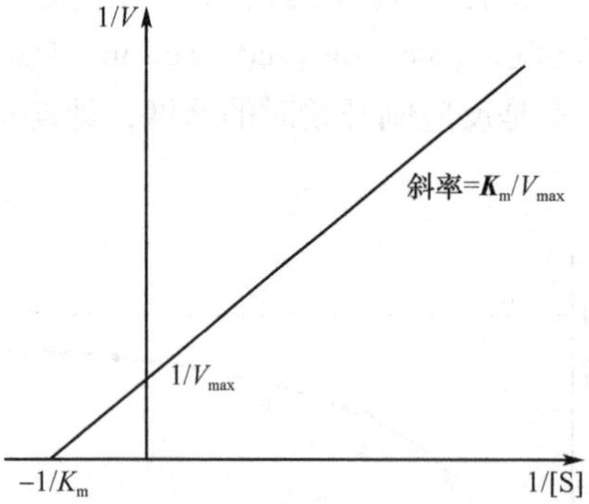

图 4-2　Lineweaver-Burk 作图法求 K_m 值

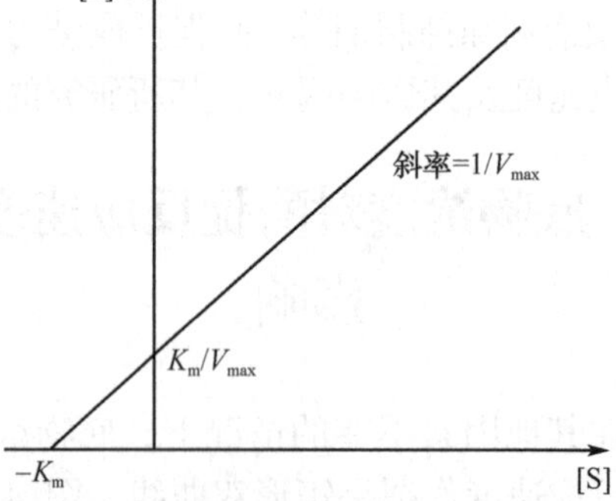

图 4-3　Wilkinson 作图法求 K_m 值

二、酶浓度对酶促反应速度的影响

在酶促反应体系中，当底物浓度足够大时，酶促反应速度与酶浓度变化呈正比关系

（图 4-4），即反应速度随酶浓度的增高呈直线上升，直至酶被底物所饱和。

三、温度对酶促反应速度的影响

温度对酶促反应速度具有双重影响（图 4-5）。一方面在较低温度范围内，随着温度升高，酶的活性逐步增加，酶促反应速度逐渐加快，直至到最大反应速度。温度每升高 10℃，反应速度可增加 1～2 倍。另一方面温度过高会使酶变性而失活，酶促反应速度下降。如当温度升高到 60℃，大多数酶开始变性；80℃时，大多数酶的变性已不可逆。综合这两方面因素，酶促反应速度最大时的环境温度称为酶促反应的最适温度。人体内多数酶的最适温度在 35～40℃之间。酶的最适温度不是酶的特征性常数，它与反应时间有关。酶可以在短时间内耐受较高的温度；相反，延长反应时间，酶的最适温度降低。

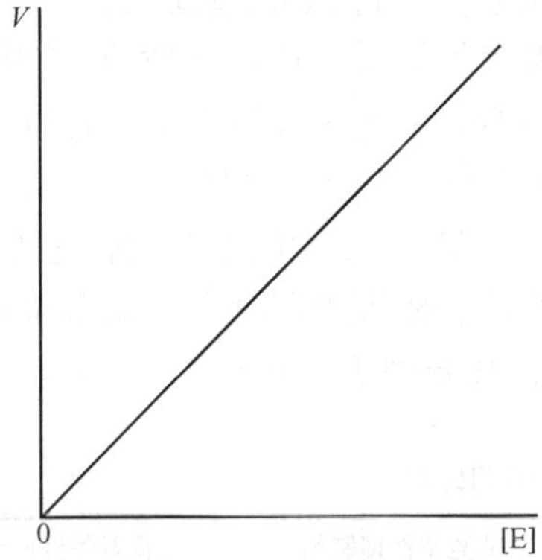

图 4-4　酶浓度对酶反应速度的影响

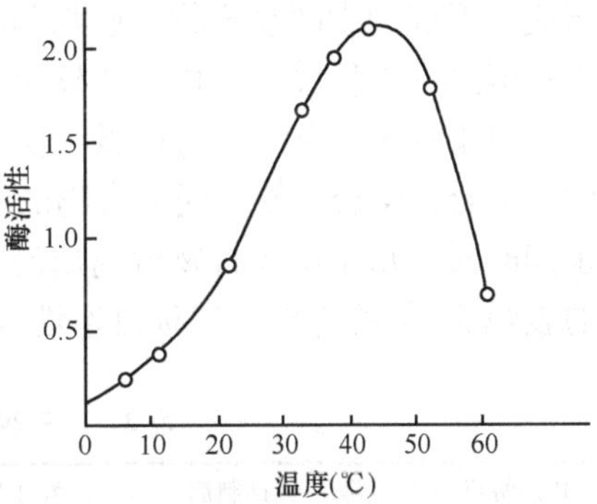

图 4-5　温度对酶活性的影响

四、pH 对酶促反应速度的影响

酶促反应体系的 pH 可通过影响酶、底物与辅酶的解离，影响酶-底物复合物的形成，从而影响酶的活性，导致酶促反应速度的改变。只有当酶活性中心的必需基团、辅酶和底物的解离状态，最适合它们之间相互结合而形成酶-底物中间复合物时，酶才体现出最大的催化活性，使酶促反应速度达到最大。酶催化活性最大时反应体系的 pH 称酶的最适 pH。不同的酶，其最适 pH 也不同（图 4-6）。除胃蛋白酶（最适 pH 约为 1.8），肝精氨酸酶（最适 pH 约为 9.8）等极少数酶外，生物体内多数酶的最适 pH 接近中性。

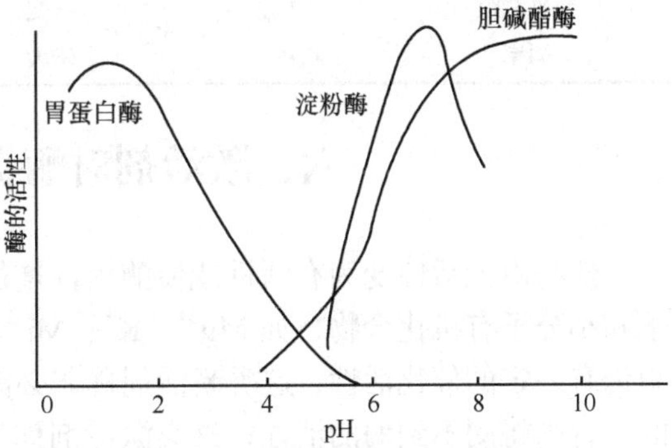

图 4-6　pH 对某些酶活性的影响

酶的最适 pH 不是酶的特征性常数，它受底物浓度、缓冲液的种类与浓度、酶的纯度等因素的影响。反应体系的 pH 高于或低于最适 pH 时，酶的活性都会降低，以致酶促反应速度减慢；远离最适 pH 时，还可导致酶变性而失活。因此，在测定酶的活性时，应选择适宜的缓冲液以保持酶的活性。

五、抑制剂对酶促反应速度的影响

凡能选择性地使酶活性降低或丧失而不引起酶变性的物质统称为酶的抑制剂。根据抑制剂与酶结合的紧密程度不同，酶的抑制作用可分为不可逆性抑制和可逆性抑制两类，其中可逆抑制可分竞争性抑制作用、非竞争性抑制作用和反竞争性抑制作用三种。竞争性抑制作用的抑制剂与酶的底物结构相似，与底物共同竞争酶的活性中心，从而阻碍中间产物的生成。抑制程度取决于抑制剂与酶的相对亲和力和与底物浓度的相对比例。从林-贝氏作图可以发现，竞争性抑制作用 V_{max} 不变，却使酶的表观 K_m 值增大。磺胺类药物的抑菌作用就是因为其能竞争性抑制细菌生长繁殖过程中二氢叶酸合成酶的活性而达到抑制细菌生长繁殖的目的。非竞争性抑制作用的抑制剂与酶活性中心外的必需基团结合，不影响酶和酶与底物形成的中间复合物。底物与抑制剂之间无竞争关系。但酶-底物-抑制剂复合物（ESI）不能进一步释放出产物。从林-贝氏作图可以发现，非竞争性抑制作用酶的表观 K_m 值不变，却使酶促反应的 V_{max} 降低。反竞争性抑制作用与上述两种抑制作用不同，抑制剂仅与中间复合物结合，使中间复合物的量下降。这样，既减少从中间复合物转化为产物的量，也同时减少从中间复合物解离出游离酶和底物的量。林-贝作图可见酶促反应的 V_{max} 和酶的表观 K_m 值均降低。三种可逆性抑制作用的特点比较列于表 4-1。

表 4-1　三种可逆性抑制作用的比较

作用特点	无抑制剂	竞争性抵制剂	非竞争性抑制剂	反竞争性抑制剂
I 的结合部位		E	E、ES	ES
动力学特点				
表观 K_m	K_m	增大	不变	减少
V_{max}	V_{max}	不变	降低	降低
双倒数作图				
横轴截距	$-1/K_m$	增大	不变	减少
纵轴截距	$1/V_{max}$	不变	增大	增大
斜率	K_m/V_{max}	增大	增大	不变

六、激活剂对酶促反应速度的影响

使酶由无活性变为有活性或使酶活性增加的物质称为酶的激活剂。激活剂包括无机离子和小分子有机化合物，如 Mg^{2+}、K^{+}、Mn^{2+}、Cl^{-} 及胆汁酸盐等。有些激活剂不存在时，酶仍有一定的催化活性，这类激活剂称非必需激活剂；有些激活剂对酶促反应是不可缺少的，否则将测不到酶的活性，这类激活剂称为必需激活剂。

七、影响酶促反应速度的其他因素

在酶促反应中，除底物浓度、酶浓度、温度、pH、激活剂及抑制剂外，还有多种因素可影响酶活性。

（一）辅助因子

许多酶要发挥催化活性，必须与有机辅助因子（辅酶）或金属离子结合，因此在酶活性测定时，需要在试验溶液中另外加入特异的辅助因子。在酶的提取纯化过程中，由于非常容易丧失与酶蛋白亲和力较低的辅酶，因此，这类酶的纯化制剂在使用时，若不加入相应的辅酶，会完全失去其催化效率。

（二）别构效应物

能调控酶活性的代谢物，称作别构效应物。别构效应剂的分子结构常与酶反应中的底物或产物的结构不同，因此，这种效应物与酶的活性中心以外的调节部位与酶结合。别构酶的酶促反应速度与底物浓度间不是矩形双曲线关系，而是呈 S 形曲线。这种特征表明，在某一底物浓度时，酶促反应速度对底物浓度的变化特别敏感。

第三节 酶活性测定

一个酶是否存在，其活性大小如何，一般都是根据它所催化特异化学反应的能力。酶活性的大小可用酶促反应速度来表示。酶活性的测定，不仅是研究酶的性质、动力学特征所必需，在酶制剂的生产、酶的纯化和应用等方面也是不可缺少的。

一、酶促反应速度的测定

酶促反应速度常用单位时间内单位体积中底物的减少量或产物的增加量表示。将产物的生成量对反应时间作图，可看出反应速度只在最初一段时间内保持恒定，随反应时间的延长，酶促反应速度下降。引起下降的原因可能与随着反应时间延长底物浓度下降或产物浓度升高、逆向反应速度增加、正向反应速度逐渐降低而引起酶促反应速度逐渐下降等有关。因此只有在初始阶段，上述各种因素的干扰尚未起作用时，才能准确测得反应速度，这时的速度称为初速度。

二、定量追踪酶促反应的方法

（一）分光光度法

许多酶促反应的底物或产物能吸收不同波长的光，在测量酶促反应过程中，某波长的光吸收的变化，可追踪酶促反应的进程。例如苹果酸脱氢酶催化苹果酸脱氢，脱下的氢由辅酶 NAD^+接受生成 NADH，NADH 在紫外光区 340nm 处有强的吸收，但 NAD^+则无，因此通过测量 340nm 处光吸收变化，可以定量追踪脱氢酶的活性。分光光度法简单灵敏是最方便而广泛使用来定量追踪酶促反应的好方法。

（二）酶活性的表示方法

1. 酶单位　酶活性常以酶单位表示。国际生化学会酶学委员会规定使用统一的国际单位表示酶活性。在规定的实验下每分钟催化一微摩尔底物转变成产物所需要的酶量为一个国际单位（U）。所谓条件是指温度、pH、底物浓度等。国际酶学委员会又推荐以一个新单位开特（Katal）表示酶活性。$1Kat=6\times10^7U$，$1U=16.67\times10^{-9}Kat$。

2. 酶的比活性　酶的比活性是指每毫克蛋白质所含的酶活性，以 U/mg·蛋白表示。在酶纯化后都需要测酶的比活性，比活性愈高，说明酶的纯化程度愈高。当比活性到恒定时，说明酶达到了均一程度。

（刘丽红）

第四节　实 验 项 目

实验十　淀粉酶的特异性及温度、pH 对淀粉酶活性的影响

一、淀粉酶的特异性

【基本原理】

淀粉受唾液淀粉酶的作用水解成麦芽糖和少量葡萄糖。通常以测定淀粉水解的程度（底物减少）或麦芽糖生成的数量（产物增加）来衡量淀粉酶的活性。麦芽糖和葡萄糖都具有还原性，能使班氏试剂中的二价铜离子（Cu^{2+}）还原成一价铜离子（Cu^{+}）生成砖红色的氧化亚铜沉淀。而蔗糖不能被水解也不具有还原性，故不能被班氏试剂还原。

【器材】

恒温水浴箱、水浴锅、试管及试管架、白瓷凹板、滴管。

【试剂】

1. 1%淀粉。

2. 1%蔗糖液。

3. pH 6.8 磷酸盐缓冲液　取 50mmol/L 磷酸二氢钠 50.4ml 与 50mmol/L 磷酸氢二钠 49.6ml 混合。

4. 稀释唾液的制备　用水漱口，然后含一口蒸馏水待 1～2 分钟，使其与唾液混合后，放入烧杯中备用。另用小试管取少许稀释唾液在水浴锅中煮沸 5 分钟，取出冷却备用。

5. 班氏试剂　柠檬酸钠 173g 和碳酸钠 100g 溶于约 700ml 水中，另将硫酸铜 17.3g 溶于 100ml 水中。可分别加热助溶。冷却后将两液混合，再加水至 1000ml 混匀。

【操作步骤】

取试管 3 支，编号，按表 4-2 操作。

表 4-2　酶特异性操作步骤

	1	2	3
1%淀粉（滴）	10	10	—
1%蔗糖（滴）	—		10
pH 6.8 缓冲液（滴）	10	10	10
稀释唾液（滴）	5	—	5
煮沸的唾液（滴）	—	5	—
各管混匀后，置 37℃水浴中保温 10 分钟			
班氏试剂（滴）	20	20	20

将上述各管放沸水浴中煮沸 3～5 分钟，观察结果。

二、温度对淀粉酶活性的影响

【基本原理】

酶的活性受温度的双重影响。低温时酶活性表现较低，在一定范围内，酶活性随温度上升而增高。通常每升高 10℃，反应速度增加一倍左右；另一方面，温度越高使酶蛋白变性越快，致使酶活性随温度上升而降低，以致完全丧失活性。当酶促反应速度达到最大值时的温度，称为酶作用的最适温度。

本实验以唾液淀粉酶对淀粉的消化作用为例，观察 0℃、37℃和 100℃三种温度对酶活性的影响。实验中各管除温度外，其他反应条件皆相同。唾液淀粉酶可催化淀粉逐步水解成各种不同大小的糊精及麦芽糖。它们遇碘呈现不同的颜色反应，故可利用碘反应的颜色对比来判定不同温度下酶活性的大小。

【试剂】

1. 1%淀粉。
2. 碘液　碘化钾 1g 加少许水溶解后，再加碘 0.5g，溶后加水至 100ml，混匀。用时加水稀释 10 倍。

【操作步骤】

1. 稀释唾液的制备（同前一实验）。
2. 准备好 37℃水浴、冰水浴及沸水浴，点滴板加碘液各 1 滴，备用。
3. 取小试管 4 支，编号，按表 4-3 操作。

表 4-3　温度对淀粉酶活性的影响

	1	2	3	4
1%淀粉（滴）	30	30	30	30
pH 6.8 缓冲液(滴)	10	10	10	10
预温 10 分钟	室温	0℃	37℃	100℃
蒸馏水（滴）	10	—	—	—
酶液（滴）	—	10	10	10

4. 混匀，仍放原水浴中。从 3 号管每隔一定时间（1 分钟或 2 分钟），取液 1 滴于白

瓷凹板上做碘反应，观察并记录颜色变化情况，到碘反应接近浅红色时（见注意事项 1），取出各管，包括 1 号管，分别各取 1 滴做碘反应，观察对比结果。

5. 把 4 支试管均放入 37℃水浴中，5～10 分钟后取出，向各管内加碘液 2 滴，混匀，观察结果。

综合分析所测三种温度下的酶活性情况，并以 1 号管为对照说明冰水浴及沸水浴两种温度对酶活性影响的异同。

【注意事项】

1. 操作 5 中由 3 号管每隔一定时间取液做碘反应目的在于掌握水解程度，以便与其他温度的情况对比。其每次间隔时间长短按具体情况灵活掌握，反应快者，间隔时间短些；反之，适当延长间隔时间，每次只取一滴即可，总次数不要多，以免过多消耗管内液体。同时注意操作中切勿带入异物影响结果。

2. 唾液淀粉酶属于 α-淀粉酶，pH 约为 6.9。

3. 凡是酶学实验应器材干净，试剂较纯，低温操作，避免杂质和抑制因素的干扰等。

三、pH 对淀粉酶活性的影响

【基本原理】

酶的活性受环境 pH 的影响极为显著。因 pH 影响酶蛋白和底物的解离状态，从而明显改变酶与底物的结合和催化作用。每一种酶在一定的条件下都有它发挥作用的最适 pH，此时酶的活性最大。当其他条件相同时，离最适 pH 越近，其活性越大，即所催化的反应速度越快。

本实验利用唾液淀粉酶对淀粉的水解作用，在其他条件相同时，对比观察 pH 变化对酶活性的影响，用碘反应判断结果。

【试剂】

1. 生理盐水。

2. 1%淀粉。

3. 碘液（同前实验）。

4. 0.1mol/L pH 5～8 磷酸盐缓冲液　分别配制下列二液，再按表 4-4 混合。

（1）0.2mol/L NaH_2PO_4 液：称取 $NaH_2PO_4 \cdot 2H_2O$ 31.2g，加水准确溶至 1000ml。

（2）0.2mol/L $Na_2HPO_4 \cdot 12H_2O$ 71.64g，加水准确溶至 1000ml。

表 4-4　pH 5～8 磷酸盐缓冲液的配制

pH	0.2mol/L NaH_2PO_4（ml）	0.2mol/L Na_2HPO_4（ml）
5.0	98.1	1.90
6.8	51.0	49.0
8.0	5.30	94.7

【基本操作】

1. 稀释唾液制备　同前一实验。

2. 取点滴板一个，向白瓷凹板凹池内各加碘液 1 滴。准备好 37℃水浴。

3. 取小试管 5 支，编号，按表 4-5 加入试剂，混匀。

表 4-5　pH 对酶活性的影响

	1	2	3	4	5
1%淀粉（滴）	30	30	30	30	30
0.1mol/L 磷酸盐缓冲液（滴）	10 （pH 6.8）	10 （pH 5.0）	10 （pH 6.8）	10 （pH 8.0）	10 （pH 6.8）

4. 5 号管加稀释唾液 10 滴，放 37℃水浴中，计时，每隔 1 或 2 分钟，由 5 号试管中取出 1 滴溶液做碘反应，待碘反应呈浅红色或橙黄色时，取出试管，记录保温时间。

5. 1～4 号试管放入 37℃水浴中，向 1 号管加 10 滴蒸馏水。以 1 分钟间隔，并记录时间，依次向 2～4 号管中加入稀释唾液 10 滴，摇匀，按照 5 号管的保温时间，以一分钟间隔，依次取出各管，从各管中取 1 滴溶液与碘反应，观察各管呈现的颜色，判断在不同 pH 下淀粉被水解的程度，分析 pH 对淀粉酶活性的影响，并确定其最适 pH。

【注意事项】

1. 掌握 5 号试管的水解程度是本实验成败的关键之一。

2. 实验中准确计时和依次加液是为了确保各反应管具有相同的酶促反应时间。操作时要严格控制各管的反应时间一致。

3. 最适 pH 受底物性质和缓冲液性质的影响。唾液淀粉酶的最适 pH 在磷酸盐缓冲液中，为 6.4～6.6，在乙酸盐缓冲液中则为 5.6。

【思考题】

1. 什么是酶的特异性？本实验结果为什么能说明酶具有这种性质？

2. 何为酶的绝对、相对专一性？通过实验说明蔗糖酶具有何种特异性？

3. 说明温度对酶活性影响的本质。请举出应用温度对酶影响的实例。利用最适温度、零下及沸水浴温度各有何实践意义？

4. 酶促反应的最适温度是酶的特征物理常数吗？它与哪些因素有关？

5. 实验二中为什么控制 3 号管碘反应到红色时从各管取 1 滴与碘液反应？实验设计中 1 号管的作用是什么？有无必要？

6. 联系实验结果及所学理论，说明 pH 对酶活性的影响有什么规律和实际意义？

7. 通过本次酶学实验，你对下面问题如何认识？

（1）酶作为生物催化剂具有哪些特征？

（2）进行酶学实验必须注意控制哪些条件？为什么？

（宋嘉哲）

实验十一　碱性磷酸酶的提纯及比活性的测定

【基本原理】

酶是蛋白质，所以酶的提取、分离与纯化的方法和蛋白质相似。常用蛋白质分离纯化的方法中有中性盐析法（如硫酸铵盐析）、电泳法（如聚丙烯酰胺凝胶电泳）、层析法（如葡聚糖凝胶层析）以及有机溶剂法（如乙醇、丙酮、乙醚、正丁醇等提取）。通常要多种方法配合使用，才能得到较纯的酶。

本实验主要用有机溶剂分离提取酶。有机溶剂能降低溶液的介电常数从而增加蛋白质分子不同电荷的引力，导致溶解度的降低；而且有机溶剂可与水作用，能破坏蛋白质的水化膜，故蛋白质在一定浓度的有机溶剂中便沉淀析出。利用不同蛋白在不同浓度的有机溶剂中的溶解度差异而分离的方法，称有机溶剂分段沉淀法。使用的有机溶剂多为乙醇和丙酮。

操作时 pH 大多控制在待沉淀蛋白质的等电点附近，并在有机溶剂中添加一定浓度的中性盐，有机溶剂在中性盐存在时能增加蛋白质的溶解度，减少变性，提高分离效果。

在一定的 pH 和温度下，待测液中的碱性磷酸酶作用于基质液中磷酸苯二钠，使之水解释放出酚。酚在碱性溶液中与 4-氨基安替比林（AAP）作用并经铁氰化钾氧化，生成红色醌类化合物。以酚作标准液同样显色进行比色，可测知酚的生成量，从而计算出酶的活性单位（图 4-7）。

本法以 37℃，15 分钟生成酚 1mg 所需的酶量为一个酶活性单位。

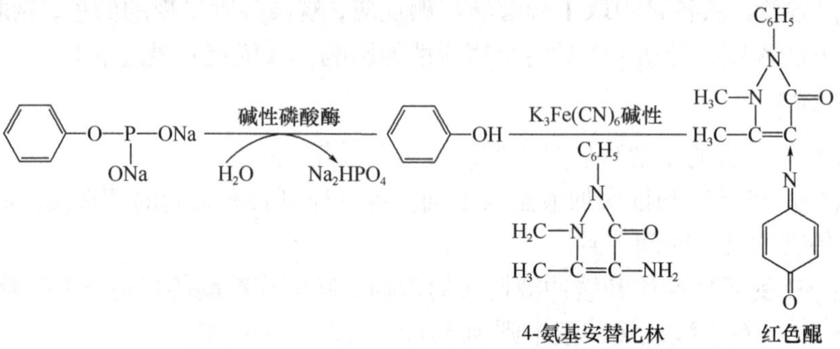

图 4-7　碱性磷酸酶活性测定反应原理

蛋白质测定用考马斯亮蓝法。

【器材】

剪刀、匀浆器、离心机、分光光度计、水浴箱、试管、玻璃棒。

【试剂】

1. 0.5mol/L 乙酸镁液　称取乙酸镁（M.W=214.45）107.225g 定容为 1000ml。

2. 0.1mol/L 乙酸钠液　称取乙酸钠（M.W=82.03）8.2g 定容为 1000ml。

3. 0.01mol/L 乙酸镁-0.01mol/L 乙酸钠溶液　取 0.5mol/L 乙酸镁 20ml、0.01mol/L 乙酸钠 100ml。混匀后，加蒸馏水稀释至 1000ml。

4. 正丁醇。

5. 丙酮。

6. 95%乙醇溶液。

7. 0.01mol/L pH 8.8 Tris 缓冲液　称取三羟甲基氨基甲烷 12.1g，用蒸馏水溶解并稀释至 1000ml，此即为 0.1mol/L Tris 溶液。

取上液 100ml，加蒸馏水约 700ml，再加 0.1mol/L 乙酸钠 100ml 混匀后用 1%乙酸调 pH 至 8.8 用蒸馏水释至 1000ml。

8. 酚标准液（1mg/ml）。

9. 复合基质液　磷酸苯二钠·H_2O 6g，4-氨基安替比林 3g，分别溶于煮沸冷却后的蒸馏水中，两液混合并稀释至1000ml，加4ml氯仿防腐，盛于棕色瓶内，冰箱中保存，可用一星期。临用时将此液与等量0.1mol/L pH 10磷酸盐缓冲液混合即可。

10. 10%铁氰化钾　称取5g铁氰化钾和15g硼酸溶于400ml蒸馏水中，溶解后两液混合，再加蒸馏水至1000ml，置棕色瓶中暗处保存。

11. 0.1mol/L pH 10磷酸盐缓冲液　称取无水碳酸钠6.3g及碳酸氢钠3.36g溶解于蒸馏水中，释释至1000ml。

12. 1mol/L pH 8.8 Tris溶液　称取三羟甲基氨基甲烷12.1g，用蒸馏水溶解并稀释至1000ml，此即为0.1mol/L Tris溶液。

【操作步骤】

1. 碱性磷酸酶的提取和分离　取新鲜肝2g，剪碎放入玻璃匀浆器中，加入2ml 0.01mol/L乙酸镁-0.01mol/L乙酸钠溶液制成匀浆后倒入刻度离心管中，再用4ml上液洗匀浆器并倒入离心管。混匀，此即为A液。记录体积，取A液0.1ml放入标记为A_E的试管中，再加入2.90ml 0.01mol/L pH 8.8 Tris缓冲液，待测酶活性，另取A液0.1ml放入标记为Ap的试管中，再加入2.90ml生理盐水，待测蛋白质浓度。

A液余液加入2ml正丁醇，用玻璃棒搅拌5分钟，室温静置10分钟，双层滤纸过滤加入与滤液等体积冷丙酮，立即搅拌混匀。离心2500r/min 5分钟，上清弃，沉淀加0.5mol/L乙酸镁4ml，搅拌使沉淀溶解、摇匀。此为B液。取B液0.1ml放入标记为B_E的试管中，再加入1.90ml 0.01mol/L pH 8.8Tris缓冲液待测酶活性，另取B液0.1ml放入标记为Bp的试管中，再加入1.90ml生理盐水，待测蛋白质浓度。

B液余液加95%冷乙醇至乙醇浓度达30%（见注意事项1），迅速混匀，离心2500r/min 5分钟。沉淀弃，上清液加95%乙醇至乙醇浓度为60%（见注意事项1）迅速混匀，离心2500r/min 5分钟。弃上清，沉淀加0.01mol/L乙酸镁-0.01mol/L乙酸钠2ml，搅拌沉淀使之溶解，此液为C液。记录体积，取C液0.1ml放入标记为C_E的试管中，再加入0.90ml 0.01mol/L pH 8.8 Tris缓冲液待测酶活性，另取C液0.1ml放入标记为Cp的试管中，再加入0.40ml生理盐水，待测蛋白质浓度。

C液余液加冷丙酮至丙酮浓度为33%（见注意事项1），离心3000r/min 5分钟。弃沉淀，上清加冷丙酮至浓度达50%（见注意事项1），迅速混匀，离心3000r/min 5分钟。上清弃，沉淀加pH 8.8 Tris缓冲液5ml，离心3000r/min 5分钟。弃沉淀，上清即为D液。记录体积，取D液0.1ml放入标记为D_E的试管中，再加入0.40ml 0.01mol/L pH 8.8Tris缓冲液待测酶活性，另取D液0.1ml放入标记为Dp的试管中，待测蛋白质浓度。

2. 碱性磷酸酶比活性的测定

（1）碱性磷酸酶活性的测定：取试管5支、编号、按表4-6操作。

表4-6　碱性磷酸酶活性的测定

	O	S	1（A_E）	2（B_E）	3（C_E）	4（D_E）
不同酶液（ml）	—	—	0.1	0.1	0.1	0.1
0.1mg/ml酚标（ml）	—	0.1	—	—	—	—
0.01mol/L pH 8.8Tris缓冲液（ml）	0.1	—	—	—	—	—
预温37℃复合基质液(ml)	3.0	3.0	3.0	3.0	3.0	3.0

加入复合基质液立即混匀，放 37℃水浴中准确保温 15 分钟，取出各管立即加入铁氰化钾 2.0ml 立即摇匀，放置 10 分钟，用 510nm 比色，计算每毫升酶液中的酶活性单位。

（2）蛋白质含量测定：用考马斯亮蓝法测定所提 A、B、C、D 液中的蛋白质含量。按表 4-7 操作。

表 4-7　蛋白质含量测定

	O	S	1（A_p）	2（B_p）	3（C_p）	4（D_p）
不同蛋白液（ml）	—	—	0.1	0.1	0.1	0.1
500μg/ml 标准蛋白（ml）	—	0.1	—	—	—	—
生理盐水（ml）	0.1	—	—	—	—	—
考马斯亮蓝（ml）	5.0	5.0	5.0	5.0	5.0	5.0

混匀静置 5 分钟后，以“O”号管作空白，于 595nm 波长处比色，求样品中蛋白质含量。

【注意事项】

1. 加入有机溶剂的计算公式　设应加 x 毫升 95%乙醇

$$x=\text{原体积}\times\text{浓度差}/（\text{溶剂浓度}-\text{最终浓度}）$$

（1）加到 30%：$x=(0.30-0)V/(0.95-0.30)$

（2）由 30%加到 60%：$x=(0.60-0.30)V/(0.95-0.60)$

丙酮加量计算相同。

2. 高浓度的有机溶剂易引起蛋白质变性失活，操作时必须在低温下进行，并在加入有机溶剂时注意搅拌均匀，以避免局部浓度过大并应立即离心，不宜放置过久。

【计算】

1. 比活性的计算　碱性磷酸酶的比活性=每毫升样品中碱性磷酸酶活性单位数/每毫升样品中蛋白质毫克数

2. 得率的计算

（1）各阶段碱性磷酸酶的总活性=每毫升样品中碱性磷酸酶活性单位×体积。

（2）各阶段碱性磷酸酶得率=各阶段酶的总活性单位/匀浆（A 液）中的酶总活性单位。

3. 纯化倍数的计算　纯化倍数=每一步所得比活性/第一步所得比活性。

按上述公式计算并填入表 4-8。

表 4-8　碱性磷酸酶的提纯

分离阶段	总体积 ml	蛋白浓度 mg/ml	总蛋白毫克数	酶活性 U/ml	酶总活性单位	比活性 U/mg	纯化倍数	得率%
匀浆 A 液								
第一次丙酮沉淀 B 液								
第二次乙醇沉淀 C 液								
第三次丙酮沉淀 D 液								

【思考题】

1. 如何评价酶提取过程的合理性？通过你的结果说明本次实验设计是否合理？

2. 何为比活性？酶比活性有何意义？

（李　胜）

实验十二　碱性磷酸酶的 K_m 测定

【基本原理】

碱性磷酸酶（AKP）主要存在于骨、肝、肾及肠中。它的最适 pH 在 9～10。碱性磷酸酶作用于基质液中的磷酸苯二钠，使之水解释放出酚。酚在碱性溶液中与 4-氨基安替比林（AAP）作用 pH 经铁氰化钾氧化，生成红色醌类化合物。以酚作标准液同样处理显色进行比色，可测知酚的生成量，从而计算出酶的活性单位。

本法以 37℃、15 分钟生成酚 1mg 为一个酶活性单位。

【器材】

试管、37℃水浴箱、721 型分光光度计、坐标纸。

【试剂】

1. 0.04mol/L 基质液　称取磷酸苯二钠·$2H_2O$ 10.16g，用煮沸冷却的蒸馏水溶解并稀释至 1000ml。加 4ml 氯仿，储存于棕色瓶中，冰箱保存，可用一周。

2. 0.1mol/L pH10 碳酸盐缓冲液（含 0.3% 4-氨基安替比林）　称取 4-氨基安替比林（AAP）3g，用 0.1mol/L pH10 碳酸盐缓冲液溶解并稀释至 1000ml，放棕色瓶内，冰箱保存。

3. 酶液　碱性磷酸酶液用 Tris 缓冲液稀释成每 ml 含 0.7～1.0 单位的酶溶液。

【操作步骤】

取干净试管 8 支，编号，按表 4-9 操作。特别注意准确吸取酶液、基质液及标准液。

表 4-9　碱性磷酸酶 K_m 的测定

管号	1	2	3	4	5	6	S	B
0.04mol/L 基质液（ml）	0.10	0.20	0.30	0.40	0.80	1.00	—	—
H_2O（ml）	1.40	1.30	1.20	1.10	0.70	0.50	1.50	1.50
碳酸缓冲液（AAP）（ml）	1.50	1.50	1.50	1.50	1.50	1.50	1.50	1.50
摇匀，37℃准确保温 5 分钟								
酶液（ml）	0.10	0.10	0.10	0.10	0.10	0.10	—	0.10
酚标准应用液（ml）	—	—	—	—	—	—	0.10	—
充分摇匀，37℃准确保温 15 分钟								
0.5%铁氰化钾（ml）	2.0	2.0	2.0	2.0	2.0	2.0	2.0	2.0

混匀，室温放置 10 分钟后，用 510nm，以 B 管调零点，读记各管吸光度值，并填入表 4-10，计算有关数据并作图。如按林-贝法可如下进行：

表 4-10　底物浓度对酶促反应的影响

	1	2	3	4	5	6
吸光度						
V						
$1/V$						
$[S]$						
$1/[S]$						

1. 计算出各管的酶活性单位（代表反应速度 V）

$$\frac{Au}{As}\times 0.01$$

2. 计算各管底物浓度

$$基质液浓度\times\frac{加基质液量}{酶反应总液量}=0.04\times\frac{加基质液量}{3.1}$$

3. 计算出各管的 $\frac{1}{V}$ 和 $\frac{1}{[S]}$ 值

作图：以 $\frac{1}{[S]}$ 为横坐标，以 $\frac{1}{V}$ 为纵坐标，在方格坐标纸上准确画出各坐标点，连接各点画出直线，向下延长此线与横轴交点为 $-\frac{1}{K_m}$ 值。由之计算出该酶的 K_m 值。

【思考题】

1. 为什么 K_m 是酶的特征性常数？
2. 双倒数作图法求 K_m 的原理。

（林　琳）

实验十三　磷酸盐对碱性磷酸酶的抑制作用

【基本原理】

凡能降低酶活性甚至使酶丧失活性的物质，称为酶的抑制剂。酶的特异性抑制剂可分为可逆性和不可逆性两类。可逆性抑制又可分为竞争性、非竞争性和反竞争性抵制。

竞争性抑制的作用特点是该酶 K_m 值增大，但 V_{max} 不变；非竞争性抑制的作用特点是不影响底物与酶结合，故其 K_m 值不变，而 V_{max} 降低；反竞争性抑制的作用特点是 K_m 值和 V_{max} 都降低。

本实验中观察无机磷酸盐对碱性磷酸酶的抑制作用，用磷酸苯二钠法测酶活性，使各管底物浓度不同其他条件相同，除各管都加有同样量 Na_2HPO_4 外。实验操作完全同前一实验，计算结果，画出曲线，判定 Na_2HPO_4 对碱性磷酸酶的影响。

【器材】

试管、37℃水浴箱、721 型分光光度计、坐标纸。

【试剂】

1. 0.04mol/L 基质液。
2. 0.1mol/L pH10 碳酸盐缓冲液（含 0.3% 4-氨基安替比林）。
3. 0.04mol/L 磷酸氢二钠液　称取 $Na_2HPO_4 \cdot 12H_2O$ 143g，用 0.1mol/L pH10 碳酸盐缓冲液溶解并稀释至 100ml。
4. 酶液　碱性磷酸酶液用 Tris 缓冲液稀释成每毫升含 0.7～1.0 单位的酶溶液。

【操作步骤】

按表 4-11 操作。

表 4-11　磷酸盐对碱性磷酸酶的抑制作用

	1	2	3	4	5	6	S	B
0.04mol/L 基质液（ml）	0.10	0.20	0.30	0.40	0.80	1.00	—	—
H_2O（ml）	1.30	1.20	1.10	1.00	0.60	0.40	1.50	1.40
0.04mol/L Na_2HPO_4（ml）	0.10	0.10	0.10	0.10	0.10	0.10	—	0.10
碳酸缓冲液（AAP）(ml）	1.50	1.50	1.50	1.50	1.50	1.50	1.50	1.50
摇匀，37℃准确保温 5 分钟								
酶液（ml）	0.10	0.10	0.10	0.10	0.10	0.10	—	0.10
酚标准应用液（ml）	—	—	—	—	—	—	0.10	—
充分摇匀，37℃准确保温 15 分钟								
0.5%铁氰化钾（ml）	2.0	2.0	2.0	2.0	2.0	2.0	2.0	2.0

充分摇匀室温放置 10 分钟后，用 510nm 波长比色，以 B 管调零，读取各管吸光度值。计算并作图同实验十二，求出 K_m 值，判定结果。

【思考题】

1. 三种竞争性抑制作用的区别和动力学特点。
2. 通过本实验结果，磷酸盐对碱性磷酸酶的抑制属于何种类型？

（林　琳）

实验十四　温度和 pH 对碱性磷酸酶活性的影响

一、温度对碱性磷酸酶活性的影响

【实验原理】

酶促反应速度达最大时的反应系统的温度称为酶的最适温度。低于最适温度时，反应速度随温度的升高而增加为主要因素，变性失活是次要因素；而高于最适温度时，变性失活为主要因素，结果反应速度逐渐减慢。本实验以碱性磷酸酶为例，在不同温度下保温一定时间，观察酶活性的差别。

【器材】

721 分光光度计、水浴箱、水浴锅、试管架。

【试剂】

1. 0.1mol//L pH10 碳酸盐缓冲液（含 0.3% 4-氨基安替比林）。
2. 0.04mol/L 基质液。
3. 0.3% 4-氨基安替比林。
4. 0.5%铁氰化钾。
5. 酶液　碱性磷酸酶液用 Tris 缓冲液稀释成每毫升含 0.7～1.0 单位的酶溶液。

【操作步骤】

1. 取 4 支试管按表 4-12 操作。

表 4-12　温度对碱性磷酸酶活性影响

	1	2	3	4
0.04mol/L 基质液（ml）	1.0	1.0	1.0	1.0
0.1mol//L 碳酸盐缓冲液（ml）	1.0	1.0	1.0	1.0
预温 5 分钟	0℃	37℃	100℃	室温
蒸馏水（ml）	—	—	—	0.2
酶液（ml）	0.2	0.2	0.2	—
保温 15 分钟	0℃	37℃	100℃	室温
0.3%4-氨基安替比林（ml）	1.0	1.0	1.0	1.0
0.5%铁氰化钾（ml）	2.0	2.0	2.0	2.0

2. 结果判定　①各管加入铁氰化钾后，充分混匀，室温下放置 10 分钟，以 4 号管调零点，510nm 比色测定，通过吸光度值大小或作图分析温度对酶活性的影响；②比较各管红色深浅，用+号表示，观察哪一个温度下酶活性最强。

二、pH 对碱性磷酸酶活性的影响

【基本原理】

酶促反应受溶液 pH 影响。溶液的 pH 影响酶蛋白的构象和带电荷状态、底物或辅酶的解离状态，影响酶与底物的结合。在某一 pH 下酶的催化活性最大，此 pH 称为酶的最适 pH。虽然不同酶的最适 pH 各不相同，但除少数如胃蛋白酶的最适 pH 约 1.8，碱性磷酸酶的最适 pH 8.6～10.0 为外，大多数酶的最适 pH 接近中性。碱性磷酸酶的特异性较差，能水解很多磷酸酯，但对不同的底物，不同的缓冲体系，其最适 pH 可有所有同。本实验用磷酸苯二钠法，在不同 pH 的甘氨酸缓冲液条件下，测定该酶的活性，从而确定其最适 pH。

【试剂】

1. 甘氨酸缓冲液　称取 15.0g 甘氨酸，溶解于蒸馏水中，加水至 1000ml，此为 0.2mol/L 甘氨酸溶液。按表 4-13 配不同 pH 的甘氨酸缓冲液。

表 4-13　不同 pH 的甘氨酸缓冲液配方

pH	0.2mol/L 甘氨酸	0.2mol/L NaOH
8.0	50.0	1.0
10.0	50.0	31.0
12.0	50.0	54.0

2.　酶液及其他试剂同上。

【操作步骤】

1. 取 3 支试管，按表 4-14 操作。

表 4-14　pH 对碱性磷酸酶活性影响

	1	2	3	4
甘氨酸缓冲液（ml）	—	1.0（pH 8.0）	1.0（pH 10.0）	1.0（pH 12）
蒸馏水（ml）	1.0	—	—	—
0.04mol/L 基质液（ml）	1.0	1.0	1.0	1.0
酶液（ml）	0.2	0.2	0.2	0.2
立即混匀，37℃水浴保温 15 分钟				
0.3%4-氨基安替比林（ml）	1.0	1.0	1.0	1.0
0.5%铁氰化钾（ml）	2.0	2.0	2.0	2.0

2. 结果判定　①各管加入铁氰化钾后，充分混匀，室温下放置 10 分钟，以 1 号管调零点，510nm 比色测定，通过吸光度值大小或作图分析 pH 对酶活性的影响；②比较各管红色深浅，用＋号表示，观察哪一个 pH 下酶活性最强。

（林　琳）

实验十五　乳酸脱氢酶同工酶分析

【基本原理】

用乙酸纤维素薄膜作支持物，在 pH 8.6 巴比妥缓冲溶液中电泳，可将 LDH 同工酶分离。在 LDH 辅酶 NAD^+存在下，以乳酸钠为基质，处理电泳过的乙酸纤维素薄膜，LDH 可使乳酸脱氢生成丙酮酸，同时使 NAD^+还原为 NADH。NADH 又将氢传递给吩嗪二甲酯硫酸盐（phenazine methosulfate，PMS），PMS 再将氢传递给氯化硝基四唑氮蓝（nitrobluetetraxolium，NBT），还原型 NBT 为不溶性紫蓝色化合物。因此，有 LDH 活性的区带即显示紫蓝色。其反应如下：

$$CH_3\text{—}CHOH\text{—}COOH + NAD^+ \longrightarrow CH_3\text{—}\overset{\overset{\displaystyle O}{\|}}{C}\text{—}COOH + NADH + H^+$$

$$NADH + H^+ + PMS \longrightarrow NAD^+ + PMSH_2$$

$$PMSH_2 + NBT \longrightarrow PMS + NBTH_2$$

【器材】

电泳仪、乙酸纤维薄膜、载玻片、染色容器。

【试剂】

1. 0.1mol/L pH 7.5 磷酸盐缓冲液　称磷酸氢二钠（$Na_2HPO_4 \cdot 7H_2O$）22.55g，磷酸二氢钾、21.6g 蒸馏水加至 1000ml 调 pH 至 7.5 储存于 4℃冰箱。

2. 1mol/L 乳酸钠基质液　称 70%乳酸钠 16g，用 pH 7.5 的 0.1mol/L 磷酸盐缓冲液稀释至 100ml，冰箱保存。

3. 吩嗪二甲酯硫酸盐(PMS 1mg /ml)用蒸馏水溶解，置棕色瓶内储存于 4℃可稳定 1～2 周。此液对光敏感，变绿后不能使用。

4. 氯化硝基四唑氮蓝 1mg/ml　用蒸馏水溶解，储存于 4℃，可稳定几个月。

5. 固定液　10%冰乙酸。

6. 电泳槽缓冲液　巴比妥缓冲液（pH 8.6，离子强度 0.065）。

7. 染色应用液　临用前配制。1mol/L 乳酸钠溶液 1ml，氯化硝基四唑氮蓝 3ml，吩嗪二甲酯硫酸盐 0.3ml，0.1mol/L 磷酸盐缓冲液 1ml，NAD^+干粉 10mg，混匀。

【操作步骤】

1. 组织匀浆的制备　取兔心、肝、肾、肌肉各 0.5g 剪碎，分别放入匀浆器中，加入 0.1mol/L pH 7.5 磷酸盐缓冲液 2.0ml 制备成组织匀浆液后，倒入离心管中，再加上述缓冲液 2.5ml 混匀，2000r/min 离心 5 分钟。

2. 点样　将薄膜浸入巴比妥缓冲液中，待充分浸透以后取出，用滤纸吸去多余水分。使膜的无光泽面向上，把各待测液分别均匀地涂加于载玻片的一端，把玻片竖直轻轻接触到距膜端 1.5cm 点样线处，使样品吸入膜内，静置 10 分钟。

3. 电泳　把膜放进电泳槽，点样面向下，点样端靠近阴极，搭好滤纸盖上电泳槽盖，调节电压 120～140V，电流 0.6～1.0mA/cm 宽膜，电泳 1 小时。

4. 染色　在电泳结束前 5 分钟配制应用液，取未用过的乙酸纤维素薄膜一条，将它漂浮在染色应用液上，直到下面完全湿润为止。取出，湿面向下贴于载玻片上。然后将电泳膜自电泳槽中取出，立即用滤纸吸干两端。将点样面小心的覆盖于载玻片上浸有染色液的膜上。操作需迅速，避免起泡和干燥。将载玻片移置于保湿搪瓷盘内，置37℃温箱孵育 30 分钟，有 LDH 活力的地方即可显示出蓝紫色的区带。

5. 定位

（1）LDH_1——移动速度最快，最靠近阳极，位于白蛋白与 α_1 球蛋白之间

（2）LDH_2——位于 α_2 球蛋白处

（3）LDH_3——在 β_1、β_2 球蛋白之间

（4）LDH_4——在 γ 球蛋白的前沿

（5）LDH_5——移动速度最慢，最靠近阴极端，在 γ 球蛋白之后。

6. 固定　将膜在固定液中固定 10 分钟。

【注意事项】

所用仪器须绝对清洁，整个实验过程必须控制温度和时间，以求结果准确。缓冲液 pH 应准确，基质液要新鲜配制。染色时应注意薄膜上的染液要适量，过多会导致同工酶区带扩散，过少则会因为膜干燥而无法进行酶促反应。电泳温度不能过高。若室温超过 25℃时则需用冰降温，以免影响酶活力。

【思考题】

简述乳酸脱氢酶同工酶的临床意义。

（康　健）

第五章　物质代谢及其激素调节

第一节　物质代谢定义

物质代谢是生命的基本特征。从有生命的单细胞到复杂的人体，都与周围环境不断地进行物质交换，这种物质交换称为物质代谢或新陈代谢。物质代谢包括同化作用和异化作用两个不同方向的代谢变化。生物在生命活动中不断从外界环境中摄取营养物质，将它们转化为机体的组织成分，称为同化作用；同时机体本身的物质也在不断分解成代谢产物，排出体外，称为异化作用。物质代谢过程十分复杂，即使在一个细胞内进行的物质代谢，亦包含一系列相互联系的合成和分解的化学反应。一般说来由小分子物质合成大分子物质的反应称合成代谢；由大分子物质分解成小分子物质的反应称分解代谢。物质代谢常伴有能量转化，分解代谢常释放能量，合成代谢常吸收能量，分解代谢中释放的能量可供合成代谢的需要。

物质代谢可分为三个阶段：①消化吸收：食物的营养成分，除水、无机盐、维生素和单糖等小分子物质可被机体直接吸收之外，多糖、蛋白质、脂类及核酸等都须经消化，分解成比较简单的水溶性物质，才能被吸收到体内。食物在消化道内经过酶的催化进行水解叫做消化；各种营养物质的消化产物、水、维生素和无机盐，经肠黏膜细胞进入小肠绒毛的毛细血管和淋巴管的过程叫做吸收。②中间代谢：食物经消化吸收后，由血液及淋巴液运送到各组织中参加代谢，在许多相互配合的各种酶类催化下，进行分解和合成代谢，进行细胞内外物质交换和能量转变。③排泄：物质经过中间代谢过程产生多种终产物，这些终产物再经肾、肠、肝及肺等器官随尿、粪便、胆汁及呼气等排出体外。

新陈代谢过程中物质的合成和分解称为物质代谢，伴随物质代谢而出现的能量的释放、转化、储存和利用等过程称为能量代谢。

第二节　物质代谢的研究方法

研究物质代谢的目的主要是认识代谢通路中每一步化学反应的反应条件、反应机制以及探讨代谢的调节机制，这就要求我们不但要研究物质代谢的每一个反应，而且要研究代谢途径间的相互联系和相互影响，从中找出物质代谢的规律，并应用到临床医学等方面去，以便提高人类健康水平。近年来由于生物化学和分子生物学技术的突飞猛进，人们可以采用各种技术从不同角度研究各种生物的物质代谢。

一、整体水平的研究

在一个完整机体内，组成成分和催化反应的酶之间有一定分布上和化学上的相互关系，一种代谢物进出组织细胞则受其他组织器官的影响，而且代谢过程受神经体液的调节，因此在体内的研究与体外的有明显的区别。整体的研究虽然有实验上的困难，但应用适当的方法可得到一些有价值的资料。用标记的代谢物给予动物，追踪代谢物的去路，以推测其代谢途径。人工致病动物的方法常可研究某种代谢物是否可转变为另一物质的问题。

二、器官水平的研究

确定某器官在某代谢途径中的作用，一种是在体的研究，即用切除器官的方法，例如切除犬的肝脏，用含氨基酸的溶液饲犬，则犬血中氨基酸含量升高，血氨升高，而尿素含量下降，若切除犬的肾脏，饲以氨基酸的溶液，则血中尿素含量升高；若同时切除犬的肝、肾、则血中尿素含量恒定。分析这些结果可得出：肝脏是合成尿素的主要器官，而尿素主要从肾脏排出。

三、组织切片及细胞水平的研究

组织切片很薄（$<50\mu m$ 厚），切片上除有些细胞膜破损外，大多数细胞是完整的，培养液的营养素能迅速进入细胞，细胞中代谢产物也能迅速扩散入培养液，保持组织存活一定时间，在培养液中加入某一代谢物，一定时间借助化学法测定该代谢物的浓度，即可了解代谢物的变化速度。离体组织和细胞可以在适当的培养液中生长，可用以研究细胞的分化、遗传、激素的作用等。

四、亚细胞水平的研究

细胞是一个不均一的体系，具有细胞膜、细胞核、线粒体等亚细胞结构，以及细胞结构的胞质，各部分的功能不同。了解各亚细胞结构的代谢特点、某一代谢途径的部位时，首先要分离这些细胞器，如用差速离心法可进行亚细胞结构成分的分离（表 5-1）。

表 5-1　用差速离心法分离亚细胞成分

离心条件		沉淀的亚细胞成分
1000g	5 分钟	真核细胞
4000g	10 分钟	叶绿体、核细胞碎片、胞核
15000g	20 分钟	线粒体、细菌
30 000g	30 分钟	溶酶体、细菌体碎片
100 000g	3 小时	核糖体、多聚核糖体

五、分子水平的研究

物质代谢的每一步化学反应几乎都是酶催化的，提取纯化酶是了解其所催化的反应所必需，应用蛋白质分离纯化和鉴定技术提取酶，就可研究其催化反应的动力学和调节，确定抑制剂和激活剂的效应。

（汪淑晶）

第三节　实 验 项 目

实验十六　血清葡萄糖的测定

一、葡萄糖氧化酶偶联法（GOD-POD 法）

【基本原理】

GOD 催化葡萄糖氧化成葡萄糖酸，并产生过氧化氢，过氧化氢被偶联的 POD 催化释放出初生态的氧，后者将色原性氧受体 4-氨基安替比林偶联酚的酚氧化，并与 4-氨基安替比林结合生成红色醌类化合物。

【器材】

水浴箱、试管、分光光度计。

【试剂】

1. 0.1mol/L 磷酸盐缓冲液（pH 7.0）　溶解无水磷酸氢二钠 8.67g 及无水磷酸二氢钾 5.3g 于 800ml 蒸馏水中，用 1mol/L 氢氧化钠或盐酸调 pH 至 7.0，然后用蒸馏水稀释至 1L。

2. 酶试剂　取 GOD 1200U（国际单位），POD1200U（国际单位），4-氨基安替比林 10mg，叠氮钠 100mg，加上述磷酸盐缓冲液至 80ml 左右，调 pH 至 7.0，然后加磷酸盐缓冲液至 100ml，置冰箱保存，至少可稳定三个月。

3. 酚试剂　酚 100mg 溶于 100ml 蒸馏水中（酚在空气中易氧化成红色，可先配成 500g/L 的溶液，储存于棕色瓶中，用时稀释）。

4. 酶酚混合试剂　酶试剂和酚试剂等量混合，冰箱中可保存一个月。

5. 12mmol/L 苯甲酸溶液　称取苯甲酸 1.4g，加入蒸馏水 900ml，加热助溶，冷却后加蒸馏水至 1000ml。

6. 葡萄糖标准储存液（100mmol/L）　准确称取无水葡萄糖（预先置 80℃烤箱中干燥至恒重，移置干燥器中保存）1.802g，用 12mmol/L 苯甲酸溶液溶解，移至 100ml 容量瓶中，再以 12mmol/L 苯甲酸溶液稀释至刻度，摇匀，移入棕色瓶中，4℃保存。

7. 葡萄糖标准应用液（5mmol/L）　准确吸取葡萄糖标准储存液 5.0ml，置于 100ml 容量瓶中，再以 12mmol/L 苯甲酸溶液稀释至刻度。

【操作步骤】

1. 按表 5-2 操作。

2. 混匀，37℃水浴中保温 15 分钟，用分光光度计波长 505nm，空白管调零，分别读取标准管及测定管吸光度。

表 5-2 葡萄糖氧化酶偶联法测定血清葡萄糖

	测定管	标准管	空白管
血清（ml）	0.02	—	—
葡萄糖标准应用液（ml）	—	0.02	—
蒸馏水（ml）	—	—	0.02
酶酚混合试剂（ml）	3.00	3.00	3.00

【计算】

血清葡萄糖（mmol/L）=（测定管吸光度/标准管吸光度）×5

【注意事项】

1. D-葡萄糖有 α 型和 β 型之分，两者在溶液中可互变，达到平衡时，α 型约占 36%，β 型约占 64%。新配制的葡萄糖标准液须放置 2 小时以上（最好过夜），待变旋平衡后方可应用。GOD 对 β-D-葡萄糖有高度特异性，所以在 GOD 试剂盒中多数含有葡萄糖变旋酶，可加速此反应，但在终点法中，延长孵育时间可达到完成自发变旋。

2. GOD-POD 法的初始反应（第一步反应）特异性高，而指示反应（第二步反应）的特异性较差，干扰往往发生在指示反应。溶血标本、黄疸标本及高脂血标本均不影响测定结果，但血液中的一些还原物质，如维生素 C、谷胱甘肽及左旋多巴可与色原性氧受体竞争 H_2O_2，使结果出现偏差。

3. GOD-POD 法测定血糖的线性范围至少可达 20mmol/L；回收率 94%～105%。

二、邻甲苯胺法（O-T 法）

【基本原理】

葡萄糖的醛基与邻甲苯胺在热乙酸溶液中缩合成葡萄糖基胺，再脱水生成希夫（Schiff）碱，然后经分子重排，生成一组蓝绿色化合物，在 630nm 处有一吸收峰，吸光度大小与血糖浓度成正比。

【器材】

水浴箱、试管、分光光度计。

【试剂】

1. 邻甲苯胺试剂　取冰乙酸（AR）940ml，加入硫脲（AR）1.5g，溶解后加入邻甲苯胺 60ml 混匀，置棕色瓶中，室温保存。新配试剂应放置 24 小时后（待老化）使用。此试剂腐蚀性极强，应避免与皮肤接触而造成灼伤。

2. 12mmol/L 苯甲酸溶液　称取苯甲酸 1.4g，加入蒸馏水 900ml，加热助溶，冷却后加蒸馏水至 1000ml。

3. 葡萄糖标准储存液（100mmol/L）　准确称取无水葡萄糖（预先置 80℃烤箱中干燥至恒重，移置干燥器中保存）1.802g，用 12mmol/L 苯甲酸溶液溶解，移至 100ml 容量瓶中，再以 12mmol/L 苯甲酸溶液稀释至刻度，摇匀，移入棕色瓶中，冰箱内保存。

4. 葡萄糖标准应用液（5mmol/L）　准确吸取葡萄糖标准储存液 5.0ml，置于 100ml 容量瓶中，再以 12mmol/L 苯甲酸溶液稀释至刻度。

【操作步骤】

1. 按表 5-3 操作。

表 5-3　邻甲苯胺法测定葡萄糖

	测定管	标准管	空白管
血清（ml）	0.1	—	—
葡萄糖标准应用液（ml）	—	0.1	—
蒸馏水（ml）	—	—	0.1
邻甲苯胺试剂（ml）	3.0	3.0	3.0

2. 混匀，置沸水浴中煮沸 12 分钟，取出置流水中冷却 5 分钟。以空白调零，在波长 630nm 处读取各管吸光度。

【计算】

葡萄糖（mmol/L）=（测定管吸光度/标准管吸光度）×5

【注意事项】

1. 邻甲苯胺与葡萄糖的反应并非特异，其他糖在反应中亦能产生与葡萄糖相似的吸收光谱，它们的相对吸光度比率分别为：葡萄糖=1.00；果糖=0.06；甘露糖=0.96；半乳糖=1.42；蔗糖=0.16。但这些糖中只有葡萄糖、果糖、半乳糖存在于正常人血清中，而后两者在正常人血液中含量甚微，不影响试剂测定结果。

2. 葡萄糖与邻甲苯胺的呈色强度与反应条件（邻甲苯胺和冰乙酸的批号、试剂配制后保存的时间以及加热温度和时间）有关。因此，各管的反应条件必须完全一致。

3. 邻甲苯胺为浅黄色油状液体，易被氧化成红棕色，用此种邻甲苯胺配制的试剂、空白管颜色深，反应灵敏度低，严重影响测定结果。须经以下方法处理方可应用：在 500ml 邻甲苯胺中加入盐酸羟胺 0.5g，置 50～60℃水浴中 20 分钟并不时摇动，使邻甲苯胺还原，颜色变浅。如上述处理不够理想，则将邻甲苯胺用全玻璃蒸馏器重蒸馏，收集 199～201℃无色或浅黄色的流出液，置棕色瓶加黑纸袋避光密封保存。

【思考题】

葡萄糖测定除上述方法外还有哪些方法？其原理是什么？

（汪淑晶）

实验十七　胰岛素和肾上腺素对血糖浓度的影响

【基本原理】

人和动物体内，血糖浓度受各种激素调节而维持恒定。胰岛素能降低血糖；其他很多激素则具有升高血糖的作用，其中以肾上腺素作用较为迅速而明显。胰岛素促进肝脏和肌肉将葡萄糖合成糖原，又加强糖的氧化作用，故可以降低血糖；肾上腺素促进肝糖原分解而增高血糖。

葡萄糖氧化酶催化葡萄糖氧化成葡萄糖酸，并产生过氧化氢，过氧化氢被过氧化氢酶催化释放出氧，并使 4-氨基安替比林和苯酚去氢缩合生成红色醌类化合物，在 505nm 处有最大吸收峰，如与标准蛋白液同样处理，显色后便可进行比色定量。

$$\beta\text{-D-葡萄糖} + O_2 + H_2O \xrightarrow{\text{葡萄糖氧化酶}} \text{D-葡萄糖酸} + H_2O_2$$

$$H_2O_2 + \text{4-氨基安替比林} + \text{苯酚} \xrightarrow{\text{过氧化氢酶}} H_2O + \text{红色醌式物质}$$

此实验观察家兔注射胰岛素和肾上腺素前后的血糖浓度变化。

【器材】

注射器、针头、刀片、分光光度计。

【试剂】

1. 肾上腺素和胰岛素。

2. 草酸钠。

3. 25%葡萄糖。

4. 0.1mol/L 磷酸盐缓冲液（pH7.0） 溶解无水磷酸氢二钠 8.67g 及无水磷酸二氢钾 5.3g 于 800ml 蒸馏水中，用 1mol/L 氢氧化钠或盐酸调 pH 至 7.0，然后用蒸馏水稀释至 1L。

5. 酶试剂 取葡萄糖氧化酶 1200U（国际单位），过氧化氢酶 1200U（国际单位），4-氨基安替比林 10mg，叠氮钠 100mg，加上述磷酸盐缓冲液至 80ml 左右，调 pH 至 7.0，然后加磷酸盐缓冲液至 100ml，置冰箱保存，至少可稳定三个月。

6. 酚试剂 酚 100mg 溶于 100ml 蒸馏水中（酚在空气中易氧化成红色，可先配成 500g/L 的溶液，储存于棕色瓶中，用时稀释）。

7. 酶酚混合试剂 酶试剂和酚试剂等量混合，冰箱中可保存一个月。

8. 12mmol/L 苯甲酸溶液 称取苯甲酸 1.4g，加入蒸馏水 900ml，加热助溶，冷却后加蒸馏水至 1000ml。

9. 葡萄糖标准储存液（100mmol/L） 准确称取无水葡萄糖（预先置 80℃烤箱中干燥至恒重，移置干燥器中保存）1.802g，用 12mmol/L 苯甲酸溶液溶解，移至 100ml 容量瓶中，再以 12mmol/L 苯甲酸溶液稀释至刻度，摇匀，移入棕色瓶中，冰箱内保存。

10. 葡萄糖标准应用液（5mmol/L） 准确吸取葡萄糖标准储存液 5.0ml，置于 100ml 容量瓶中，再以 12mmol/L 苯甲酸溶液稀释至刻度。

【操作步骤】

1. 动物准备 取正常家兔两只，标记兔 1 和兔 2，实验前预先饥饿，称体重（一般为 2～3kg）。

2. 取血 一般多以耳缘静脉取血，先去毛，用二甲苯擦拭兔耳，使其血管充血，再用干棉球擦干，于放血部位涂一薄层凡士林，再用粗针头刺破静脉放血，将血液收入抗凝管中（每 ml 血约需 2mg 草酸钠）边收集边摇匀，以防凝固，标记对照 1 和对照 2，然后用干棉球压迫血管止血。

3. 注射激素后取血 取兔血后，其中兔 1 皮下注射胰岛素，剂量按 0.75 单位/公斤体重计算，并记录注射时间。一小时后再取血。取血后立即腹腔或皮下注射 25%葡萄糖液 10ml，以免家兔发生胰岛素性休克而死亡。

兔 2 皮下注射肾上腺素，剂量按 0.4mg/kg 体重计算，并记录注射时间。半小时后再取血。

4. 血糖测定 按表 5-4 操作。

表 5-4 血糖浓度测定

	对照 1	对照 2	胰岛素鼠	肾上腺鼠	标准管	空白管
血清（ml）	0.02	0.02	0.02	0.02	—	—
葡萄糖标准应用液（5mmol/L）（ml）	—	—	—	—	0.02	—
蒸馏水（ml）	—	—	—	—	—	0.02
酶酚混合试剂（ml）	3.00	3.00	3.00	3.00	3.00	3.00

混匀，37℃水浴中保温 15 分钟，于 505nm 波长处比色，空白管调零，分别读取各管吸光度。

【计算】

血清葡萄糖（mmol/L）=（测定管吸光度/标准管吸光度）×标准管的浓度

【思考题】

试述肾上腺素调节血糖水平的分子机制。

（丁文勇）

实验十八 肝糖原的提取和鉴定

【基本原理】

三氯乙酸能使肝组织的酶及其他蛋白质沉淀，保留糖原于上清液中。糖原不溶于乙醇，而可以溶于热水呈胶体溶液。故先用 95%乙醇将滤液中糖原沉淀，再将沉淀溶于热水中。

糖原溶液呈乳样光泽，遇碘呈红棕色。糖原本身无还原性，但在酸性溶液中加热可水解为具有还原性的葡萄糖，后者可将碱性铜溶液（班氏试剂）中二价铜还原为氧化亚铜。利用上述性质可判定肝组织中糖原的存在。

【器材】

剪刀、匀浆器、离心机、离心管、玻璃棒、白瓷凹盘、沸水浴锅、试管、721 分光光度计。

【试剂】

1. 5%三氯乙酸。
2. 95%乙醇溶液。
3. 生理盐水。
4. 浓盐酸。
5. 50%NaOH 溶液。
6. 班氏试剂。
7. 碘试剂 KI 0.2g 溶于 30ml 蒸馏水中，再加 I_2 0.1g 振摇使之溶解。

【操作步骤】

将饱食兔动脉放血致死，取出肝脏用生理盐水洗去附着的血液，用滤纸吸干，称取肝1.2g，将肝迅速剪碎放入匀浆器中，加5%三氯乙酸2ml，研磨至糜状，再加5%三氯乙酸2ml，研匀过滤，直接滤于离心管中，残渣弃，加与滤液等体积乙醇混匀，静置10分钟，离心3000r/min 5分钟。沉淀加蒸馏水2ml，用玻棒搅拌使沉淀溶解。可见有乳样光泽。取该液2滴，放入白瓷凹盘中，加入碘试剂1滴。观察其颜色反应。

取上溶液1ml，加浓HCl 5滴混匀。在沸水浴中煮沸20分钟，取出冷却后用50% NaOH中和（2～3滴）后，加班氏试剂2ml混匀。在沸水浴中煮沸1～2分钟。观察并记录现象，判定结果。

【思考题】

1. 仔细观察实验现象，对之加以描述，并给予理论解释。

2. 糖原鉴定的方法有哪些?

（丁文勇）

实验十九　生物氧化中酶的催化作用

一、琥珀酸脱氢酶的作用

【基本原理】

琥珀酸脱氢酶是一种不需氧脱氢酶，它催化琥珀酸脱氢氧化变成延胡索酸。

本实验在体外无氧条件下利用甲烯蓝作为人工受氢体，与肌肉匀浆，琥珀酸共同保温一定时间，琥珀酸脱下的氢使甲烯蓝（蓝色）还原成甲烯白（白色），从而通过颜色的改变验证琥珀酸脱氢酶作用。

【器材】

玻璃匀浆器、滴管、水浴锅。

【试剂】

1. 生理盐水。

2. pH 7.4磷酸盐缓冲液　20ml 0.1mol/L Na_2HPO_4 与80ml 0.1mol/L KH_2PO_4混合之。

3. 0.5%琥珀酸钠溶液。

4. 0.01%甲烯蓝溶液。

5. 液状石蜡。

【操作步骤】

1. 肌肉匀浆的制备　将鼠断头杀死，取大腿肌肉约2g剪碎，放入匀浆器中，加5ml生理盐水，制成匀浆。

2. 取试管2支，编号，按表5-5操作。

表 5-5　琥珀酸脱氢酶作用操作步骤

	试管 1	试管 2
肌肉匀浆（滴）	20	20（煮沸）
磷酸盐缓冲液（滴）	20	20
甲烯蓝（滴）	10	10
琥珀酸钠（滴）	30	30

各管摇匀后，分别加液状石蜡 5 滴盖住液面，然后置于 37℃水浴中保温 5 分钟，观察两管中蓝色消退情况，待蓝色消退后用滴管吸去表层液状石蜡，振摇试管，观察有何变化。

二、过氧化氢酶的作用

【基本原理】

过氧化氢酶广泛分布在动植物中，对底物催化的特异性很高，能专一性地催化过氧化氢分解成水和游离的分子氧。

【器材】

剪刀、试管、玻璃片、烧杯。

【试剂】

1. 0.02mol/L pH 6.8 磷酸盐缓冲液　取 0.2mol/L Na_2HPO_4 溶液和 0.2mol/L NaH_2PO_4 溶液各 100ml，混合后用蒸馏水稀释到 1000ml。

2. 3% H_2O_2。

【操作步骤】

1. 取肝脏一小块，约黄豆大小，稍加压碎，置中试管中加水至离管口约 2cm 处，然后用 3% H_2O_2 慢慢加入试管直达管口。

2. 用拇指迅速按住管口，将试管颠倒数次，使 H_2O_2 与肝脏充分接触，然后把管口浸没在盛有水的烧杯中，当拇指感到压力很大时，可稍稍松开拇指，让水自管口自然流出，待气体充满全管后，再以拇指按住管口，取出液面此时管口向上，但拇指不可放松。

3. 划燃一根火柴，让它烧一会再吹熄，并将有火星的余烬立即插入试管中，可见余烬复燃。

三、过氧化物酶的作用

【基本原理】

新鲜萝卜中含有丰富的过氧化物酶，如将 H_2O_2 与联苯胺滴于萝卜的切面上，过氧化物酶能催化 H_2O_2 分解放出活性很强的 O_2，将无色的联苯胺氧化成蓝色的联苯蓝。

【器材】

小刀、水浴锅。

【试剂】

1. 3% H_2O_2。

2. 联苯胺溶液　取联苯胺 0.5g，置于小锥形瓶中，加冰乙酸 4.33ml，50℃水浴大约10 分钟，全部溶解后，再加水 19ml，此溶液可保存几天。

【操作步骤】

1. 取刚切开的萝卜一片，于切面上滴加 3% H_2O_2 与联苯胺各一滴，观察颜色的变化。

2. 再以煮熟了的萝卜重复操作，以作对照。

【思考题】

1. 参与生物氧化的酶可分为哪几类，各有什么特点？

2. 琥珀酸脱氢酶可使试管中蓝色的甲烯蓝还原成白色的甲烯白，待试管中蓝色完全消退后，振摇试管会发生什么变化？为什么？

（丁文勇）

实验二十　血浆高密度脂蛋白-胆固醇含量的测定

【基本原理】

高密度脂蛋白（high density lipoprotein，HDL）是血浆脂蛋白的一种。最初由肝脏和小肠合成，新分泌到血液中时呈圆盘状，新生 HDL 在血液中经卵磷脂∶胆固醇脂酰转移酶（LCAT）的催化，HDL 表面卵磷脂的 2 位脂酰基转移到胆固醇的 3 位羟基生成溶血卵磷脂及胆固醇酯，生成的胆固醇酯转运入 HDL 的核心，使盘状的 HDL 逐渐转变成球形的成熟的 HDL。HDL 不仅能与其他脂蛋白相互作用接受其组成成分，而且还能将组织细胞的胆固醇运输到肝脏而排泄（或转变成胆酸而排泄）。大量流行病学研究表明：血浆 HDL 水平与冠心病的发病率呈负相关，高水平的 HDL 可预防冠心病的发生。

一定浓度的肝素-锰离子混合液在一定条件下可选择性地使血浆中 VLDL 及 LDL 沉淀下来，而 HDL 仍留在上清液中，从而使 HDL 和 VLDL 及 LDL 分开。

HDL 中含有一定的胆固醇。利用胆固醇的类脂性质，可用有机溶剂进行抽提，然后取一定量抽提液蒸干，加入冰乙酸，利用 ZaK 三氯化铁显色法使溶解于冰乙酸中的胆固醇在硫酸存在条件下与高铁离子作用，产生稳定的红色物质。此物质在波长 560nm 处有最大吸收峰，可做定量分析。

【器材】

721 分光光度计，离心机，电热恒温水浴箱。

【试剂】

1. 标准胆固醇液

（1）储存液（1000μg/ml）：准确称取标准胆固醇 100mg 溶于 100ml 三氯化铁冰乙酸溶液中。

（2）应用液（40μg/ml）：取储存液 2ml 加三氯化铁冰乙酸到 50ml。

2. 三氯化铁冰乙酸液

（1）储存液（125mg/ml）：取 12.5g 三氯化铁溶于 100ml 冰乙酸中。

（2）应用液（1mg/ml）：取储存液 2ml 加冰乙酸至 250ml。

3. 浓硫酸（AR）。

4. 丙酮-乙醇混合液（V/V=1∶1）。

5. 肝素-Mn 混合液

（1）1.06mol/L 氯化锰液（$MnCl_2 \cdot 4H_2O$）：取 209.8g $MnCl_2 \cdot 4H_2O$ 溶于 1000ml H_2O 中。

（2）肝素液：取肝素 280mg 溶于 10ml H_2O 中。

（3）肝素-Mn 混合液：取（1）液 10ml+（2）液 0.6ml 混匀即成，临用前配制，放冰箱保存，至多用 1 个月。

【操作步骤】

1. HDL 的分离　取干燥离心管 1 支，吸 0.5ml 血浆加肝素-Mn 混合液 0.05ml，混匀后室温置放 10 分钟，3000r/min 离心 10 分钟，沉淀部分为 VLDL 和 LDL，而 HDL 存在于上清液中。

2. HDL 中胆固醇的提取（有机溶剂提取法）　取肝素-Mn 沉淀后的上清液 0.1ml，加丙酮乙醇混合液 5.0ml（快速加入，使沉淀均匀），3000r/min 离心 5～6 分钟，分别取上清液 2ml 于 A 及 B 两个试管中，置沸水浴中蒸干（沉淀部分为脂蛋白中蛋白质）。

3. 胆固醇测定　按表 5-6 操作。

表 5-6　胆固醇含量的测定

	空白管	A 管	B 管	标准管
三氯化铁冰乙酸（ml）	3.00	3.00	2.90	1.00
标准胆固醇（40μg/ml）（ml）	-	-	0.10	2.00
浓硫酸（ml）	2.00	2.00	2.00	2.00

摇匀，放 60℃水浴 10 分钟，于 560nm 波长处比色，记录吸光度值（注：加硫酸时需将试管斜置，沿管壁放入）。

【计算】

每 100ml 血清中 HDL 中的胆固醇含量=（$A_{样品}/A_{标准}$）$\times C_{标}$

回收率=（回收浓度/加入浓度）×100%。

回收浓度=测定浓度–基本测定浓度（未加标准液前）。

加入浓度=标准浓度×标准液 ml 数/（血清 ml 数+标准液 ml 数）。

【注意事项】

正常人血浆总胆固醇浓度为 3.2～5.2mmol/L（125～200mg/dl），HDL 中所含有的胆固醇占总胆固醇的 1/2～1/4。临床上常用 HDL 中胆固醇的量表示 HDL 的量。HDL 的水平愈高，愈有利于将组织中的胆固醇运输出来，对人们的健康长寿有益。长期坚持体育锻炼者，其血浆中 HDL 较一般人高，冠心病者较正常人低。临床上在测定血脂时，也测定 HDL-胆固醇的含量，这对于诊断冠心病以及观察疗效是有帮助的。

【思考题】

1. 测定血浆中高密度脂蛋白-胆固醇含量的临床意义

2. 操作中应注意哪些问题?

（沙珊珊）

实验二十一　磷脂的提取及其薄板层析

【基本原理】

磷脂是生物膜的主要组分，具有重要的生理功能。它们具有独特的物理性质，在脂类中极性较大。由于磷脂即具有疏水基团，又具有亲水基团，故在非极性溶剂及水中都有较大的溶解度。

磷脂易溶于醇、氯仿、乙醚等有机溶剂，但不易溶于丙酮。利用后一性质可将其与三酯酰甘油分离。

抽提磷脂通常用氯仿、甲醇混合液。甲醇有利于脂-蛋白质复合体的裂解，溶解极性大的物质，并抑制脂酶，而氯仿则可溶解脂类。向氯仿-甲醇混合物抽提液（含总脂类，其中包括磷脂）中加水，使提取液分层，在下层溶剂相中即可得到以磷脂为主的脂类提取物。

薄层层析是将支持物在玻璃板上均匀铺成薄层，将待分析样品点在薄层上，然后用适宜的溶剂展开，而达到分离鉴定的目的。

本实验以硅胶为支持物，属吸附薄层层析。薄层层析具有所用设备简单，操作容易，展开时间短，分辨率高，需样量少等优点，因此被广泛应用。

待测样品与已知图谱的标准样品（图 5-1）在同样条件下进行层析，便可初步鉴定出磷脂的组成。

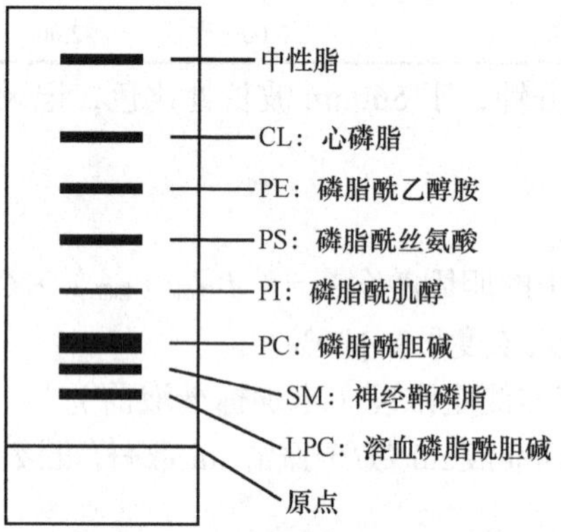

图 5-1　大鼠肝磷脂图谱

【器材】

匀浆器、高速离心机、旋转蒸发仪、小蒸馏瓶、红外烤箱、微量进样器、层析缸、干燥器、层析板、喷雾器。

【试剂】

1. 氯仿。
2. 甲醇。
3. 蒸馏水。
4. 丙酮。
5. 层析展开剂　氯仿：甲醇：乙酸：H_2O=75：35：15：5（*V/V/V/V*）。
6. 磷脂显色剂

试剂Ⅰ：16g 钼酸铵溶于 120ml 蒸馏水。

试剂Ⅱ：40ml 浓 HCl 加 10ml 汞，再加 30ml 试剂Ⅰ。

在喷雾器中加入 200ml 浓 H_2SO_4 及 40ml 试剂Ⅰ，再将试剂Ⅱ小心加入，冷却后用蒸馏水稀释到 1L（棕色）。

【操作步骤】

1. 总磷脂的提取

（1）匀浆：取大鼠肝 1g，剪碎后加水 4ml 制成匀浆，5000r/min 离心 1 小时，弃去上清，得沉淀。

（2）总脂抽提：沉淀加水 2.4ml、氯仿（C）3ml、甲醇（M）6ml（使 C∶M∶H_2O=1∶2∶0.8，V/V/V）混匀，放置并间歇振摇 1 小时，8000r/min 离心 20 分钟，弃去沉淀。上清液中含有总脂类。

（3）脂类分配：向上清液中加入水 2.4ml、氯仿 3ml（使 C∶M∶H_2O=1∶1∶0.8，V/V/V），振摇混匀，室温过夜。此步为对脂类进行分配，使磷脂主要进入下相（以氯仿为主的相），糖脂主要进入上相（以甲醇-水为主的相）。

（4）离心 8000r/min 20 分钟，吸取下层液置于小蒸馏瓶中，-20℃冷却 20 分钟，若有沉淀析出，离心除去，减压蒸发除去氯仿后用 N_2 吹干。

（5）用冷丙酮（-20℃预冷过夜）洗涤提取物两次，用 N_2 吹干，即得到总磷脂。用氯仿溶解到 1ml，加塞保存备用。

2. 磷脂的薄层层析

（1）层析薄板的准备：取 3cm×10cm 硅胶板，在距短边处用铅笔轻划一线（勿将硅胶划破），即为点样线。在点样线上按边缘 0.8cm，点样长 0.5cm，点样间距 0.4cm 划点（每块板可点两个样品），然后置 110℃烤箱中干烤活化 1 小时。

（2）点样：用微量进样器分别吸取磷脂标准液和上述肝脏提取液 10μl，点于薄板上，吹干。

（3）展开：在衬有滤纸的层析缸中加入展开剂，使薄板放入后其下端浸入展开剂 0.5cm。加盖，检查有无漏气（必要时可涂凡士林），置室温下平衡 1 小时。将点好样的薄板放入层析缸内（勿使展开剂浸至点样处）进行层析，至展开剂距薄板上端 0.5cm 处时，取出立即吹干。

（4）显色：将层析后薄板置于通风橱内，将磷脂显色剂喷于薄板上，约 10 分钟左右可见蓝色条带出现，将观察到的结果记录下来（画在报告本上）。

【思考题】

1. 何谓薄层层析？其原理和方法？

2. 制备硅胶薄层板与点样时应注意些什么问题？

（沙珊珊）

实验二十二　酮体的生成与作用

【基本原理】

在肝脏中，脂肪酸经 β-氧化生成乙酰辅酶 A 再缩合成酮体。酮体包括乙酰乙酸，β-

羟丁酸和丙酮三种化合物。肝脏不能利用酮体，必须经血液运至肝外组织特别是肌肉和肾脏，再转变为乙酰辅酶A而被氧化利用。

本实验以丁酸为基质，与肝匀浆一起保温，然后测定肝匀浆中酮体生成量。另外在有肝脏和肌肉组织共存情况下，再测定酮体的含量。在这两种不同条件下，由酮体含量的差别即可帮助我们理解以上的理论。本实验主要测定丙酮的含量。

酮体测定的原理是根据在碱性溶液中将丙酮氧化成为碘仿。以硫代硫酸钠滴定剩余的碘，可以计算所消耗的碘，由此也就可以计算出酮体（以丙酮为代表）的含量。反应式如下：

$$CH_3COCH_3+3I_2+4NaOH \rightarrow CHI_3+CH_3COONa+3NaI+3H_2O$$

$$I_2+2Na_2S_2O_3 \rightarrow Na_2S_4O_6+2NaI$$

【器材】

微量滴定管、恒温水浴箱、剪刀、镊子、锥形瓶、漏斗。

【试剂】

1. 0.1%淀粉溶液。
2. 0.9%NaCl。
3. 0.5mol/L 丁酸溶液　取 5ml 丁酸溶于 100ml 0.5mol/L NaOH 溶液中。
4. 15%三氯乙酸溶液。
5. 10%NaOH。
6. 10%HCl。
7. 0.1mol/L 碘溶液　称取 I_2 12.5g 和 KI 25g，放入烧杯中，加水溶解，然后用 1000ml 容量瓶稀释至刻度。混匀，用标准 0.1mol/L $Na_2S_2O_3$ 标定之。
8. 0.02mol/L $Na_2S_2O_3$　称取 $Na_2S_2O_3 \cdot 5H_2O$ 24.82g 和无水碳酸钠 400mg 溶于 1000ml 刚煮沸而冷却的蒸馏水中，配成 0.1mol/L 溶液，用 0.1mol/L KIO_3 标定。
9. 0.1mol/L KIO_3 溶液　准确称取 KIO_3 3.5670g 溶于水后，倒入 1000ml 容量瓶内，加蒸馏水至刻度。

吸取 0.1mol/L KIO_3 20ml 于锥形瓶中，加入 KI 1g 及 6mol/L H_2SO_4 5ml，然后用上述 0.1mol/L NaS_2O_3 滴定至浅黄色，再加 1%淀粉三滴作指示剂，此时溶液呈蓝色，继续滴定至蓝色刚消失为止，计算 $Na_2S_2O_3$ 溶液的准确当量浓度。

临用时将已标定之 $Na_2S_2O_3$ 溶液稀释成 0.02mol/L。

【操作步骤】

1. 标本的制备　将大鼠重击头部致死，取出肝脏，用 0.9%NaCl 洗去污血，放滤纸上，吸去表面的水分，称取肝组织 5g 置研钵中，加少许 0.9%NaCl 稀释至总体积为 10ml。另外再取后腿肌肉（也可用肾脏）5g，按上述方法和比例，制成肌组织匀浆，备用。
2. 保温和沉淀蛋白质　取锥形瓶 3 只，编号，按表 5-7 操作。

表 5-7　沉淀蛋白质的操作步骤

	A	B	C
肝组织糜（ml）	—	2.0	2.0
预先煮沸的肝匀浆（ml）	2.0	—	—
pH 7.6 磷酸盐缓冲液（ml）	4.0	4.0	4.0
正丁醇（ml）	2.0	2.0	2.0
	43℃水浴保温 40 分钟		
肌匀浆（ml）	—	—	4.0
预先煮沸的肌肉匀浆（ml）	4.0	4.0	—
	43℃水浴保温 1 小时		
20%三氯乙酸（ml）	3.0	3.0	3.0

用滤纸过滤，将滤液分别收集在 3 支试管中。

3. 酮体的测定　取锥形瓶 3 只，按上述编号顺序继续按表 5-8 操作。

表 5-8　酮体测定的操作步骤

	1（A）	2（B）	3（C）
无蛋白滤液（ml）	5.0	5.0	5.0
0.1mol/L 碘液（ml）	3.0	3.0	3.0
10% NaOH（ml）	3.0	3.0	3.0

摇匀，静置 10 分钟，各管加 10% HCl 3ml，然后于每管加 0.1%淀粉液 2～3 滴呈蓝色，分别用 0.02mol/L $Na_2S_2O_3$ 滴定至蓝色消退为滴定终点。计算 3 瓶酮体含量，并解释结果。

【计算】

肝脏生成丙酮含量（mmol/g）=（B−A）×$Na_2S_2O_3$ 的摩尔数×1/6×3

肌肉利用丙酮含量（mmol /g）=（B−A−C）×$Na_2S_2O_3$ 的摩尔数×1/6×3

A：滴定样品 1 所消耗的 0.02mol/L $Na_2S_2O_3$ ml 数。

B：滴定样品 2 所消耗的 0.02mol/L $Na_2S_2O_3$ ml 数。

C：滴定样品 3 所消耗的 0.02 mol/L $Na_2S_2O_3$ ml 数。

【思考题】

1. 何为酮体？肝脏生成酮体的生理意义是什么？

2. 试述酮体的来源与去路。

（薛　恺）

实验二十三　血清丙氨酸转氨酶活性的测定（改良赖氏法）

【基本原理】

丙氨酸转氨酶（alanine transaminase，ALT）催化丙氨酸与 α-酮戊二酸生成谷氨酸和丙酮酸。丙酮酸产量的多少即反映酶活力的大小。丙酮酸可与 2，4 二硝基苯肼在酸性溶液中生成丙酮酸-2，4-二硝基苯腙，呈黄色。后者在碱性溶液中生成红棕色的苯腙硝醌化合物，呈红棕色，可于 520nm 波长比色测定（图 5-2）。

ALT 活力单位：每 100ml 血清在 37℃基质液中作用 20 分钟，生成 1μmol/L 丙酮酸为一个单位。

【器材】

试管、吸管、恒温水浴箱、721 分光光度计。

【试剂】

1. 丙氨酸转氨酶的底物液　称取 L-丙氨酸 1.79g 及 α-酮戊二酸 29.2mg，先溶于 50ml pH 7.4 0.1mol/L 磷酸钾缓冲液中，然后用 1mol/L NaOH 调节至 pH 7.4，再用上述缓冲液释至 100ml。储存于冰箱内，可保存 1 周。如冰冻可长期保存。

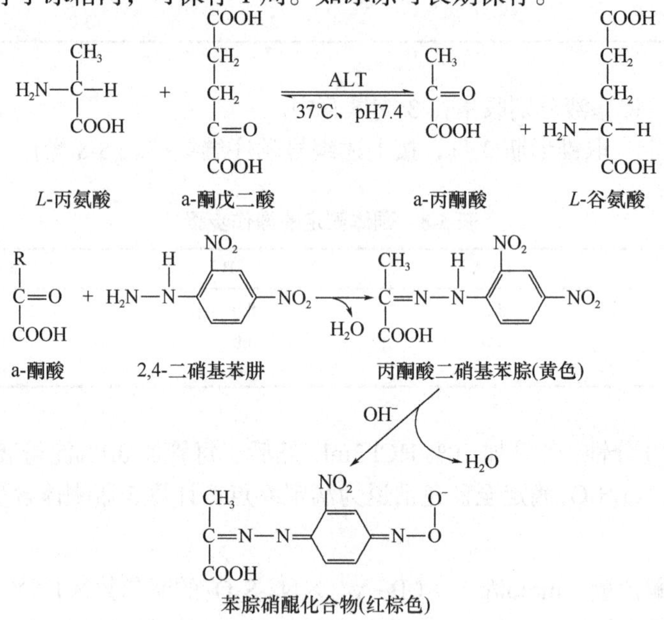

图 5-2　丙氨酸转氨酶活性测定反应原理

2. 0.1mol/L 磷酸钾缓冲液　13.97g $K_2HPO_4·3H_2O$ 和 2.69g KH_2PO_4 溶于 1000ml 蒸馏水中。

3. 2，4-二硝基苯肼液（1mmol/L）　准确称取 2，4-二硝基苯肼 19.9mg 溶于 10mol/L 盐酸 10ml 中，溶解后再加蒸馏水到 100ml。

4. 0.4mol/L NaOH　取标定的 1mol/L NaOH 400ml，加蒸馏水 1000ml 混匀。

5. 丙酮酸标准液（2μmol/ml）　准确称取丙酮酸钠 22mg，置于 100ml 容量瓶中，以 0.1mol/L 硫酸溶解并稀释至刻度，混匀后置冰箱保存。

【操作步骤】

1. 标准曲线的制作　取试管 6 支编号，按表 5-9 操作。

表 5-9　丙酮酸标准曲线的制作

	0	1	2	3	4	5
0.1mol/L pH 7.4 磷酸盐缓冲液（ml）	0.10	0.10	0.10	0.10	0.10	0.10
ALT 底物液（ml）	0.80	0.70	0.60	0.50	0.40	0.30

续表

	0	1	2	3	4	5
丙酮酸标准液（2μmol/ml）（ml）	0.00	0.05	0.10	0.15	0.20	0.25
2，4-二硝基苯肼（ml）	0.50	0.50	0.50	0.50	0.50	0.50
37℃水浴保温 20 分钟						
0.4mol/L NaOH（ml）	5.00	5.00	5.00	5.00	5.00	5.00
丙酮酸实际含量（μmol/ml）	0.00	0.10	0.20	0.30	0.40	0.50
相当于酶活力（U/100ml）	0.00	100	200	300	400	500

混匀，室温静置 10 分钟，用 520nm 波长比色，以“0”管调零点，读取各管吸光度。以吸光度为纵坐标，酶活力单位为横坐标，绘制标准曲线。

2. 丙氨酸转氨酶活性测定　按表 5-10 所示进行。

表 5-10　血清丙氨酸转氨酶活性的测定

	测定管	对照管
ALT 底物液（ml）	0.50	0.50
血清（ml）	0.10	—
37℃水浴保温 30 分钟		
2，4-二硝基苯肼（ml）	0.50	0.50
血清（ml）	—	0.10
37℃水浴保温 20 分钟		
0.4mol/L NaOH（ml）	5.00	5.00

混匀，室温静置 10 分钟，用 520nm 波长比色，以对照管调零读取测定管的吸光度，然后从标准曲线查出 ALT 的活性单位。

【临床意义】

肝细胞中含 ALT 最丰富，因此当肝脏疾病致肝细胞受损伤时，ALT 即大量释放入血液，致使血清中 ALT 活性增高。测定 ALT 是检查肝功能的重要指标之一。ALT 显著增高见于各种急性肝炎及药物中毒性肝细胞坏死，中等程度增高见于肝癌、肝硬化、慢性肝炎及心肌梗死，轻度增高则见于阻塞性黄疸及胆道炎等疾病。骨骼肌损伤、多发性肌炎亦可引起转氨酶活性升高。

【思考题】

1. 血清中丙氨酸转氨酶的测定有何临床意义？
2. 血清丙氨酸转氨酶的测定有何注意点？为什么要避免溶血？

（薛　恺）

实验二十四　纸层析法鉴定转氨酶的转氨基作用

【基本原理】

转氨基作用广泛地存在于机体各组织器官中，是体内氨基酸代谢的重要途径。氨基酸反应时均由专一的转氨酶催化，此酶催化氨基酸的α-氨基转移到另一α-酮基酸上。各种转氨酶的活性不同，其中肝脏的谷丙转氨酶（glutamic pyruvic transaminase，GPT）又称丙氨酸转氨酶（alanine transaminase，ALT）活性较高，它催化如下反应：

$$\alpha\text{-酮戊二酸} + \text{丙氨酸} \xrightleftharpoons{\text{GPT}} \text{谷氨酸} + \text{丙酮酸}$$

本实验以丙氨酸和α-酮戊二酸为底物，加肝匀浆保温后，用纸层析法检查谷氨酸的出现，以证明转氨基作用。

纸层析属于分配层析。以滤纸为支持物，滤纸纤维与水亲和力强，能吸收20%~22%的水。而且其中6%～7%的水是以氢键形式与纤维素的羟基结合，在一般情况下很难脱去，而滤纸纤维与有机溶剂的亲和力甚弱。所以纸层析是以滤纸纤维结合水作为固定相，以有机溶剂作为流动相。在用纸层析法分离氨基酸时，由于各种氨基酸在此二相中的分配系数不同，各有一定的迁移率。极性弱的氨基酸，易溶于有机溶剂即分配系数小，随流动相移动较快，R_f值大；而极性强的氨基酸相反，据此可以分离鉴定氨基酸。

本实验用圆滤纸进行水平型层析，除待测液外，还有对照液和标准液，层析后用茚三酮法显色，观察色斑，判定结果。

【器材】

玻璃匀浆器、离心管、10ml 试管、培养皿、表面皿、沸水浴锅、37℃恒温水浴箱、10cm 圆滤纸、吹风机、手术剪刀。

【试剂】

1. 0.01mol/L pH 7.4 磷酸盐缓冲液　0.2mol/L Na_2HPO_4溶液 81ml 与 0.2mol/L NaH_2PO_4溶液 19ml 混匀，用蒸馏水稀释 20 倍。

2. 0.1mol/L 丙氨酸溶液　称取丙氨酸 0.891g，先溶于少量 0.01mol/L pH 7.4 磷酸盐缓冲液中，以 1.0mol/L NaOH 仔细调至 pH 7.4 后，加磷酸盐缓冲液至 100ml。

3. 0.1mol/L α-酮戊二酸　称取α-酮戊二酸 1.461g，先溶于少量 0.01mol/L pH 7.4 磷酸盐缓冲液中，以 1.0mol/L NaOH 仔细调至 pH 7.4 后，加磷酸盐缓冲液至 100ml。

4. 0.1mol/L 谷氨酸溶液　称取谷氨酸 0.735g，先溶于少量 0.01mol/L pH 7.4 磷酸盐缓冲液中，以 1.0mol/L NaOH 仔细调至 pH 7.4 后，加磷酸盐缓冲液至 50ml。

5. 0.5%茚三酮溶液　称取茚三酮 0.5g 于 100ml 丙酮中溶解。

6. 层析溶剂　酚∶水=4∶1（V/V）混匀备用。现用现配。

【操作步骤】

1. 匀浆制备　取新鲜动物肝 0.5g，剪碎后放入匀浆器，加入冷 0.01mol/L pH 7.4 磷酸盐缓冲液 1.0 ml，迅速研成匀浆，用上述缓冲液 3.5ml 混匀备用。

2. 酶促反应过程

（1）取离心管两支，编号：1（测定管）、2（对照管），各加肝匀浆 0.5ml。把对照管放沸水浴中加热 5 分钟，取出冷却。

（2）各加 0.1mol/L 丙氨酸 0.5ml，0.1mol/L α-酮戊二酸 0.5ml，0.01mol/L pH 7.4 磷酸盐缓冲液 1.5ml，摇匀。

（3）37℃保温，1 小时后取出。

（4）把测定管放沸水浴中煮 5 分钟，取出后冷却。

（5）两管皆离心 2000r/min 5 分钟，把上清液分别移入小试管中，标清管号，供层析用。

3. 层析　把手洗净，操作中尽可能少用手接触滤纸，以免污染。

（1）取圆形滤纸一张（直径 10cm）放洁白纸上，以圆点为中心约 1 cm 为半径，用铅笔划一圆线作为基线，在线上四等份处标清四点编号作为点样原点（图 5-3）。

（2）点样：用四根毛细玻璃管分别进行点样。把丙氨酸液、谷氨酸液分别点在原点 2、4 处。把测定液、对照液分别点在原点 1、3 处。具体方法是用毛细玻璃管吸取少量液体，点到滤纸点上。注意点样点不宜过大（应在直径 0.4cm 以下）。如果测定液中氨基酸浓度低时，可在第一次点样点干后，再在原处同样点 1～2 次。

（3）层析：先在滤纸圆心处打一小孔（铅笔芯粗细），再取同样滤纸一条（约 1cm×2.5cm）卷成捻如灯芯状，上端插入滤纸中心孔中。

（4）把层析溶剂（酚∶水=4∶1 溶液）数毫升放入干燥的直径约 5cm 的表面皿内。把此皿放在直径 10cm 的培养皿中。

（5）把滤纸平放在上述培养皿上，使纸芯下浸入酚液中，盖上培养皿盖（图 5-4）。可见酚液沿纸芯上升到滤纸中心，渐向四周扩散。当酚液前缘到离滤纸边缘约 1cm 时（约 30～50 分钟），取出滤纸，用镊子小心取下纸芯，并用吹风机吹干滤纸。

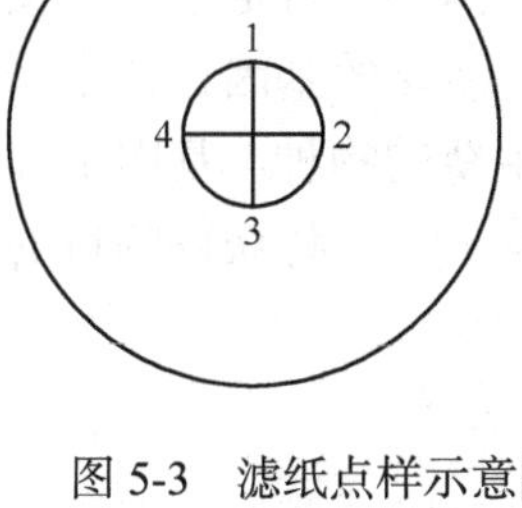

图 5-3　滤纸点样示意图

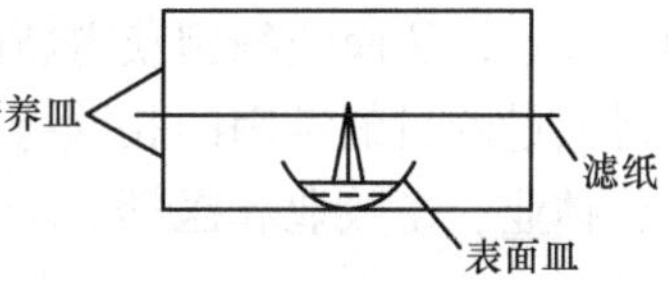

图 5-4　纸层析装置

4. 显色图　用喷雾器向上述滤纸均匀喷上 0.5%茚三酮溶液，用吹风机热风吹干，可见出现同心弧状色斑，用铅笔圈下各色斑。比较各色斑的位置及颜色深浅，并按下列公式计算各色斑的 R_f 值，以此判定结果。

$$R_f = \frac{\text{溶质层析点中心到原点中心的距离}(X)}{\text{溶剂前缘到原点中心的距离}(Y)}$$

【注意事项】

1. 层析点样时手要洗净，操作中尽可能少量接触滤纸，以免污染。
2. 点样点不宜过大，直径小于 0.4cm。

【思考题】

1. 谷丙转氨酶和谷草转氨酶在什么情况下发生异常变化？它们的临床意义是什么？
2. 本实验层析过程中哪一种氨基酸距离原点最远？为什么？
3. 影响 R_f 值的因素有哪些？

（薛　恺）

第六章　分子生物学基本实验技术

第一节　基因工程基本技术

20 世纪 70 年代以来，分子生物学相关技术的出现深刻影响了疾病发生和发展机制的研究以及医学诊断、治疗和预防等方法的建立。基因工程是生物学中最主要的研究方法之一。

一、基因工程技术基本原理

（一）概念和目的

基因工程（gene engineering）又称为重组 DNA 技术（recombinant DNA technology）或分子克隆（molecular cloning），是指用生物化学方法，在体外将特定基因（又称目的基因）与载体重新组合连接，通过转化（或转染）宿主细胞，使目的基因在特定受体细胞中进行复制和表达，从而使细胞获得新的遗传性状，甚至产生新的物种。基因工程技术的目的一是获得大量的目的基因的相同拷贝，以分析基因的结构；二是将获得的目的基因用于发展农业、林业、畜牧业和医学。

（二）基因工程常用工具酶

1. 限制性核酸内切酶　限制性核酸内切酶（restriction endonuclease）是一类能够识别和切割双链 DNA 分子内部特定核苷酸序列的核酸酶，简称限制性内切酶。是体外 DNA 重组技术常用的工具酶。

限制性内切酶主要分为Ⅰ、Ⅱ、Ⅲ型，体外 DNA 重组主要用Ⅱ型限制性内切酶，它可以识别长度为 4～6 个特定核苷酸序列，多属于二重对称回文序列，即同一条单链以中心轴对折可形成互补序列的双链。限制性内切酶如在对称处同时切割 DNA 双链，则可以产生平末端；如在对称轴两侧相类似位置切割，则产生带有单链突出的黏性末端。

2. DNA 连接酶　DNA 连接酶（DNA ligase）催化两个 DNA 片段通过 3′，5′-磷酸二酯键连接。在重组 DNA 技术中最常用的是 T4 DNA 连接酶，连接外源基因与载体，它的效率高，既可以连接黏性末端也可以连接平末端。

3. DNA 聚合酶　DNA 聚合酶用以催化以 DNA 或 RNA 为模板合成新的 DNA 的反应，用于基因工程中体外合成 DNA。经常用到的 DNA 聚合酶包括：大肠埃希菌 DNA 聚合酶Ⅰ，Klenow 酶，*Tag* DNA 聚合酶以及逆转录酶等，它们都能够连续的在 DNA 分子的 3′-OH 末端加上脱氧核糖核苷酸。Klenow 酶是大肠埃希菌 DNA 聚合酶Ⅰ全酶经过枯草杆菌蛋白酶处理后产生的大片段分子，具有 5′→3′聚合酶活性和 3′→5′外切酶活性。

逆转录酶又称 RNA 指导的 DNA 聚合酶，能够以 RNA 为模板合成与其互补的 DNA 链（cDNA），逆转录酶主要用在 RT-PCR 中以检测基因表达。

（三）载体

载体（vector）是基因工程中携带目的基因进入宿主细胞进行扩增和表达的工具。作为基因工程中使用的载体必须符合以下条件：①具有自主复制能力，以保证重组体在宿主细胞内扩增；②具有较多拷贝数，且便于与宿主细胞基因组 DNA 分离；③有一个或多个限制性内切酶的单一酶切位点以利于目的基因的插入；④有一个或多个筛选标记（如抗生素、显示表型反应等）用于筛选正确的重组体；⑤分子量相对较小，且能够接纳较大的目的基因。目前常用的基因工程载体有质粒、噬菌体和病毒等。

1. 质粒　质粒（plasmid）是游离于细菌染色体外的、具有自我复制能力的双链环状 DNA 分子，其大小通常在 1～500kb 之间（图 6-1）。质粒具有自主复制和转录能力，能在子代细胞中保持恒定的拷贝数，并表达所携带的遗传信息。基因工程常用质粒多是经过改造或人工构建的，常含抗生素抗性基因，是重组 DNA 技术中重要的工具。与天然质粒相比，质粒载体通常带有一个或一个以上的选择性标记基因（如抗生素抗性基因）和一个人工合成的含有多个限制性内切酶识别位点（多克隆位点），并去掉了大部分非必需序列以减少分子量，便于基因工程操作。质粒载体带有一些辅助序列，用于鉴定重组克隆、产生单链 DNA 用于序列测定、体外转录外源 DNA 序列、鉴定片段的插入方向、外源基因的大量表达等。

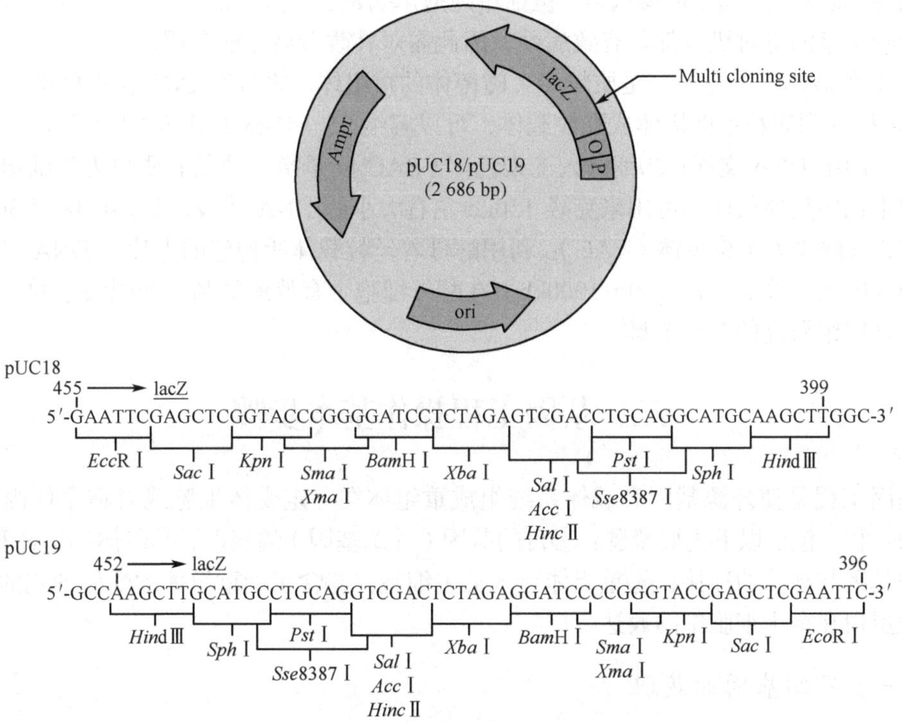

图 6-1　pUC18/pUC19 质粒图谱

2. 噬菌体　噬菌体（phage）是感染细菌、真菌等微生物的细菌病毒的总称，它依赖于细菌生长和复制。噬菌体可以将外源目的基因插入宿主 DNA 内已成为重要的基因工程研究工具。噬菌体主要由 DNA 分子和外壳蛋白两部分组成（图 6-2）。其 DNA 部分最常见的是双链环状 DNA，含有复制起始位点和编码多种蛋白质的基因。常用的噬菌体载体

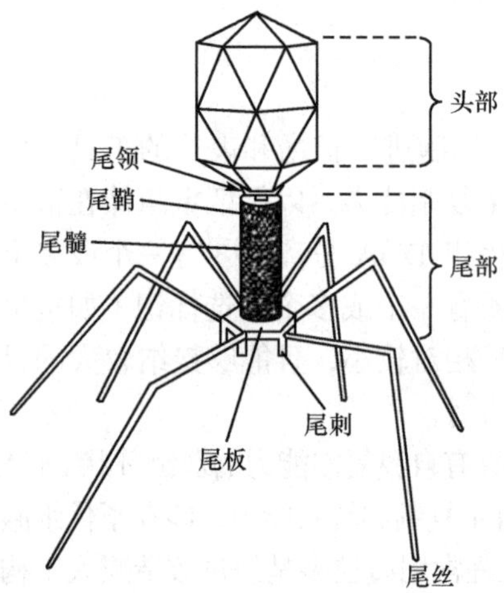

图 6-2 噬菌体结构示意图

包括 λ 噬菌体和 M13 噬菌体等。

λ 噬菌体是一种中等大小的温和的大肠埃希菌双链 RNA 噬菌体，可容纳 5～25kb 的目的基因片段。根据构建原理，λ 噬菌体可以分成两种不同类型：一种是插入型载体，只具有一个可供外源 DNA 插入的克隆位点；另一种是替换型载体，具有成对的克隆位点，两个位点之间的 λDNA 区段可以被外源插入的 DNA 片段所取代。

M13 噬菌体是一类特异的雄性大肠埃希菌噬菌体，基因组为一长度 6.4kb 的且彼此同源性很高的单链闭环 DNA 分子。M13 噬菌体是一种非溶菌的噬菌体。作为克隆载体，可以通过质粒提取技术在细菌培养物中获取，主要用于克隆单链 DNA。

3. 病毒　以人工改造的病毒（virus）DNA 作为基因进入细胞的运输工具称为病毒载体。它能与细胞的表面受体相互识别把外源基因转入靶细胞内。病毒具有一些独特的性质，如：多数病毒可感染特异的细胞，在细胞内不易被降解等，因此病毒载体是良好的基因转运体，也逐渐被广泛利用。目前已被用作载体的病毒有腺病毒、腺相关病毒、疱疹病毒（包括单纯疱疹病毒、痘苗病毒及 EB 病毒）、慢病毒等。大多数野生型病毒对机体都具有致病性，因此需对其改造后才能利用。

4. 其他载体　①黏粒：是质粒和 λ 噬菌体的重组体。将含有 COS 位点的部分 λ 噬菌体 DNA 插入到质粒中即构建成黏粒载体，可以容纳 35～45kb 的外源 DNA 片段，主要用于构建基因组 DNA 文库；②细菌人工染色体（BAC）：是指一种以 F 质粒为基础构建而成的细菌染色体克隆载体，可用来克隆 150kb 左右大小的 DNA 片段，最多可保存 300kb 个碱基对；③酵母人工染色体（YAC）：利用酵母着丝粒载体所构建的大片段 DNA 克隆，可携带插入的大片段 DNA（100～1000kb）在酵母细胞中有效地复制，如同微小的人工染色体，是基因组研究的有用工具。

二、基因工程操作基本步骤

基因工程是使外源基因和载体系统组成重组体在一定受体细胞或者宿主体内复制和表达的过程。包括以下主要步骤：①目的基因（外源基因）的获取；②载体的选择和构建；③目的基因与载体的连接；④重组体导入宿主细胞；⑤含正确重组体的受体细胞的筛选；⑥目的蛋白在宿主细胞中的表达。

（一）目的基因的获取

目的基因，即需要克隆的基因。获取途径主要有以下几种：

1. 化学合成法　已知基因序列，利用 DNA 合成仪直接合成目的基因。一般合成的目的基因片段较小，多用于 PCR 引物、测序引物、定点突变、合成杂交探针等。

2. 基因组 DNA 文库　分离组织或细胞的染色体 DNA，用限制性核酸内切酶随机切割成许多片段（其中含有感兴趣的基因），将它们与适当的载体连接成重组体，然后全部导入宿主细胞中保存，即为基因组文库。可对目的基因从文库中筛选。

3. cDNA 文库　以 mRNA 为模板，利用逆转录酶合成与 mRNA 互补的 DNA 链，即 cDNA，扩增后与适当载体连接导入宿主细胞，便获得 cDNA 文库。采用适当的方法如探针技术便可筛选出感兴趣的目的基因。

4. 聚合酶链反应（PCR）　是一种特殊的体外获得同一种特异 DNA 或 cDNA 大量拷贝的技术（见本章第二节）。利用人工合成的特异的引物和 *Taq* DNA 聚合酶，以已知序列为模板扩增出感兴趣的目的基因片段。

（二）基因载体的选择和构建

根据目的基因的特性，选择合适的载体（注意选择原则，见前述）。载体的选择和构建是一门极具技术性的工作。目的不同、目的基因性质不同，载体的选择和改建方法也不同。

（三）目的基因与载体的连接

通过 DNA 连接酶将目的基因与选择或构建好的载体连接在一起，也叫作 DNA 的体外重组过程。根据目的基因末端的性质、载体及目的基因上的酶切位点，主要连接方式包括：黏末端连接（图 6-3）、平末端连接（图 6-4）、同聚物加尾连接和人工接头连接。

（四）重组体导入到宿主细胞

目的 DNA 与载体在体外连接后构成重组体，须通过各种方法使外源重组体导入宿主细胞内，根据载体和宿主细胞的不同，导入的方法可选择转化、转染、转导和感染等不同方式。

1. 转化　由于外源 DNA 的进入而使细胞遗传性改变称为转化（transformation）。转化时，选择适当的受体菌后，受体菌需要经过特殊处理，使之处于最适摄取和容纳重组体的状态，即感受态，再与外源 DNA 接触，就能提高转化效率。例如大肠埃希菌经冰冷 $CaCl_2$ 的处理，

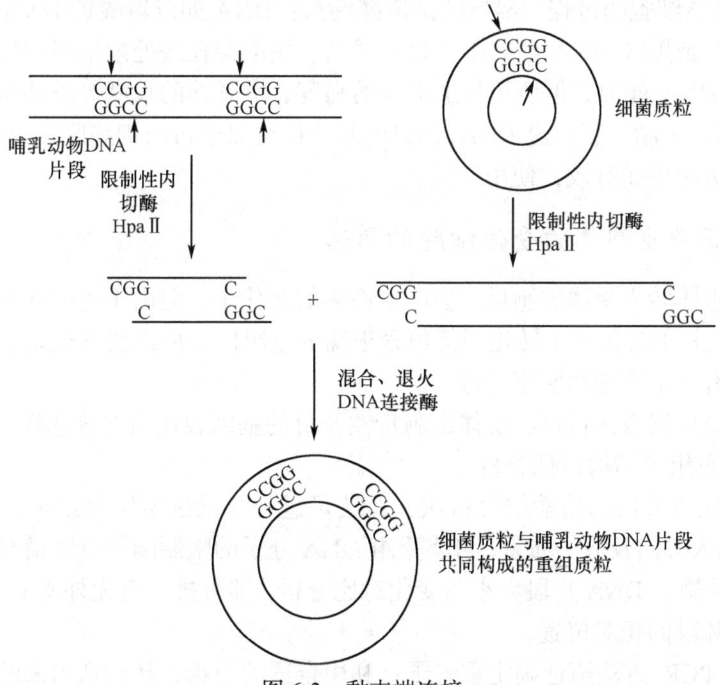

图 6-3　黏末端连接

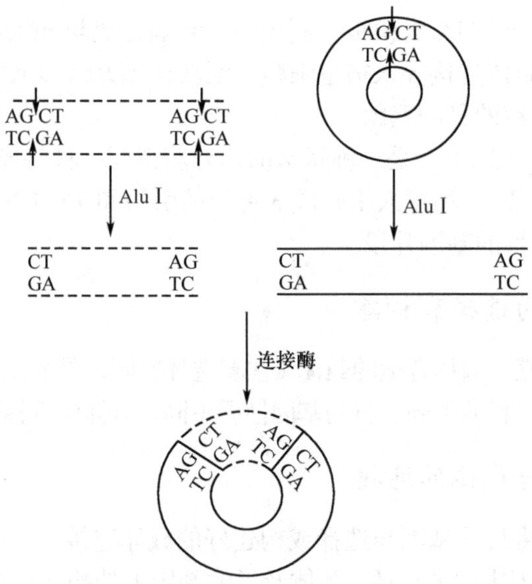

图 6-4　平末端连接

就制备成为感受态细菌，当加入重组质粒并突然由 4℃转入 42℃作短时间处理，质粒 DNA 就能进入细菌；如用高电压脉冲短暂作用于细菌也能显著提高转化效率，称为电穿孔转化法。

2. 感染　用经人工改造的病毒作载体，以病毒 DNA 与目的基因序列重组后，在体外将重组 DNA 包装成有活力的病毒颗粒，病毒携带目的基因进入宿主细胞的过程就是感染（infection）。操作相对麻烦，但效率较高。

3. 转导　转导（transduction）特指利用噬菌体携带目的基因进入宿主细菌的过程。

4. 转染　对于真核生物，转染（transfection）就是原核生物中转化的同义词。指外源 DNA 进入真核细胞的过程。经典的是磷酸钙法：DNA 如以磷酸钙-DNA 共沉淀物形式出现时，培养细胞摄取 DNA 的效率会显著提高。用电穿孔法处理培养的哺乳类细胞也能提高细胞摄取 DNA 能力，但所用外加电场的强度、电脉冲的长度等条件与处理细菌者都很不相同。利用人工脂质膜包裹 DNA，形成的脂质体可以通过与细胞膜融合而将重组 DNA 导入细胞，方法简单而有效，使用广泛。

（五）含正确重组体的受体细胞的筛选

当一个重组体转入受体细胞后，会产生许多的转化子，但由于重组率和转化率不能达到 100%，所以并不是每一个转化子都包含正确的重组体，所以要筛选出含有目的基因的重组体就必须有一个筛选和鉴定的过程。

筛选方法应根据载体特点、受体细胞特性及目的基因表达情况等选择。

1. 依赖于重组子结构特征分析

（1）限制性核酸内切酶酶解分析法：此法可进一步筛选鉴定重组子，且能判断外源 DNA 片段的插入方向及分子质量，可将重组 DNA 分子的限制酶切点图谱与空载体图谱作对比，根据各种酶切 DNA 片段大小及变化对比分析，即可推测有无外源 DNA 的插入，并确定出各插入片段的相对位置。

（2）利用 PCR 方法筛选确定重组子：利用合适的引物，从初选出来的阳性克隆（即可能的重组子）中分别提取质粒作为模板进行相应 PCR 反应，通过对 PCR 产物的电泳分析来确定是否含有目的基因以判定是否为重组体。

（3）DNA 序列测定：为了确证目的基因序列的正确性，必须对经过筛选的重组体 DNA 进行序列测定

2. 抗药性标志选择　如果载体上含有某种抗药基因，如有抗四环素抗性基因（Tet^r）、抗氨苄西林抗性基因（Amp^r）、抗卡那霉素抗性基因（Kan^r）等，当带有完整抗性基因的质粒携带目的基因进入宿主后，细胞就具备了相应的抗生素抗性，如果在筛选平板的培养基中加入相应抗生素，则只有含质粒的细胞才能生长。这种方法只能证明细胞中已经有质粒存在，但无法保证质粒中已经携带了目的基因。为了防止误差，常采用插入缺失方法，同一质粒常有两种抗药性基因，在体外重组时将目的 DNA 插入到其中一个抗性基因中，使其失活，这样得到的宿主便可在含另一抗生素的培养基中存活，但在两种抗生素都加入的平板上则不能生长，这种菌株筛选出来，就能保证细胞中的重组质粒确实已经插入了目的基因。

3. 显色反应筛选法　显色反应可以在平板上直接显示出重组克隆，方便而且灵敏。如：在某些载体如 pUC 质粒系列、pGEM 质粒系列上都携带 *lac*Z 基因一段序列，它编码 β-半乳糖苷酶的 α 肽，而宿主细胞为 *lacZ*ΔM15 的突变株。当将上述质粒载体的转化细胞培养在含有 X-gal-IPTG 平板中，由于基因内互补作用，产生有生物活性的 β-半乳糖苷酶，把培养基中的无色 X-gal 分解成半乳糖和呈蓝色的 5-溴-4 氯-靛蓝，使菌落呈蓝色。若将外源 DNA 插入到载体上 *lac*Z 序列中，使 α-肽基因失活失去 α-互补作用，这样的重组体转化细胞培养在含有 X-gal-IPTG 平板上，菌落无色（即蓝白斑筛选法）。这种显色反应即可挑选出含有外源 DNA 的阳性克隆

4. 报告基因　报告基因是某种生物的特定基因，装配在载体上成为载体结构的一部分，具有指示的功能。与抗药性基因相比，报告基因作为筛选方法有更高的灵敏度和准确性，在基因工程中的重要性要大得多。

报告基因的表达产物易被检测，因为受体细胞本身没有这种内源性产物。通过快速测定，“报告”外源基因是否已经重组到载体中，判断外源基因是否已成功地导入宿主细胞或是否表达。如绿色荧光蛋白报告基因表达的产物绿色荧光蛋白（GFP），在激发光源下显示为绿色，可以直接在荧光显微镜下观测。因此报告基因产物常作为直接观察载体活动的指示分子。

（六）目的蛋白在宿主细胞中的表达

经过上述过程可以获得特异序列的重组 DNA 分子，即基因克隆。然而使目的基因在宿主细胞体内进行表达，实现科学研究、医学或商业的目的才是基因工程的最终目标。因此就需要利用表达载体使目的基因在原核或者真核表达体系中表达目的基因的产物。在蛋白质表达领域，表达体系的建立包括表达载体的构建、受体细胞的建立以及表达产物的分离、纯化等技术和策略。

原核表达体系培养方法简单、迅速、经济，且适合大规模生产工艺，但是由于其缺乏转录后和翻译后加工机制，表达的真核蛋白不能进行适当的折叠和糖基化等修饰，所以不宜表达真核基因组 DNA。

真核表达体系除了与原核表达体系相似外，常含有特殊的序列，如转录翻译终止信号、mRNA 加 polyA 信号，染色体整合位点等。

第二节　聚合酶链反应

聚合酶链反应（polymerase chain reaction，PCR），又称无细胞克隆技术，是一种对特定的 DNA 片段在体外进行快速扩增的方法。该方法操作简便，在数小时内可使几个拷贝的模板序列甚至一个 DNA 分子扩增 10^7～10^8 倍，大大提高了 DNA 的得率，已广泛应用到分子生物学研究的各个领域。

一、基 本 原 理

PCR 是体外酶促合成特异 DNA 片段的方法，主要由高温变性、低温退火和适温延伸三个步骤反复的热循环构成：即在高温（95℃）下，待扩增的靶 DNA 双链受热变性成为两条单链 DNA 分别作为模板；而后在低温（40～60℃）情况下，使人工合成的寡核苷酸引物与互补的单链 DNA 模板结合，形成部分双链；在 *Taq* DNA 聚合酶的最适温度（72℃）下，以引物 3′端为起点，以单核苷酸为原料，沿模板以 5′→3′方向延伸，合成 DNA 新链。这样，每一双链的 DNA 模板，经过一次变性、退火、延伸三步循环后就增加一倍双链 DNA 分子。如此反复循环，所产生的 DNA 均能成为下一次循环的模板，使两条人工合成的引物间的 DNA 特异区拷贝数得以 2^n 的指数形式迅速扩增，经过 25～30 个循环后，理论上可使基因扩增 10^9 倍以上，实际上一般可达 10^7～10^8 倍（图 6-5）。

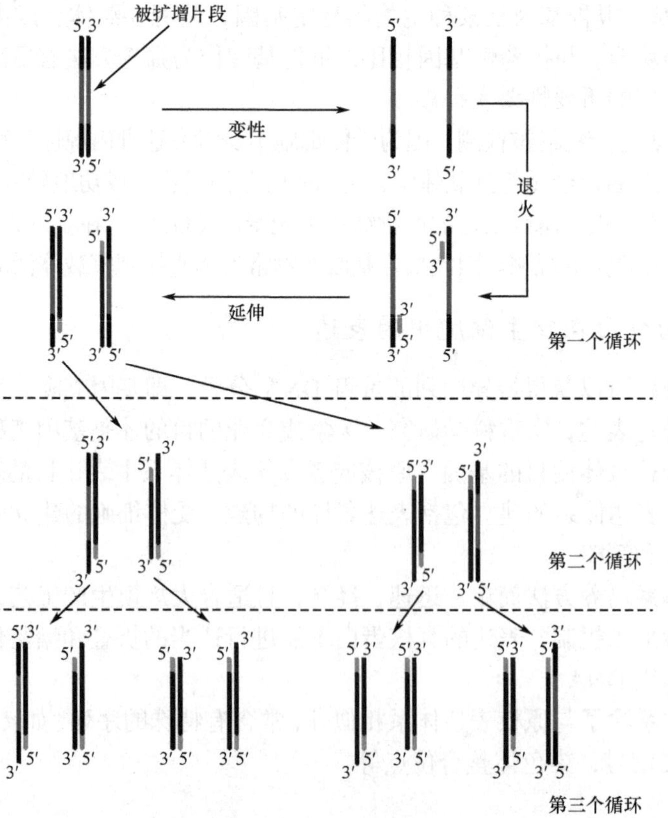

图 6-5　PCR 基本原理

二、PCR 反应体系与反应条件

经过人们的实践，已经总结出标准的 PCR 反应体系中各个组分，为人们优化 PCR 反应条件提供了参考（表 6-1）。

表 6-1 标准 PCR 反应体系组分及浓度范围（总体系 50μl）

组分	各组分终浓度
10×PCR 缓冲液	1×
$MgCl_2$（25mmol/L）	1～5mmol/L
4 种 dNTP 混合物	各 200μmol/L
上游引物	10～100pmol
下游引物	10～100pmol
模板 DNA	0.1～2μg
Taq DNA 聚合酶	0.5～2.5U
无菌超滤水	补足体系至 50μl

（一）PCR 反应五要素

参加 PCR 反应的物质主要有五种即引物、酶、dNTP、模板和 Mg^{2+}。

1. 引物　引物是 PCR 反应特异性的关键，已知模板 DNA 序列，就能按其设计与模板 DNA 互补的寡核苷酸链做引物，利用 PCR 就可将模板 DNA 在体外大量扩增。

引物设计应遵循以下原则：

（1）引物长度：15～30bp，常用为 20bp 左右。

（2）引物扩增跨度：以 200～1000bp 为宜，特定条件下可扩增长至 10Kb 的片段。

（3）引物碱基：G+C 含量以 40%～60%为宜，G+C 太少扩增效果不佳，G+C 过多易出现非特异条带。碱基最好随机分布，避免嘌呤或嘧啶核苷酸的成串排列。

（4）避免引物内部出现二级结构，避免两条引物间互补，特别是 3′端的互补，否则会形成引物二聚体，产生非特异的扩增条带。

（5）引物 3′端的碱基，应严格与模板配对以保证扩增特异性。

（6）引物 5′端可以游离，因此 5′端可加上合适的酶切位点，使扩增后靶序列有适宜克隆连接的黏性末端。

（7）引物的特异性：引物应与核酸序列数据库的其他序列无明显同源性（计算机软件分析）。

2. 酶及其浓度　目前有两种 *Taq* DNA 聚合酶供应，*Taq* 酶可以耐高温不易因模板变性而失活。催化一典型的 PCR 反应约需酶量 2.5U（指总反应体积为 50μl 时），浓度过高可引起非特异性扩增，浓度过低则合成产物量减少。

3. 底物 dNTP 的质量与浓度　dNTP 的质量与浓度和 PCR 扩增效率密切相关，dNTP 溶液呈酸性，常−20℃冰冻保存。多次冻融会使 dNTP 降解。在 PCR 反应中，dNTP 浓度应为 50～200μmol/L。

4. 模板　模板 DNA 的量与纯化程度，是 PCR 成败与否的关键环节之一，传统的 DNA

纯化方法通常采用 SDS 和蛋白酶 K 来消化处理标本。SDS 溶解细胞膜上的脂类与蛋白质，溶解膜蛋白而破坏细胞膜，并解离细胞中的核蛋白。蛋白酶 K 能水解消化蛋白质，特别是与 DNA 结合的组蛋白，再用有机溶剂酚与氯仿抽提去掉蛋白质和其他细胞组分，用乙醇或异丙醇沉淀核酸。提取的核酸即可作为模板用于 PCR 反应。

5. Mg^{2+}浓度　Mg^{2+}对 PCR 扩增的特异性和产量有显著的影响，在一般的 PCR 反应中，各种 dNTP 浓度为 200μmol/L 时，Mg^{2+}浓度为 1.5～2.0mmol/L 为宜。Mg^{2+}浓度过高，反应特异性降低，出现非特异扩增，浓度过低会降低 *Taq* DNA 聚合酶的活性，使反应产物减少。

（二）PCR 反应条件的选择

PCR 反应条件为温度、时间和循环次数。

1. 温度与时间的设置　基于 PCR 原理三步骤而设置变性-退火-延伸三个温度点。双链 DNA 在 90～95℃变性解链，再迅速冷却至 40～60℃，使引物退火并结合到靶序列上，然后快速升温至 70～75℃，在 *Taq* DNA 聚合酶的作用下，使新链沿模板延伸形成。

（1）变性温度与时间：变性温度 93～94℃，过低解链不完全导致 PCR 失败。一般变性 1 分钟足以使模板解链。

（2）退火（复性）温度与时间：退火温度是影响 PCR 特异性最为重要的因素。变性后温度快速冷却至 40～60℃，可使引物和模板发生结合。由于模板 DNA 比引物复杂得多，引物和模板之间的碰撞结合机会远远高于模板互补链之间的结合概率。退火温度与时间，取决于引物的长度、碱基组成及其浓度，还有靶基序列的长度。对于 20 个核苷酸，G+C 含量约 50% 的引物，55℃为退火温度的起点较为理想。引物的复性温度可通过以下公式确定：

$$T_m\text{值（解链温度）}=4（G+C）+2（A+T）$$

$$\text{退火温度}=T_m\text{值}-（5\sim10℃）$$

在 T_m 值允许范围内，选择较高的复性温度可大大减少引物和模板间的非特异性结合，提高 PCR 反应的特异性。复性时间 30～60 秒，足以使引物与模板之间完全结合。

（3）延伸温度与时间：PCR 反应的延伸温度一般选择在 70～75℃，常用 72℃。PCR 延伸反应的时间，可根据待扩增片段的长度而定，原则上以每秒延长 25 个碱基计算延伸时间，但应考虑升降温时间。一般 1kb 以内的 DNA 片段，延伸时间 1 分钟是足够的。3～4kb 的靶序列需 3～4 分钟；扩增 10kb 需延伸至 15 分钟。

2. 循环次数　循环次数决定 PCR 扩增程度。PCR 循环次数主要取决于模板 DNA 的浓度。循环次数越多，非特异性产物的量亦随之增多。

三、其他 PCR 衍生技术

（一）逆转录 PCR（RT-PCR）

RT-PCR 是将 RNA 的逆转录（RT）和逆转录产物 cDNA 的聚合酶链式扩增（PCR）相结合的技术。RT-PCR 可用于检测细胞中基因表达水平，细胞中 RNA 病毒的含量和直接克隆特定基因的 cDNA 序列。总 RNA、mRNA 或体外转录的 RNA 产物都可以逆转录作为 RT-PCR 的模板。RNA 制备关键是确保制备体系中无 RNA 酶和基因组 DNA 的污染。以

RT-PCR 技术分析基因表达时应注意内参基因的选择与使用并对比分析。

（二）实时定量 PCR

实时定量 PCR 技术，是指在 PCR 反应体系中加入荧光基团，利用荧光信号积累实时监测整个 PCR 进程，最后通过标准曲线对未知模板进行定量分析的方法。荧光定量 PCR 所使用的荧光化学可分为两种：荧光探针和荧光染料。现将其原理简述如下：

1. TaqMan 荧光探针　PCR 扩增时在加入一对引物的同时加入一对特异性的荧光探针，该探针两端分别标记一个报告荧光基团和一个淬灭荧光基团。探针完整时，报告基团发射的荧光信号被淬灭基团吸收；探针设计一般在欲扩增片段中心位置。PCR 扩增时，*Taq* 酶的外切酶活性酶切降解探针，使报告荧光基团和淬灭荧光基团分离，荧光监测系统可接收到荧光信号，即每扩增一次 DNA 链，就会有一个荧光分子形成，实现了荧光信号的累积与 PCR 产物形成同步进行（图 6-6），并与计算机连接以完成实时监控。

2. SYBR 荧光染料　在 PCR 反应体系中，加入 SYBR 荧光染料，SYBR 荧光染料与 EB 机制相同，可特异性地掺入 DNA 双链，并发射荧光信号，荧光信号的增加与 PCR 产物的增加同步进行（图 6-7），用计算机实时监测。

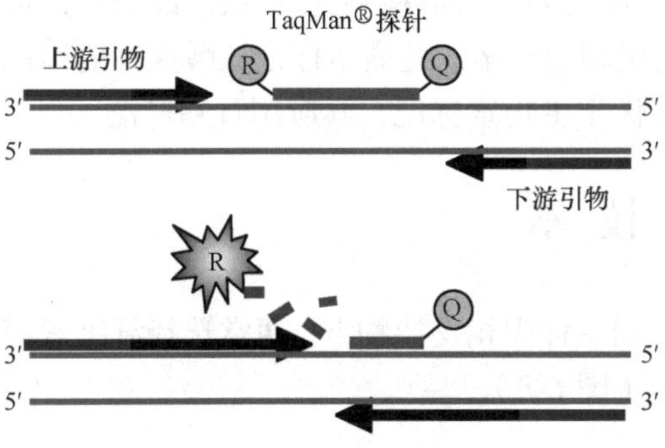

图 6-6　荧光探针

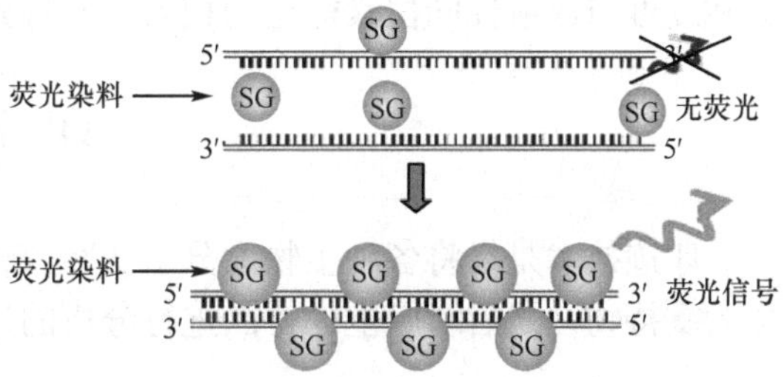

图 6-7　荧光染料

3. 原位 PCR　原位 PCR 是在福尔马林固定、石蜡包埋的组织切片或细胞涂片上的单个细胞里进行的 PCR 反应，它结合了具有细胞定位能力的原位杂交和高度特异敏感的 PCR 技术的优点，是科研与临床诊断领域里的一项有较大潜力的技术。原位 PCR 既能分辨鉴定带有靶序列的细胞，又能标出靶序列在细胞内的位置，在分子和细胞水平上研究疾病的发病机理和临床过程及疾病的转归有重大的实用价值。

四、PCR 应用

PCR 主要应用在目的基因的克隆、基因体外突变、DNA 和 RNA 的痕量分析、DNA 序列测定及基因突变分析等方面，RT-PCR 多用于基因表达水平的分析。

第三节　核酸分子杂交

核酸的分子杂交是定性或定量检测特异 RNA 或 DNA 序列片段的有效工具。其基本原理就是应用核酸分子的变性和复性的性质，使来源不同的DNA（或RNA）片段，按碱基互补关系形成杂交双链分子。在碱性环境中加热或加入变性剂等条件下，双链DNA之间的氢键被破坏（变性），双链解开成两条单链。这时加入异源的DNA或RNA（单链）并在一定离子强度和温度下保温（复性），若异源DNA或RNA之间的某些区域有互补的碱基序列，则在复性时可形成杂交的核酸分子。因此杂交双链可以在DNA与DNA链之间形成，也可在RNA与DNA链之间形成。在分子杂交技术过程中主要涉及印迹技术和探针技术。

一、探针技术

若杂交的目的是识别靶分子中的特异核苷酸序列，就需要制备特定探针。探针是指特殊标记一般具有特定的序列的核酸分子，该片段能够检测待测核酸样品中是否含有与之互补的某种特定的基因片段。

核酸探针根据其来源及性质可分为基因组DNA探针、cDNA探针、RNA探针和人工合成的寡核苷酸探针等几类。

探针的标记物主要有放射性标记和非放射性标记两大类。放射性标记多用同位素作为标记物，^{32}P应用最普遍。放射性标记的优点是灵敏度高，可以检测到pg级。缺点是造成放射性污染，危害大。非放射性标记物多用生物素和地高辛。地高辛标记核酸探针的检测灵敏度可与放射性同位素标记的相当，而特异性优于生物素标记，其应用日趋广泛。

二、印迹技术

印迹技术是指将各种生物大分子从凝胶转移到一种固相支持物上，通常选择纤维素膜作为支持物，之后对膜上的样品进行分析的过程（图6-8）。

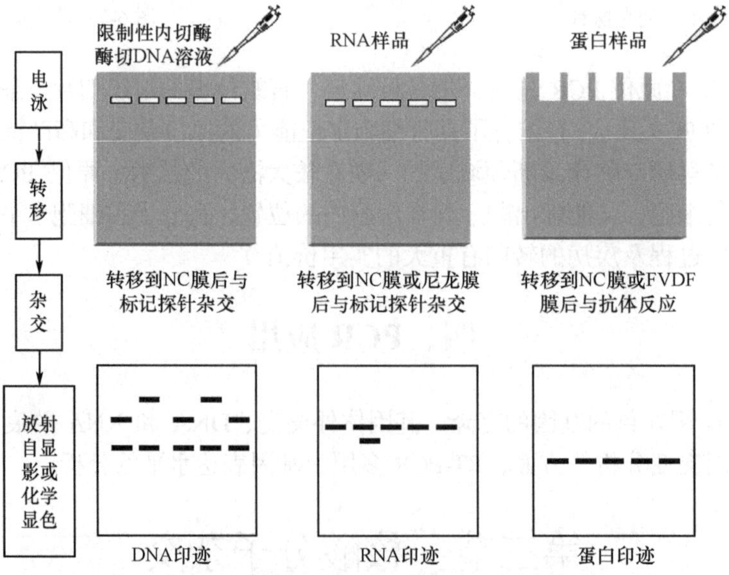

图6-8　DNA印迹、RNA印迹和蛋白质印迹示意图

由于这种技术类似于用吸墨纸吸收纸张上的墨迹，因此称为“blotting”，译为印迹技

术。这种生物大分子印迹技术发展极为迅速，广泛用于 DNA、RNA、蛋白质的检测。

1. DNA 印迹技术（southern blotting）DNA 印迹由 Edwen Southern 等首次应用，因而命名为 Southern Blotting 技术，是一种标记 DNA 分子来检测 DNA 的技术。待检测的 DNA 经限制性内切酶切割后，琼脂糖凝胶电泳分离、变性、转移到硝酸纤维素薄膜或尼龙膜上，固定，与标记物标记的探针进行反应，可检出待检物中与探针互补的序列。

DNA 印迹主要用于检测样品 DNA 及其含量，了解基因的状态，如是否有点突变、扩增重排等。

2. RNA 印迹技术（northern blotting）　将 RNA 变性及电泳分离后，转移到固相支持物上，用标记的 DNA 探针鉴定特定 RNA 分子的大小与含量。基本原理与 Southern 印迹相同，但 RNA 变性不能用碱变性，以免 RNA 的水解。

Northern 印迹主要用于组织细胞靶基因表达水平的研究，以及对同一组织细胞不同基因的表达水平进行比较，或对不同组织细胞间相同基因的表达水平进行比较。

3. 蛋白质印迹技术（western blotting）　蛋白质印迹法又称为免疫印迹法，这是一种利用抗原抗体免疫反应检测蛋白质表达的方法。与 Southern 或 Northern 印迹技术类似，首先是经聚丙烯酰胺凝胶电泳分离待测样品并将电泳后胶上的蛋白转印到膜上，之后用特异蛋白抗体与待测抗原结合，显色分析特定蛋白质的表达水平。

除了上述印迹技术外，还有其他的方法用于核酸或者蛋白质的检测分析。如：将样品直接加到 NC 膜上用于杂交检测的斑点印迹（也叫点杂交）；在组织切片或者细胞涂片上直接利用带有标记物的探针检测的原位杂交；另外，将大量已知序列的 DNA 芯片或已知的蛋白质直接固定在膜或者其他支持物上，用于高通量筛选检测细胞核组织中的样品的方法，称为 DNA 芯片或蛋白质芯片技术。

第四节　DNA 测序技术

DNA 是遗传信息的携带者，DNA 上的碱基序列蕴藏着全部的遗传信息，测定和分析 DNA 的碱基序列对于了解和认识遗传信息的本质，从而揭示各种遗传现象是十分重要的。目前应用的两种快速序列测定技术是 Sanger 等提出的酶法及 Maxam 等提出的化学降解法。

一、双脱氧链终止法

双脱氧链终止法（或称 Sanger 法）基本原理是：在 DNA 合成时，将 2′，3′-双脱氧核苷酸（ddNTP）加入到合成体系中，利用 ddNTP 与 dNTP 竞争加成到新生的 DNA 链上，使 DNA 链合成终止。即在 A、C、G、T 四个反应体系中，分别加入不同的 ddNTP，经酶促合成反应，生成具有相同的 5′末端，而 3′末端不同的 DNA 片段的混合物。经电泳分离，放射自显影，直接读出 DNA 的核苷酸序列（图 6-9）。双脱氧链终止法应用广泛、且简便、快速。事实上，目前大多数测序策略都是为 Sanger 法而设计的。

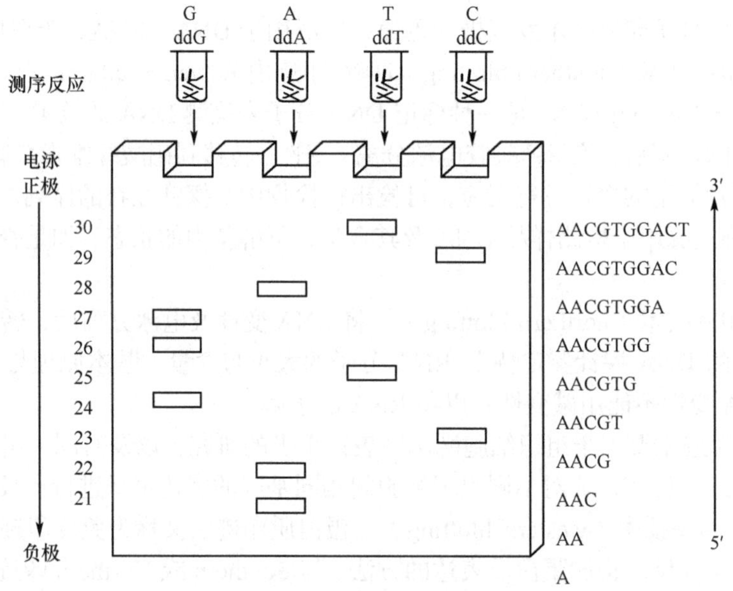

图 6-9 双脱氧链终止法测定 DNA 序列的原理示意图

二、Maxam-Gilbert DNA 化学降解法

这一方法基本原理是用化学试剂在 A、G、C、T 处特定地裂解 DNA 片段，产生一簇各种长度的短链（长度仅差一个核苷酸），经过 PAGE 和放射自显影后，可以直接读出 DNA 的顺序。其过程是：首先用放射性核素标记待测 DNA 一侧末端，然后将标记 DNA 分为 G、A+G、C+T、C 四个反应体系，接着用不同的化学试剂处理不同反应体系，随机断裂 DNA 片段某种碱基中的任何一个，产生一组一端为放射线标记的末端，另一端为不同大小的 DNA 片段的混合物，用电泳分离后，放射自显影得到互相错落的梯形图谱，即可读出 DNA 序列。

三、DNA 自动测序

DNA 序列测定实现自动化的基础是用不同荧光标记四种双脱氧核苷酸，然后进行 Sanger 测序反应，反应产物经电泳分离后，通过激光激发不同大小 DNA 片段上的荧光分子使之发射出四种不同波长荧光，荧光信号经检测器收集，并依此确定 DNA 碱基的排列顺序。

DNA 自动测序仪的问世，使得 DNA 序列测定速度大大加快，并且使序列测定准确度大大增加。目前 DNA 自动测序已经完全替代手工测序广泛应用于分子生物学各个领域。特别是在大规模基因组测序和基于 DNA 序列改变的人类疾病诊断过程中，DNA 序列测定发挥着巨大作用。

（樊建慧）

第五节　实 验 项 目

实验二十五　动物组织总 RNA 的提取

【基本原理】

组织中的 RNA 主要分布在胞质中，包括 mRNA、tRNA 和 rRNA 三种。mRNA 含量最低，半衰期短，易于降解。在 RNA 的提取过程中，主要采用强变性剂，如异硫氰酸胍等破坏细胞结构，失活 RNA 酶。细胞碎片、蛋白质等经酚、氯仿等有机溶剂抽提被去除。RNA 提取的关键是防止内源性和广泛存在的外源性 RNA 酶，如器皿、试剂和手上等存在的 RNA 酶对核酸的降解作用，所用材料、器皿均需经 DEPC 处理（包括 0.1% 溶液浸泡过夜，蒸馏水冲洗及高压灭菌 15 分钟去除残存的 DEPC）。真核生物中 18S rRNA、28S rRNA 经琼脂糖电泳后，在紫外灯下可观察到两条清晰的条带。

【器材】

电子天平、匀浆器、Ep 管、冰盒、手套、低温冷冻高速离心机。

【试剂】

1. TRIzol 试剂（Invitrogen/GIBCO BRL）。
2. 氯仿。
3. 异丙醇。
4. 75% 乙醇溶液。
5. 0.1% DEPC 处理水。

【操作步骤】

1. RNA 提取

（1）称取 0.2g 新鲜肝组织，加 1ml TRIzol 试剂制备肝匀浆，4℃孵育 5 分钟。

（2）加 0.2ml 氯仿，盖紧盖后用力振摇 15 秒，然后在冰上放置 5 分钟。

（3）在 4℃和 12 000*g* 条件下离心 15 分钟。

（4）将上层水相移入另一 Ep 管，加 0.5ml 异丙醇，并在冰上孵育 10 分钟。

（5）在 4℃和 12 000*g* 条件下离心 10 分钟。

（6）弃上清，加 1ml 75% 乙醇洗涤沉淀（含 RNA）。

（7）在 4℃ 和 10 000*g* 条件下离心 5 分钟。

（8）空气干燥后，用 20μl DEPC 处理水（即无 RNase 水）溶解 RNA。

2. RNA 含量和纯度测定　分别测定所提取 RNA 样品的 A_{260} 和 A_{280}，并计算 RNA 浓度和 A_{260} 与 A_{280} 的比值。

3. 用琼脂糖凝胶电泳鉴定 RNA 样品　取 3μl RNA 样品进行电泳。

【思考题】

1. RNA 有几种提取方法？有什么优缺点？
2. RNA 提取过程中应注意什么？

（徐跃飞）

实验二十六　聚合酶链反应（PCR）技术体外扩增 DNA

【基本原理】

聚合酶链反应（polymerase chain reaction，PCR）是一种对特定的 DNA 片段在体外进行快速扩增的新方法。该方法一改传统分子克隆技术的模式，不通过活细胞，操作简便，在数小时内可使几个拷贝的模板序列甚至一个 DNA 分子扩增 10^7～10^8 倍，大大提高了 DNA 的得率。因而在分子生物学、基因工程研究以及对遗传病、传染病和恶性肿瘤等基因诊断和研究中得到广泛应用。PCR 是体外酶促合成特异 DNA 片段的方法，主要由高温变性、低温退火和适温延伸三个步骤反复的热循环构成。如此反复进行，每一次循环所产生的 DNA 均能成为下一次循环的模板，每一次循环都使两条人工合成的引物间的 DNA 特异区拷贝数扩增一倍，PCR 产物得以 2^n 的指数形式迅速扩增，经过 25～30 个循环后，理论上可使基因扩增 10^9 倍以上，实际上一般可达 10^6～10^7 倍。

本实验从小鼠肝脏中提取的基因组 DNA 中扩增 β-actin 基因，其片段长度为 800bp。

【器材】

PCR 扩增仪、小型台式离心机。

【试剂】

1. PCR 扩增试剂盒。
2. 上游引物 1：5′AGGAATTCATCTGGCACCACACCTTCTAC 3′
   上游引物 2：5′AGGAATTCGTACTCCTGCTTGCTGATCC 3′
3. 标准 DNA　DL 2000。

【操作步骤】

1. 在 0.5ml Ep 管中加入表 6-2 所列反应液，并混匀。

表 6-2　PCR 所需物质

成分	50 μl 反应总体系中
10×PCR buffer（无 Mg^{+2}）	5.00μl
25mmol/L $MgCl_2$	3.00μl
10mmol/L dNTP	4.00μl
引物 1	0.50μl
引物 2	0.50μl
Taq（5U/μl）	0.25μl
模板（基因组 DNA<0.1μg）	5.00μl
ddH_2O	31.75μl

2. 将上述 PCR 反应混合物混匀放入 PCR 扩增仪中。
3. PCR 循环

94℃	5 分钟	1 个循环
94℃	45 秒	
55℃	45 秒	30 个循环

72℃　　45 秒

72℃　　7 分钟　　延伸

4. PCR 产物鉴定　取 10μl PCR 产物加 2μl 上样缓冲液，用 1%琼脂糖凝胶进行电泳。

（杨雪松）

实验二十七　逆转录聚合酶链反应（RT-PCR）

【基本原理】

PCR 是体外扩增 DNA 的方法，但不能直接以 RNA 为模板扩增。利用逆转录酶（RTase），可由 mRNA 生成 cDNA（第一链）。以此 cDNA 为模板即可进行 RNA 的 PCR 扩增（图 6-10）。如果在 PCR 反应中，除加入待扩增的特异基因的引物外，再加入常用的 β-actin 或 GAPDH 引物作为内参基因扩增，则可对特异基因的转录水平进行半定量分析。

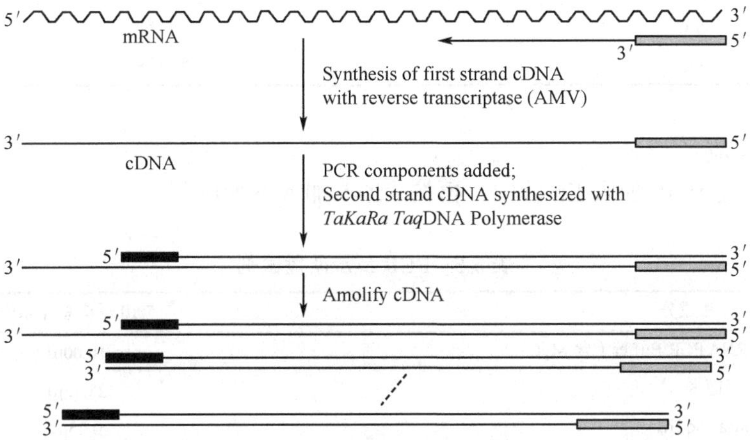

图 6-10　RT-PCR 的原理

【器材】

PCR 扩增仪、恒温水浴箱、紫外灯检测仪、Ep 管、手套。

【试剂】

1. 特异基因引物。
2. RT-PCR 试剂盒（Takara 公司）。

【操作步骤】

1. 逆转录反应

（1）按表 6-3 所示，在 Ep 管中加入所列反应液。

表 6-3　逆转录反应所需试剂

成分	20μl 反应总体系中
10× RNA PCR Buffer	2.0μl
$MgCl_2$	4.0μl

续表

成分	20μl 反应总体系中
RNase Free dH_2O	8.5μl
dNTP Mixture（10mmol/L each）	2.0μl
RNase Inhibitor	0.5 μl
AMV Reverse Transcriptase	1.0μl
Oligo dT-Adaptor Primer（或用于对照组的 R-1 Primer）	1.0μl
RNA 样品（≤1g total RNA）（或阳性对照 RNA）	1.0μl

（2）按表 6-4 所列条件进行逆转录反应。

表 6-4　逆转录反应所需条件

温度	时间
30℃	10 分钟
42～60℃	15～30 分钟
99℃	5 分钟
5℃	5 分钟

2. PCR 反应

（1）取上液 10μl 加入 Ep 管中，再按表 6-5 加入下列试剂。

表 6-5　PCR 反应所需试剂

成分	50μl 反应总体系中
5× RNA PCR Buffer（含 $MgCl_2$）	10.00μl
灭菌蒸馏水	28.75μl
TaKaRa TaqTM	0.25μl
上游引物	0.50μl
下游引物	0.50μl

（2）混匀后，放入 PCR 扩增仪中进行扩增，然后用电泳鉴定 PCR 产物（10μl）。

（杨雪松）

实验二十八　质粒 DNA 的制备

质粒（plasmid）是一种染色体外、具有双链闭环结构的 DNA 分子。质粒具有自主复制能力，能使子代细胞保持它们恒定的拷贝数，可表达它携带的遗传信息。目前，质粒已广泛地用作基因工程中目的基因的运载工具——载体。从大肠埃希菌中提取质粒 DNA 也是一种分子生物学最基本的方法。质粒 DNA 的提取是依据质粒 DNA 分子较染色体 DNA 为小，且具有共价闭合环状的超螺旋构型的特点，从而将质粒 DNA 与大肠埃希菌染色体 DNA 分离。质粒 DNA 提取方法有以下几种：碱变性法、溴化乙锭-氯化铯密度梯度法、DNA 质粒释放法、羟基磷灰石柱层法及酸酚法。

一、碱变性法提取质粒 DNA

【基本原理】

普遍采用的碱变性法具有操作简便、快速、得率高的优点。其主要原理是，利用染色体 DNA 与质粒 DNA 的变性与复性的差异而达到分离目的。在碱变性条件下（pH 12.6），染色体 DNA 的氢键断裂，双螺旋结构解开而变性，质粒 DNA 氢键也大部分断裂，双螺旋也有部分解开，但共价闭合环状结构的两条互补链不会完全分离，当用 pH 4.8 的乙酸钠将其 pH 调到中性时，变性的质粒 DNA 又恢复到原来的构型，而染色体 DNA 不能复性，形成缠绕的致密网状结构，离心后，由于浮力密度不同，染色体 DNA 与大分子 RNA、蛋白质-SDS 复合物等一起沉淀下来而被除去。分离质粒 DNA 的方法一般包括 3 个基本步骤：培养细菌使质粒扩增；收集和裂解细菌；分离和纯化质粒 DNA。

【器材】

1.5ml Ep 管、微量加样器、培养皿、台式高速离心机、高压灭菌锅。

【试剂】

所有的试剂均需高压灭菌（有机溶剂除外）

1. 溶液Ⅰ	50mmol /L 葡萄糖
	25mmol/L Tris-HCl（pH 8.0）
	10mmol/L EDTA（pH 8.0）
2. 溶液Ⅱ	0.2mol/L NaOH
	1% SDS
	临用前配制
3. 溶液Ⅲ	5mol/L 乙酸钾 60 ml
	3mol/L 冰乙酸 11.5ml
	ddH_2O 28.5ml
	pH 5.2
4. RNase A 溶液	10mg/ml
5. TE 缓冲液	10mmol/L Tris-HCl（pH 8.0），1 mmol/L EDTA
6. Tris-HCl（pH 8.0）饱和苯酚	
7. 氯仿/异戊醇（*v/v*）	24/1
8. 70% 乙醇溶液	
9. LB/Amp	LB/氨苄西林（50μg/ml）

【操作步骤】

1. 选择性培养平板上取出一个菌落，移至含有 2ml LB/Amp 培养基的试管中。在 37℃条件培养 12～16 小时。

2. 将 1.5ml 培养物移至 1.5ml Ep 管中，4000r/min 离心 8～10 分钟。

3. 弃上清，将细菌沉淀悬浮在 250μl 的溶液Ⅰ中，并加入 2.5μl RNase A（10mg/ml）。

4. 加 250μl 新配制的溶液Ⅱ，盖紧管口。快速颠倒离心管 5 次使内容物混合、放置冰上 5 分钟。

5. 加 250μl 预冷的溶液Ⅲ，盖紧 Ep 管口。将管颠倒 5～8 次，冰上放置 20 分钟。

6. 离心（12 000r/min，4℃，10 分钟），将上清转移到另一 Ep 管中。

7. 加等体积苯酚/氯仿/异戊醇（25∶24∶1），振荡混匀，离心同上。

8. 将水相移至另一 Ep 管中，加入 0.6 倍体积的异丙醇混匀后室温放置 10 分钟。

9. 12 000r/min 4℃离心 10 分钟。

10. 弃上清，加入 0.5ml 70% 乙醇溶液洗涤 DNA 沉淀，离心弃上清，在空气中使质粒 DNA 干燥 10 分钟。

11. 将质粒 DNA 溶于 20μl ddH_2O 中，4℃保存。

二、用质粒 DNA 小量纯化试剂盒提取和纯化质粒 DNA

【基本原理】

此试剂盒用于质粒 DNA 小量纯化。该试剂盒采用了传统的 SDS 碱裂解法，结合 DNA 制备膜技术，具有高效、快速、方便之特点，全套操作只需 1 小时便可完成。使用本试剂盒可从 1～4ml 的过夜培养的菌液中纯化得到 1～20μg 的高纯度质粒 DNA，此质粒 DNA 可直接用于 DNA 序列分析以及各种酶促反应等。

【器材】

台式高速离心机、质粒 DNA 小量纯化试剂盒（TaKaRa 公司）。

【试剂】

1. Rnase A1（50mg/ml）*1	6μl
2. Solution Ⅰ*1	3ml
3. Solution Ⅱ*2	3ml
4. Solution Ⅲ	4.8ml
5. Rinse A	5.5ml
6. Rinse B	16ml
7. Elution Buffer*3	0.8ml

*1 初次使用试剂盒时，请将 RNase A1 全部加入到 Solution Ⅰ中，混合均匀后在 4℃保存。

*2 若出现沉淀，请于 37℃保温溶解，待恢复至室温后使用。

*3 Elution Buffer 组成　2.5mmol/L Tris-HCl（pH 8.5）。

【操作步骤】

1. 大肠埃希菌的培养　从平板培养基上挑选单菌落接种至 1～4ml 的含有抗生素的液体培养基中，37℃过夜培养。

注：培养液不宜过量，培养液过量时，会因菌量太大而溶菌不充分，纯化时会影响质粒的纯度。

2. 取 1～4ml 的过夜培养菌液，12 000r/min 离心 2 分钟，弃上清（图 6-11）。

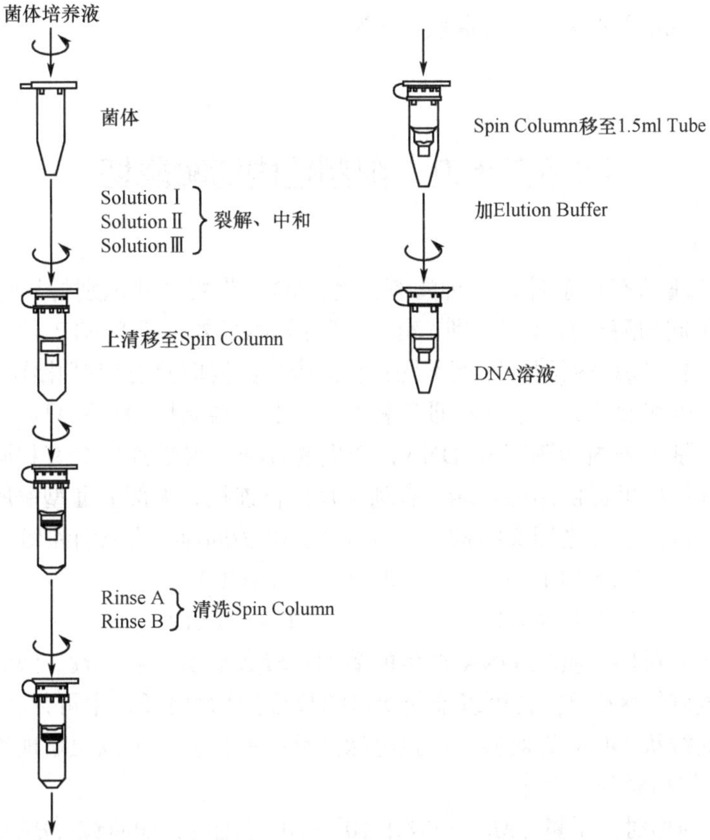

图 6-11　质粒 DNA 纯化试剂盒提取质粒 DNA 示意图

3. 用 250μl 的 Solution Ⅰ（含 RNase A1）充分悬浮细菌沉淀。

注：注意不要残留细小菌块，可以使用振荡器等剧烈振荡使菌体充分悬浮。

4. 加入 250μl 的 Solution Ⅱ，轻轻地上下翻转混合 5～6 次，使菌体充分裂解，形成透明溶液。

注：此步骤不宜超过 5 分钟。

5. 加入 400μl 的 4℃预冷的 Solution Ⅲ，轻轻上下翻转混合 5～6 次，直至形成紧实凝集块，然后室温静置 2 分钟。

6. 室温 12 000 r/min 离心 5 分钟，取上清。

注：此时 4℃离心不利于沉淀沉降。

7. 将试剂盒中的 Spin Column 安置于 Collection Tube 上。

8. 将上述操作 6 的上清液转移至 Spin Column 中，3600r/min 离心 1 分钟（如 Spin Column 中有液体残留，可适当提高离心速度，再离心 1 分钟），弃滤液。

9. 将 500μl 的 Rinse A 加入 Spin Column 中，3600r/min 离心 30 秒，弃滤液。

10. 将 700μl 的 Rinse B 加入 Spin Column 中，3600r/min 离心 30 秒，弃滤液。

11. 重复操作步骤 10，然后 12 000r/min 再离心 1 分钟。

12. 将 Spin Column 安置于新的 1.5ml 的离心管上，在 Spin Column 膜的中央处加入 60μl 的水或洗脱液，室温静置 1 分钟。

注：把水或洗脱液加热至 60℃使用时有利于提高洗脱效率。

13. 12 000r/min 离心 1 分钟洗脱收集 DNA。

（王　艳）

实验二十九　限制性内切酶酶切

【基本原理】

限制性内切酶已有百余种，每种酶有其特定的核苷酸序列识别特异性，酶的活性需 Mg^{2+}来激活。不同的酶也有许多差别：有些酶除需 Mg^{2+}外，还需 ATP 等其他辅助因子的激活；切割位点和识别序列间的距离不同；有的内切酶同时具有甲基化作用。根据这些差别，可将限制性内切酶分为Ⅰ、Ⅱ和Ⅲ三种类型。Ⅱ型限制性内切酶只需要二价镁离子的激活，酶在其识别序列内切割双链 DNA，产生的各种 DNA 片段具有相同的末端结构，而且大多数的Ⅱ型酶可提供黏性末端，有利于片段再连接，大部分Ⅱ型酶所识别的序列具有反向对称的结构，或称之回文结构。如 *Eco*RⅠ和 *Hin*dⅢ 的识别和切口分别为：

*Eco*RⅠ：G↓AATT　C　　*Hin*d Ⅲ：A↓AGCT　T
　　　　C　TTAA↑G　　　　　　T TCGA↑A

限制性内切酶对环状质粒 DNA 产生的酶切片段数与切口数一致。因此，鉴定酶切后的片段在电泳凝胶的区带数，就可以推断切口的数目；从片段迁移率可判断酶切片段大小。用已知分子量的线状 DNA 为对照，通过电泳迁移率的比较，可以粗略地测出分子形状相同的未知 DNA 的相对分子大小。

质粒 DNA 的相对分子量（M_r）一般在 10^6～10^7 范围内，如质粒 pBR322 的相对分子质量为 2.8×10^6，在细胞内有三种构型：①共价闭环 DNA，常以超螺旋形式存在；②如果两条链中有一条链发生一处或多处断裂，分子就能旋转而消除链的张力，这种松弛型的分子叫做开环 DNA；③双链线状 DNA 由于两条链的切口在同一部位被切断，不能成环，完全开放成线状，简称线性 DNA。如果要测定质粒 DNA 的相对分子量，最好把质粒用单一切口的酶水解得到线性 DNA 片段。三种构型的质粒 DNA 在电泳时的泳动速度为：共价闭环超螺旋 DNA>线状 DNA>缺口闭环 DNA。

本实验采用限制性内切酶 *Eco*RⅠ,切割 pUC19-actin 质粒中插入的分子大小为 800bp 的 β-actin 基因片段。

【器材】

水浴箱、高压灭菌锅。

【试剂】

1. 10×限制酶缓冲液。
2. 限制酶 *Eco*RⅠ。
3. pUC19-actin 重组质粒。

【操作步骤】

1. 在 Ep 管中分别加入以下试剂

10×限制性内切酶缓冲液	2μl
pUC19-actin	10μl
ddH_2O	7μl

*Eco*R Ⅰ　　　　　　　　　　1μl

2. 将酶切反应液混匀，在 37℃保温 1～2 小时。

3. 用 1% 琼脂糖凝胶电泳检测酶切结果。

（柳林华）

实验三十　目的 DNA 片段的分离和纯化

【实验原理】

琼脂糖凝胶电泳与乙酸纤维素薄膜电泳原理基本相同，但兼有分子筛效应，从而使不同分子量大小的 DNA 片段分离。琼脂糖是从琼脂中提取出来的含有较多的酸根和羟基多糖。回收 DNA 的方法很多，主要包括 DEAE 纤维素纸插片电泳法、透析袋电泳洗脱法、槽沟电泳洗脱法、V 形槽电泳洗脱法以及低熔点琼脂糖凝胶挖块回收法。本实验采用琼脂糖凝胶 DNA 片段纯化试剂盒，此试剂盒采用独特的凝胶融解系统，结合 DNA 制备膜技术，具有高效、快速、方便之特点，全套操作只需要 30 分钟便可完成。使用此试剂盒每次可纯化得到多至 10μg 的 DNA 片段（100bp～30kb），DNA 回收率高达 50%～80%。

【器材】

紫外分光仪、台式高速离心机。

【试剂】

1. 琼脂糖凝胶。
2. DNA 回收纯化试剂盒（Takara 公司）。

【操作步骤】

1. 使用 TAE 缓冲液制备琼脂糖凝胶，然后对目的 DNA 进行琼脂糖凝胶电泳。
2. 在紫外灯下切出含有目的 DNA 的琼脂糖凝胶，用纸巾吸尽凝胶表面的液体。
3. 切碎胶块。
4. 称量胶块重量，计算胶块体积（1mg =1μl）。
5. 向胶块中加入胶块融化液 DR-Ⅰ Buffer，DR-Ⅰ Buffer 的加量如表 6-6 所示。

表 6-6　DR-Ⅰ buffer 的加量

凝胶浓度	DR-Ⅰ Buffer 使用量
1.0%	3 个凝胶体积量
1.0%～1.5%	4 个凝胶体积量
1.5%～2.0%	5 个凝胶体积量

6. 均匀混合后在 75℃加热融化胶块（低熔点琼脂糖凝胶只需在 45℃加热）。振荡混合，使胶块充分融化（6～10 分钟）。

7. 向上述胶块融化液中加入 DR-Ⅰ Buffer 量的 1/2 体积量的 DR-Ⅱ Buffer，均匀混合。当分离小于 400bp 的 DNA 片段时，应在此溶液中再加入终浓度为 20% 的异丙醇。

8. 将试剂盒中的 Spin Column 安置于 Collection Tube 上。

9. 将上述操作 7 的溶液转移至 Spin Column 中（图 6-12），3600r/min 离心 1 分钟。

10. 将 500μl 的 Rinse A 加入 Spin Column 中，3600r/min 离心 30 秒，弃滤液。

11. 将 700μl 的 Rinse B 加入 Spin Colum 中，Spin Colum 中，离心 30 秒，弃滤液。

12. 重复操作步骤 11，然后 12 000 r/min 再离心 1 分钟。

13. 将 Spin Column 按置于 1.5ml 的离心管上，在 Spin Column 膜的中央处加入 25μl 的水或洗脱液，室温静置 1 分钟。

14. 12 000 r/min 离心 1 分钟洗脱 DNA。

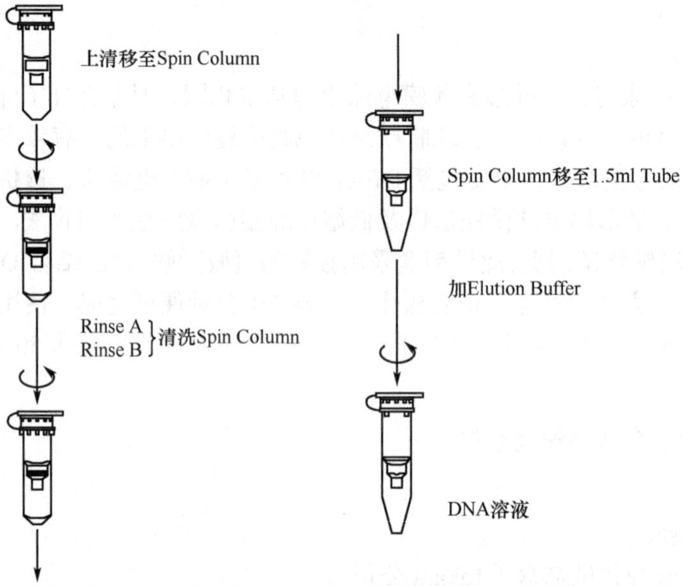

图 6-12 琼脂糖凝胶 DNA 片段纯化示意图

（柳林华）

实验三十一 DNA 片段与载体的连接

【基本原理】

利用 DNA 连接酶把目的 DNA 片段和载体 DNA 连接在一起，成为一个新的重组分子。目的 DNA 片段被限制酶消化后其末端只可能有 3 种形式：

1. 带有相同的黏性末端 用同一种酶或同尾酶处理可得这样的末端。由于质粒载体也必须用同样的酶消化，亦得两个相同的黏性末端，因此在连接反应中，外源目的基因片段和质粒载体 DNA 均可能发生自身环化，而且正反两种连接方向都有。为防止载体 DNA 自身环化，在连接前需除去载体分子的 5′-P，使之最大限度地抑制载体环化现象。

2. 带有非互补的黏端 用两种不同的限制酶进行消化可以产生这样的末端、一般情况下，常用质粒载体的多克隆位点总能找到若干个不同酶的单酶切位点；用两种酶分别消化载体和目的 DNA 后，可将外源目的片段定向克隆到载体上。

3. 带有平末端 由产生平末端的限制酶或核酸外切酶消化产生，或由 DNA 聚合酶 Klenow 片段补平 3′凹陷，使不相匹配的末端转变为平端。

成功的连接反应需纯净的目的 DNA 片段和载体 DNA 一般采用插入片段（目的 DNA）与载体 DNA 分子数比为 3～5∶1。目的基因比例太多，易产生基因自连后插入载体的多聚体。根据插入片段和载体的分子量大小计算连接反应体系中需要加入的各 DNA 片段含量，计算公式如下：

$$\text{插入片段所需量(ng)}=\frac{\text{载体用量(ng)}\times\text{插入片段长度(kb)}}{\text{载体长度(kb)}}\times\text{插入片段与载体摩尔数的比}$$

【器材】

水浴箱、Ep 管、台式离心机。

【试剂】

1. T4 DNA 连接酶/10×T4 连接酶缓冲液。
2. 牛小肠碱性磷酸酶（CIAP）/10×CIAP 缓冲液。
3. 0.5mol/L EDTA。

【操作步骤】

1. 建立下列去磷酸基团的反应体系

10×CIAP 缓冲液	2μl
线性化载体（已酶切）	10μl
CIAP	1μl
ddH_2O	7μl

2. 37℃水浴 1 小时。
3. 加入 2μl 0.5mol/L EDTA，65℃灭活 15 分钟。
4. 经酚/氯仿抽提后，用乙醇沉淀 DNA，然后用 TE 溶解 DNA。
5. 在 Ep 管中建立连接反应体系

10×连接缓冲液	2μl
DNA 片段（0.2μg）	2μl
线性化的 DNA 载体（0.1μg）	2μl
T4 DNA 连接酶	1μl
ddH_2O	13μl

6. 混匀，16℃反应数小时（5～12 小时）。

PCR 产物与 TA 克隆载体的连接

pMD 18-T Vector（TaKaRa 公司）（图 6-13）是一种高效克隆 PCR 产物的 TA 克隆载体，由 pUC18 载体改建而成的。在 pUC18 载体的多克隆位点处的 *Xba* Ⅰ 和 *Sal* Ⅰ 识别位点之间插入了 *Eco*RⅤ识别位点，用 *Eco*RⅤ进行酶切反应后，再在两侧的 3′端添加“T”而成。因大部分耐热性 DNA 聚合酶反应时都有在 PCR 产物的 3′末端添加一个“A”的特性，所以使用本制品可大大提高 PCR 产物的连接、克隆效率。

pMD 18-T Vector 的 Cloning site 图

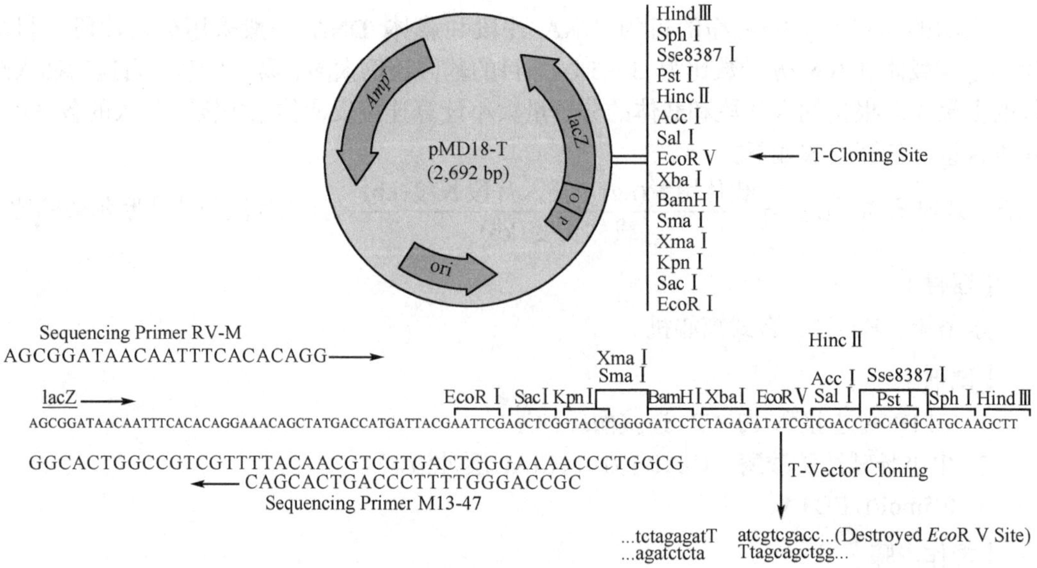

图 6-13 pMD18-T Vector

【操作步骤】

1. 在微型离心管中制备下述连接反应液，全量为 10μl。

pMD 18-T Vector	1μl
纯化的 PCR 产物	4μl
Ligation Solution I	5μl

2. 16℃反应 30 分钟（过夜反应也不影响连接效率）。
3. 全量（10μl）转化至 DH5α感受态细胞（200μl）中。
4. 在含有氨苄西林，X-Gal 和 IPTG 的 LB 琼脂平板培养基上培养，形成单菌落。计数白色和蓝色菌落。
5. 对白色菌落（含重组质粒的转化菌）进行鉴定。

（孔 英）

实验三十二 感受态细菌的制备（化学法）

【基本原理】

重组 DNA 分子需导入合适的宿主细胞（真核或原核细胞）才能进行复制、增殖和表达。用于分子克隆技术中的受体细胞为大肠埃希菌 K-12 的衍生菌（DH5α 等）。细菌处于易于吸收外源 DNA 的状态叫感受态。用理化方法可诱导细菌进入感受态。本实验使用化学法（$CaCl_2$）处理处于生长对数期的 DH5α 细胞，使其对外源 DNA 的通透性增加，以达到外源 DNA 分子导入细菌中的目的。

【器材】

高压灭菌锅、培养皿、恒温培养摇床、离心机。

【试剂】

1. 细菌 DH5α。

2. 30mmol/L $CaCl_2$溶液（灭菌）。

3. LB培养基　配制每升培养基，应在950ml去离子水中加入：10g胰蛋白胨，5g酵母提取物，10g NaCl。摇动容器直至溶解，用5mol/L NaOH（约0.2ml）调节pH至7.0，加入去离子水至总体积为1L，高压灭菌20分钟。

4. LB琼脂培养基　先按上述配方配制液体培养基，临高压灭菌前加入16～18g琼脂。

【操作步骤】

1. 将DH5α菌种在琼脂培养平板上划线，在37℃培养12～16小时。

2. 从平板上挑取1个单菌落，移入含2ml LB的试管中，在37℃条件下，以220r/min的速度振荡培养12～16小时。

3. 将2 ml LB培养物转移到含50ml LB培养基的三角瓶中，37℃培养2～3小时，使其A_{600}值在0.5～0.6之间（即细胞处于对数生长期）。

4. 将培养物于冰上放置10分钟，离心（3000～4000r/min，4℃）10分钟，收集细菌。

5. 弃上清，在沉淀中加入10ml预冷的30mmol/L $CaCl_2$悬浮细菌，在冰上放置40～60分钟。

6. 离心（3000～4000r/min，4℃）10分钟，回收细菌。

7. 弃上清，将细菌重新悬浮于2ml预冷的30mmol/L $CaCl_2$溶液中。

8. 感受态细菌于48小时内使用，或将已制备好的感受态细菌分装冻存（–70℃）。

（孔　英）

实验三十三　质粒DNA的转化

【基本原理】

将质粒DNA导入细菌的过程称为转化(transformation)。此感受态细菌细胞在$CaCl_2$低渗溶液中膨胀为球状（感受态细菌的制备，见前）。质粒DNA与$CaCl_2$形成抗DNase羟基-磷酸钙复合物黏附于细菌表面，经42℃短时间热冲击处理，促进细胞吸收DNA复合物。在丰富培养基上生长数小时后，球状细胞复原并分裂增殖。被转化的细菌中，外源基因得到表达。在选择性培养平板上，可选出所需的转化子（即含有质粒DNA的细菌）。钙处理的感受态细胞，一般每微克DNA能获得10^5～10^6个转化子。除化学方法转化细菌外，还有电穿孔法（electroporation），其转化率可高达10^9～10^{10}个转化子/μg质粒DNA。

【器材】

培养皿、恒温培养箱。

【试剂】

1. LB培养基。

2. 选择性LB琼脂培养平板（含氨苄西林，终浓度为50μg/ml）。

3. 氨苄西林25mg/ml。

4. 宿主细菌　经30mmol/L $CaCl_2$处理的感受态细菌DH5α。

5. X-gal储存液（20mg/ml），–20℃。

6. IPTG储存液（0.2g/ml），–20℃。

【操作步骤】

1. 加入 1～2μl（50ng/μl）质粒 DNA 或 5～10μl 连接反应液至 200μl 感受态细胞中，混匀后置冰上 40～60 分钟。

2. 42℃热休克感受态细胞 2 分钟，将感受态细胞迅速放回冰水中冷却 1 分钟。加入 800μl LB 培养基，在 37℃振荡（200～250r/min）培养细菌 1 小时，让细菌中的质粒表达抗生素抗性蛋白。取 200μl 转化细菌铺于 60mm 的选择性 LB 琼脂培养平板上，室温下放置 10～20 分钟。待溶液被琼脂吸收后，倒置平板于 37℃培养 12～16 小时，直到菌落出现。

（孔　英）

实验三十四　重组质粒的筛选

重组 DNA 转化受体细胞后，须在不同水平上进行筛选，以区别转化子与非转化子、重组子与非重组子以及鉴定所需的特异性重组子。在转化过程中，并非每个受体细胞都被转化；即使获得转化细胞，也并非都含有目的基因，所以需采用有效方法进行筛选。筛选的方法包括根据遗传表型筛选、限制性内切酶分析筛选、核酸探针筛选、PCR 筛选等。本实验采用遗传表型筛选中的抗生素平板筛选或 α 互补筛选的方法。

一、抗生素平板筛选

【实验原理】

目标基因是 Kan 的抗性基因，而载体含 Amp 的抗性基因，因此在含有 Amp 和 Kan 的培养基中生长的菌落即为阳性菌落。

【操作步骤】

1. 制备含有 Amp 和 Kan 的 LB 琼脂培养板。

2. 将 100μl 转化菌液用无菌涂布器均匀涂布于含有 Amp 和 Kan 培养板上，37℃培养 12～16 小时 。

3. 在含有 Amp 和 Kan 培养板上能生长的菌落即为阳性重组质粒。并将其接种于含 Kan 的 LB 液体培养基 2ml 中培养 8～16 小时。

4. 小量制备质粒，限制性酶切分析进一步鉴定。

二、α 互补筛选

【实验原理】

适用于含有半乳糖苷酶基因（*LacZ*）的载体，如 pUC 系列等，其原理是：载体含有 *LacZ* 的调控序列和 N 端 146 个氨基酸的编码信息。在这个编码区中插入了一个多克隆位点。当这种载体进入可编码 β-半乳糖苷酶 C 端部分序列的宿主细胞后（质粒和宿主细胞编码的片段各自都没有酶活性），它们可以融为一体，形成具有酶学活性的蛋白质，这种现象叫 α 互补。由 α 互补而产生的 Lac^{+} 细菌在呈色底物 5-溴-4-氯-3-吲哚-β-半乳糖苷（X-gal）和诱导剂异丙基硫代-β-D-半乳糖苷（IPTG）存在下形成蓝色菌落。当外源 DNA

插入到质粒的多克隆位点后，导致产生无 α 互补能力的氨基端片段。因此，带有重组质粒的细菌形成白色菌落。通过呈色反应即可初步识别可能带有重组质粒的菌落。通过小量制备质粒 DNA 进行限制酶切分析，即可确定这些质粒的结构。

【试剂】

1. X-gal（20mg/ml）　将 20mg X-gal 溶于 1ml 二甲基甲酰胺中，−20℃避光保存。

2. IPTG（200mg/ml）　将 1g IPTG 溶于 4ml 去离子双蒸水中，定容至 5ml，用 0.22μm 过滤器除菌，−20℃保存备用。

【操作步骤】

1. 制备含相应抗生素的琼脂平板。

2. 于平板表面加 X-gal 40μl 和 IPTG 4μl，并用无菌玻璃涂布器将试剂均匀涂布于整个平板表面。37℃静置 1 小时。

3. 将 100μl 转化的菌液涂布于平板表面，置 37℃培养箱 20 分钟后，倒置平板继续培养 12～16 小时。

4. 中止培养后，将平板静置于 4℃ 4 小时，使蓝色充分显现，平皿上显示蓝色和白色两种菌落。

5. 挑取白色菌落置 2ml LB（含相应抗生素）液体培养基中，37℃摇床培养 8～12 小时。

6. 提取质粒，以限制性酶切分析进一步鉴定。

（孔　英）

实验三十五　Southern blot（印迹）

【基本原理】

Southern blot 是将电泳分离的 DNA 片段转移到一定的固相支持物上的过程。DNA 分子用限制性内切酶酶切后，经琼脂糖凝胶电泳将所得的 DNA 片段按分子量大小分离，然后将含 DNA 片段的琼脂糖凝胶变性，将变性的单链 DNA 经虹吸作用转移并固定于固相支持膜上。转移过程中，膜上 DNA 片段的相对位置保持不变。用标记的 DNA 或 RNA 探针与靶 DNA 杂交，洗去多余探针，经放射性自显影或显色反应确定同源靶序列在膜上的位置和丰度。

【器材】

硝酸纤维素膜或尼龙膜、烤箱、封口机等其他实验室常规仪器。

【试剂】

1. 限制性核酸内切酶。

2. 变性液	5mol/L　NaOH	4ml（0.2mol/L）
	1mmol/L Tris-Cl（pH 7.6）	15ml（0.15mol/L）
3. 中和液	lmol/L　Tris-Cl（pH 7.6）	10ml（0.1mol/L）
	5mol/L　NaCl	3ml
	ddH_2O	定容 100ml
4. 转移液（20×SSC）	3mol /L NaCl、0.3mol / L 柠檬酸钠，pH 7.0	
5. 平衡缓冲液	1mol/L Tris-Cl（pH 9.5）	10ml（0.1mol/L）
	5mol/L NaCl	2ml（0.1mol/L）

	1mol/L $MgCl_2$	5ml（50mmol/L）
6. 预杂交液	20×SSC	25ml（5×）
	10%SDS	0.2ml（0.02%）
	10%十二烷基肌酸钠	1ml（0.1%）
	鲑精 DNA	1g（1×）
	中和液	20ml
	ddH_2O	定容 100ml
7. 杂交液（临用前配制）	预杂交液	50ml
	变性探针	50μl
8. 显色液	NBT	135μl
	BCIP	105μl
	平衡缓冲液	30ml

9. 标记酶联抗体。

【操作步骤】

1. 琼脂糖电泳

（1）取一定量的待测 DNA 样品，用适当的限制性内切酶酶切。DNA 的量根据样品的种类及实验目的的不同而异，对于克隆片段的限制性内切酶图谱分析，取 0.1～0.5μg 即可；而对于鉴定基因组 DNA 中的单拷贝基因序列，则需要 10～20μg；当采用寡核苷酸探针或探针的比放射性活性较低时，则需要 30～50μg。

（2）酶切完毕，在琼脂糖凝胶中电泳。

（3）电泳结束后，EB 染色，长波紫外线下观察电泳结果及照相。

2. 印迹转移

（1）切胶并作标记（左下角切除），以便于定位，然后将凝胶置于一容器中。

（2）将凝胶浸泡于适量的变性液中，室温下放置 1 小时使之变性，不间断地轻轻摇动。

（3）将凝胶用去离子水漂洗 1 次，然后浸泡于适量的中和液中 30 分钟，不间断地轻轻摇动。更换中和液，继续浸泡 15 分钟。

（4）将滤纸，NC 膜剪成与胶同样大小，NC 膜浸入转移 buffer 中平衡 30 分钟。

（5）按图 6-14 操作：逐层铺平，各层之间勿留有气泡和皱折。

（6）虹吸转移 12～16 小时。

3. 固定 DNA

（1）取出转移后的 NC 膜，用滤纸吸干 NC 膜，NC 膜光面朝上平铺于变性液中变性 5 分钟。

（2）用相同的方法将 NC 膜平铺在中性液上，中和两遍，每遍 5 分钟。

（3）将膜夹在两张干燥滤纸间，80℃烘烤 1～2 小时。

4. 预杂交

（1）将膜浸入 5×SSC 中 2 分钟，将膜放入干净的塑料袋中。

（2）将预杂交液事先在 65℃预热，然后将 10ml 预杂交液加入袋中，封口。

（3）65℃预杂交 1 小时以上，不时摇动。

5. 杂交

（1）取出杂交袋，剪去一角去除杂交液后，加入 5ml 杂交液及 5μl 变性探针，排除气泡后封口。

（2）将杂交袋放入 65℃水浴中杂交过夜。

6. 按下列条件洗膜

2×SSC，0.1%SDS	50ml	室温	5 分钟/2 次
0.1×SSC，0.1%SDS	50ml	65℃	15 分钟/2 次

7. 免疫酶联检测

（1）偶联反应

1）用中和液洗膜 2 分钟，室温。

2）用封闭液 50ml 洗膜 30 分钟，室温，轻摇。

3）用中和液稀释酶标抗体，将膜封入杂交袋，加入 5ml 稀释抗体轻摇 50 分钟。

4）用中和液 50ml 洗膜，10 分钟×2 次，室温，轻摇，除去未结合的抗体。

（2）显色反应

1）用平衡液 20ml 平衡膜 2 分钟。

2）将膜装入杂交袋中，加入 5ml 显色液，避光 30 分钟左右，当出现颜色时不要晃动。

3）用 TE 洗膜终止反应。

4）80℃烤干。

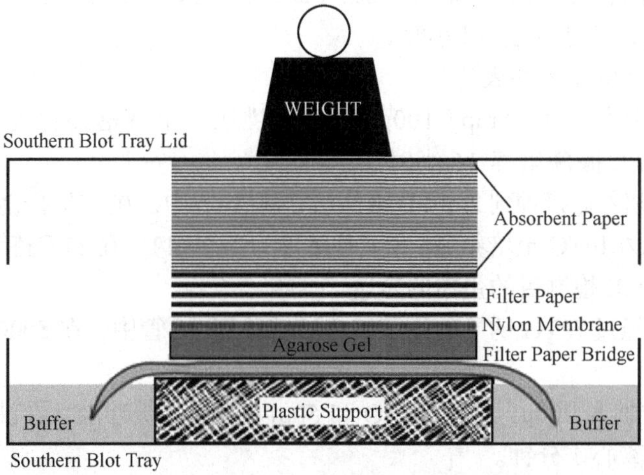

图 6-14　Southern blot 示意图

（燕　秋）

实验三十六　外源基因的原核表达

【基本原理】

外源基因的表达是研究和探索基因功能、基因表达调控以及编码蛋白质的结构与功能的重要方法，也是制备和生产新型蛋白质药物及新型诊断试剂不可少的手段。外源基因通过在宿主细胞中的表达可大量获得其产物。

外源基因的表达系统有原核表达系统和真核表达系统。原核表达系统包括大肠埃希菌、枯草杆菌等表达系统。大肠埃希菌表达系统是最为广泛的经典的表达系统。真核表达系统包括酵母、昆虫细胞及培养的哺乳类动物细胞等表达系统。

对不同的表达系统，需要构建不同的表达载体及选择合适的宿主等。外源基因在原核细胞中表达的基本过程包括：获取目的基因，目的基因克隆入表达载体，转化细胞（细菌），转化细胞（细菌）的培养或发酵，目的表达产物的分离与提纯及鉴定。

【器材】

细菌培养摇床、离心机、水浴锅、Ep 管。

【试剂】

1. pET23b 表达载体。
2. 氨苄西林。
3. IPTG。
4. 上样缓冲液　1.0mmol/L Tris-HCl、pH 6.8，20%甘油、10%SDS、5%β 巯基乙醇、0.5%溴酚蓝。
5. 染色液　考马斯亮蓝 R250、甲醇、冰乙酸、蒸馏水。
6. 脱色液　甲醇、冰乙酸、蒸馏水。

【操作步骤】

1. 将目的基因克隆到 pET23b 表达载体上。
2. 将重组载体转化到大肠埃希菌 BL21（DE3）菌株，在 37℃条件下，在 LB 平板培养基/Amp（100μg/ml）上生长 18 小时。
3. IPTG 诱导目的基因的表达

（1）从 LB 平板培养基/Amp（100μg/ml）上挑取一个菌落接种到 2ml LB 液体培养基/Amp 中，在 37℃振荡培养 16 小时。

（2）取 0.2ml 培养菌接种到 2ml LB 液体培养基/Amp 中，在 37℃振荡培养 3 小时，使其 A_{600} 为 0.5～0.6。加入 IPTG 至培养菌中使其终浓度为 1mmol/L，在 37℃持续振荡培养 3 小时。

4. 用 SDS-PAGE 检测目的蛋白的表达

（1）将 1.5ml 经过 IPTG 诱导的细菌培养液转移到 Ep 管中，在 5000*g* 离心 6 分钟，弃上清。

（2）在菌体中加入 200μl 无菌 ddH$_2$O 和 50μl 5×样品缓冲液，在沸水中煮 10 分钟，在 10 000*g* 条件下离心 1 分钟。

（3）取 15μl 上清液进行 SDS-PAGE 电泳。其中浓缩胶的浓度为 6%，分离胶浓度为 15%。电泳结束后，将凝胶放入考马斯亮蓝染液中。用水冲洗凝胶后，用脱色液脱色，直到蛋白质条带清晰显示出来为止。

（燕　秋）

实验三十七　外源基因在真核生物中的表达

【基本原理】

真核细胞作为宿主表达体系最突出的优点是：①真核表达体系能识别和除去外源基因的内含子，剪接加工为成熟的 mRNA；②核表达体系中具有翻译后加工修饰系统，外源基因表达产物可以在翻译后被修饰（如糖基化修饰）。

将外源基因导入哺乳动物细胞主要通过两类方法：一是感染性病毒颗粒感染宿主细

胞，二是通过脂质体法、显微注射法、磷酸钙共沉淀法及 DEAE-葡聚糖法等非病毒载体的方式将基因导入到细胞中。外源基因的体外表达一般采用质粒表达载体。

利用哺乳动物细胞表达外源基因时，大多数情况下不需要诱导。哺乳动物细胞表达系统常用的宿主细胞有 CHO、COS、BHK、NIH3T3 等，不同的宿主细胞对蛋白表达水平和蛋白质的糖基化有不同的影响，因此在选择宿主细胞时应根据具体情况而定。

常用的真核表达载体具有标记基因，以便于转染外源基因的细胞筛选。常用的标记基因有：胸腺核苷激酶基因（tk）、新霉素磷酸转移酶基因（neo）、次黄嘌呤等。基因表达产物的检测可采用免疫荧光抗体、免疫沉淀及免疫印迹等方法进行。

本实验利用 lipofectamine2000 脂质体瞬时转染 NIH3T3 细胞。脂质体由脂质双分子组成，也称人工细胞膜。磷脂分子可以在水中自动生成闭合的双层膜，可以将外源 DNA 分子包绕，通过与细胞膜的融合，有效地把 DNA 分子引入细胞内部。目前脂质体转染的方法应用较为普遍。

【器材】

细胞培养箱、水浴箱、离心机、Ep 管、细胞培养皿。

【试剂】

1. pcDNA3.1 表达载体。
2. 青霉素、链霉素。
3. NIH3T3 细胞。
4. 脂质体 lipiofectomin 转染试剂。
5. DMEM 细胞培养基。
6. 胎牛血清。

【操作步骤】

1. 将插入目的基因的质粒 pcDNA3.1 在大肠埃希菌中扩增。
2. 质粒提取试剂盒提取 pcDNA3.1 质粒，以获得高纯度质粒。
3. 转染前 24 小时，0.25%胰酶消化收集 NIH3T3 细胞，用 DMEM 培养基（含 10%胎牛血清，1%青-链霉素）以 1×10^5 个细胞铺于 60mm 细胞培养皿。5%CO_2 37°C 培养箱中培养。
4. 吸取培养皿中的培养基，以无血清 DMEM 培养基清洗细胞两遍，加入 5ml 新鲜无血清培养基。
5. 吸取 20μl 脂质体加入到含有 0.5ml 的无血清培养基的 Ep 管中，充分混匀。
6. 在另一个含有 0.5ml 无血清培养基的 Ep 管中加入 8μg 质粒 DNA，混匀。
7. 5 分钟后，将步骤 5 和步骤 6 中培养基充分混合，室温放置 20 分钟。
8. 将上述混合物均匀地加入到含有 NIH3T3 的 60mm 培养皿中(含有 5ml 无血清培养基)，轻轻晃动培养皿，使混合物均匀分布于培养皿中。4～6 小时后更换为含有 10%胎牛血清的完全培养基。
9. 5% CO_2 37°C 培养箱中培养 20～48 小时后检测外源目的基因的表达(如果是对于稳定转染细胞系的筛选，可在转染后 24 小时加入筛选培养基)。
10. 提取 RNA 或蛋白质，对目的基因产物进行检测。

（樊建慧）

附　录

附录一　常用缓冲溶液的配制

附表 1-1　甘氨酸-盐酸缓冲液（0.05 mol/L）

50 毫升 0.2 mol/L 甘氨酸＋*x* 毫升 0.2mol/L HCl，再加水稀释至 200 毫升。

pH	0.2 mol/L HCl	pH	0.2 mol/L HCl
2.2	44.0	3.0	11.4
2.4	32.4	3.2	8.2
2.6	24.2	3.4	6.4
2.8	16.8	3.6	5.0

注：甘氨酸分子量＝75.07。0.2 mol/L 甘氨酸溶液含 15.01g/L。

附表 1-2　磷酸氢二钠-柠檬酸缓冲液

pH	0.2 mol/L Na_2HPO_4（ml）	0.1 mol/L 柠檬酸（ml）	pH	0.2 mol/L Na_2HPO_4（ml）	0.1 mol/L 柠檬酸（ml）
2.2	0.40	19.60	5.2	10.72	9.28
2.4	1.24	18.76	5.4	11.15	8.85
2.6	2.18	17.82	5.6	11.60	8.40
2.8	3.17	16.83	5.8	12.09	7.91
3.0	4.11	15.89	6.0	12.63	7.37
3.2	4.94	15.06	6.2	13.22	6.78
3.4	5.70	14.30	6.4	13.85	6.15
3.6	6.44	13.56	6.6	14.55	5.45
3.8	7.10	12.90	6.8	15.45	4.55
4.0	7.71	12.29	7.0	16.47	3.53
4.2	8.28	11.72	7.2	17.39	2.61
4.4	8.82	11.18	7.4	18.17	1.83
4.6	9.35	10.65	7.6	18.73	1.27
4.8	9.86	10.14	7.8	19.15	0.85
5.0	10.30	9.70	8.0	19.45	0.55

注：Na_2HPO_4 分子量＝141.98；0.2mol/L 溶液为 28.40g/L。

$Na_2HPO_4 \cdot 2H_2O$ 分子量＝178.05；0.2mol/L 溶液为 35.61g/L。

$Na_2HPO_4 \cdot 12H_2O$ 分子量＝358.22；0.2 mol/L 溶液为 71.64g/L。

$C_6H_8O_7 \cdot H_2O$ 分子量＝210.14；0.1 mol/L 溶液为 21.01g/L。

附表 1-3　柠檬酸-柠檬酸钠缓冲液（0.1mol/L）

pH	0.1mol/L 柠檬酸（ml）	0.1mol/L 柠檬酸钠（ml）	pH	0.1mol/L 柠檬酸（ml）	0.1mol/L 柠檬酸钠（ml）
3.0	18.6	1.4	5.0	8.2	11.8
3.2	17.2	2.8	5.2	7.3	12.7
3.4	16.0	4.0	5.4	6.4	13.6
3.6	14.9	5.1	5.6	5.5	14.5

续表

pH	0.1mol/L 柠檬酸（ml）	0.1mol/L 柠檬酸钠（ml）	pH	0.1mol/L 柠檬酸（ml）	0.1mol/L 柠檬酸钠（ml）
3.8	14.0	6.0	5.8	4.7	15.3
4.0	13.1	6.9	6.0	3.8	16.2
4.2	12.3	7.7	6.2	2.8	17.2
4.4	11.4	8.6	6.4	2.0	18.0
4.6	10.3	9.7	6.6	1.4	18.6
4.8	9.2	10.8			

注：柠檬酸：$C_6H_8O_7 \cdot H_2O$ 分子量＝210.14 ；0.1 mol/L 溶液为 21.01 g/L。
柠檬酸钠：$Na_3C_6H_5O_7 \cdot 2H_2O$ 分子量＝294.12 ；0.1 mol/L 溶液为 29.41 g/L。

附表 1-4　乙酸-乙酸钠缓冲液（0.2mol/L）

pH（18℃）	0.2mol/L NaAc（ml）	0.2mol/L HAc（ml）	pH（18℃）	0.2mol/L NaAc（ml）	0.2mol/L HAc（ml）
3.6	0.75	9.35	4.8	5.90	4.10
3.8	1.20	8.80	5.0	7.00	3.00
4.0	1.80	8.20	5.2	7.90	2.10
4.2	2.65	7.35	5.4	8.60	1.40
4.4	3.70	6.30	5.6	9.10	0.90
4.6	4.90	5.10	5.8	6.40	0.60

注：$NaAc \cdot 3H_2O$ 分子量＝136.09；0.2 mol/L 溶液为 27.22 g/L。冰乙酸 11.8 mL 稀释至 1 L（需标定）。

附表 1-5　磷酸盐缓冲液　磷酸氢二钠-磷酸二氢钠缓冲液（0.2mol/L）

pH	0.2mol/L Na_2HPO_4（ml）	0.2mol/L NaH_2PO_4（ml）	pH	0.2mol/L Na_2HPO_4（ml）	0.2mol/L NaH_2PO_4（ml）
5.8	8.0	92.0	7.0	61.0	39.0
5.9	10.0	90.0	7.1	67.0	33.0
6.0	12.3	87.7	7.2	72.0	28.0
6.1	15.0	85.0	7.3	77.0	23.0
6.2	18.5	81.5	7.4	81.0	19.0
6.3	22.5	77.5	7.5	84.0	16.0
6.4	26.5	73.5	7.6	87.0	13.0
6.5	31.5	68.5	7.7	89.5	10.5
6.6	37.5	62.5	7.8	91.5	8.5
6.7	43.5	56.5	7.9	93.0	7.0
6.8	49.0	51.0	8.0	94.7	5.3
6.9	55.0	45.0			

注：$Na_2HPO_4 \cdot 2H_2O$ 分子量＝178.05；0.2mol/L 溶液为 35.61g/L。
$Na_2HPO_4 \cdot 12H_2O$ 分子量＝358.22；0.2mol/L 溶液为 71.64g/L。
$NaH_2PO_4 \cdot H_2O$ 分子量＝138.01；0.2mol/L 溶液为 27.6g/L。
$NaH_2PO_4 \cdot 2H_2O$ 分子量＝156.03；0.2mol/L 溶液为 31.21g/L。

附表 1-6　巴比妥钠-盐酸缓冲液

pH（18℃）	0.04mol/L 巴比妥钠（ml）	0.2mol/L HCl（ml）	pH（18℃）	0.04mol/L 巴比妥钠（ml）	0.2mol/L HCl（ml）
6.8	100	18.4	8.4	100	5.21
7.0	100	17.8	8.6	100	3.82

续表

pH（18℃）	0.04mol/L 巴比妥钠（ml）	0.2mol/L HCl（ml）	pH（18℃）	0.04mol/L 巴比妥钠（ml）	0.2mol/L HCl（ml）
7.2	100	16.7	8.8	100	2.52
7.4	100	15.3	9.0	100	1.65
7.6	100	13.4	9.2	100	1.13
7.8	100	11.47	9.4	100	0.70
8.0	100	9.39	9.6	100	0.35
8.2	100	7.21			

注：巴比妥钠分子量＝206.18；0.04mol/L 溶液为 8.25g/L。

附表 1-7　Tris-HCl 缓冲液（0.05mol/L）

50 毫升 0.1mol/L 三羟甲基氨基甲烷（Tris）溶液与 X 毫升 0.1mol/L 盐酸混匀并稀释至 100 毫升

pH（25℃）	X（ml）	pH（25℃）	X（ml）
7.10	45.7	8.10	26.2
7.20	44.7	8.20	22.9
7.30	43.4	8.30	19.9
7.40	42.0	8.40	17.2
7.50	40.3	8.50	14.7
7.60	38.5	8.60	12.4
7.70	36.6	8.70	10.3
7.80	34.5	8.80	8.5
7.90	32.0	8.90	7.0
8.00	29.2		

注：Tris 分子量＝121.14；0.1 mol/L 溶液为 12.114 g/L。Tris 溶液可从空气中吸收二氧化碳，使用时注意将瓶盖严。

附表 1-8　硼酸-硼砂缓冲液（0.2 mol/L 硼酸根）

pH	0.05 mol/L 硼砂（ml）	0.2 mol/L 硼酸（ml）	pH	0.05 mol/L 硼砂（ml）	0.2 mol/L 硼酸（ml）
7.4	1.0	9.0	8.2	3.5	6.5
7.6	1.5	8.5	8.4	4.5	5.5
7.8	2.0	8.0	8.7	6.0	4.0
8.0	3.0	7.0	9.0	8.0	2.0

注：硼砂：$Na_2B_4O_7{\cdot}10H_2O$ 分子量＝381.43；0.05mol/L 溶液（等于 0.2 mol/L 硼酸根）含 19.07g/L。

硼酸：H_3BO_3 分子量＝61.84；0.2 mol/L 的溶液为 12.37g/L。

硼砂易失去结晶水，必须在带塞的瓶中保存。

附表 1-9　碳酸钠-碳酸氢钠缓冲液（0.1 mol/L）（此缓冲液在 Ca^{2+}、Mg^{2+}存在时不得使用）

pH		0.1mol/L Na_2CO_3（ml）	0.1mol/L $NaHCO_3$（ml）	pH		0.1mol/L Na_2CO_3（ml）	0.1mol/L $NaHCO_3$（ml）
20℃	37℃			20℃	37℃		
9.16	8.77	10	90	10.14	9.90	60	40
9.40	9.22	20	80	10.28	10.08	70	30
9.51	9.40	30	70	10.53	10.28	80	20
9.78	9.50	40	60	10.83	10.57	90	10
9.90	9.72	50	50				5

注：$Na_2CO_3{\cdot}10H_2O$ 分子量＝286.2；0.1mol/L 溶液为 28.62g/L。

$NaHCO_3$ 分子量＝84.0；0.1mol/L 溶液为 8.40g/L。

附录二　常用蛋白质相对分子质量及等电点

附表 2-1　常见蛋白质相对分子质量参考值

蛋白质	相对分子量
肌球蛋白（myosin）	220 000
甲状腺球蛋白（thyroglobulin）	165 000
β-半乳糖苷酶（β-galactosidase）	130 000
副肌球蛋白（paramyosin）	100 000
磷酸化酶 a（phosphorylase a）	94 000
血清白蛋白（serum albumin）	68 000
L-氨基酸氧化酶（*L*-amino acid oxidase）	63 000
地氧化氢酶（catalase）	60 000
丙酮酸激活酶（pyruvate kinase）	57 000
谷氨酸脱氢酶（glutamate dehydrogenase）	53 000
亮氨酸氨肽酶（glutamae dehydrogenase）	53 000
γ-球蛋白，H（γ-globulin，H chain）	50 000
延胡索酸酶（fumarase）	49 000
卵白蛋白（ovalbumin）	43 000
醇脱氢酶（肝）[alcohol dehydrogenase（liver）]	41 000
烯醇酶（enolase）	41 000
醛缩酶（aldolase）	40 000
肌酸激酶（creatine kinase）	40 000
胃蛋白酶原（pepsinogen）	40 000
D-氨基酸氧化酶（*D*-amino acid oxidase）	37 000
醇脱氢酶（酵母）[alcohol dehydrogenase（yeast）]	37 000
甘油醛磷酸脱氢酶（dlyceraldehyde phosphate dehydrogenase）	36 000
原肌球蛋白（tropomyosin）	36 000
乳酸脱氢酶（lactate dehydrgenase）	36 000
胃蛋白酶（pepsin）	35 000
转磷酸核糖基酶（phosphoribosyl transferase）	35 000
天冬氨酸氨甲酰转移酶，C 链（aspertate transcarbamylase，C chain）	34 000
羧肽酶 A（carboxypeptidase A）	34 000
碳酸酐酶（carbonic anhydrase）	29 000
枯草杆菌蛋白酶（subtilisin）	27 600
γ-球蛋白，L 链（γ-blobulin，L chain）	23 500
糜蛋白酶原（chymotrypsinogen）	25 700
胰蛋白酶（trypsin）	23 300
木瓜蛋白酶（羧甲基）[papain（carboxymethyl）]	23 000
β-乳球蛋白（β-lactoglobulin）	18 400
烟草花叶病毒外壳蛋白（TWV coat protein）	17 500
肌红蛋白（myoglobin）	17 200
天门冬氨酸氨甲酰转移酶，R 链（aspartate transcarbamylase，R chain）	17 000
血红蛋白（hemoglobin）	15 500
Qβ 外壳蛋白（Qβcoat protein）	15 000
溶菌酶（lysozyme）	14 300
R_{17} 外壳蛋白（R_{17} coat protein）	13 750
核糖核酸酶（ribonuclease 或 RNase）	13 700
糜蛋白酶（chymotrypsin）	13 000
细胞色素 *c*（cytochrome *c*）	11700
胰岛素（insulin）	5 733

附表 2-2　常见蛋白质等电点参考值

蛋白质	等电点
鲑精蛋白（salmine）	12.1
鲱精蛋白（clupeine）	12.1
鲟精蛋白（sturline）	11.71
胸腺组蛋白（thymohistone）	10.8
珠蛋白（人）（globin）	7.5
卵白蛋白（ovalbuin）	4.71；4.59
伴清蛋白（conal bumin）	6.3；6.8
血清白蛋白（serum albumin）	4.7～4.9
肌清蛋白（myoal bumin）	3.5
肌浆蛋白（myogen A）	6.3
β-乳球蛋白（β-lactoglobulin）	5.1～5.3
卵黄蛋白（livetin）	4.8～5.0
γ_1-球蛋白（人）（humanγ_1-globulin）	5.8；6.6
肌球蛋白 A（myosin A）	5.2～5.5
原肌球蛋白（myosin A）	5.1
铁传递蛋白（siderophilin）	5.9
胎球蛋白（fetuin）	3.4～3.5
血纤蛋白原（fibrinogen）	5.5～5.8
α-眼晶体蛋白（α-crystallin）	4.8
β-眼晶体蛋白（β-crystallin）	6.0
花生球蛋白（arachin）	5.12
伴花生球蛋白（conarrachin）	3.9
角蛋白类（keratins）	3.7～5.0
还原角蛋白（keratein）	4.6～4.7
胶原蛋白（collagen）	6.5～6.8
鱼胶（ichthyocol）	4.8～5.2
白明胶（gelatin）	4.7～5.0
α-酪蛋白（α-casein）	4.0～4.1
β-酪蛋白（β-casein）	4.5
γ-酪蛋白（γ-casein）	5.8～6.0
α-卵清黏蛋白（α-ovomucoid）	3.83～4.41
α_1-黏蛋白（α_1-mucoprotein）	1.8～2.7
卵黄类黏蛋白（vitellomucoid）	5.5
尿促性腺激素（urinary gonadotropin）	3.2～3.3
溶菌酶（lyso zyme）	11.0～11.2
肌红蛋白（myoglobin）	6.99
血红蛋白（人）（human hemoglobin）	7.07
血红蛋白（鸡）（hen hemoglobin）	7.23
血红蛋白（马）（horse hemoglobin）	6.92
血蓝蛋白（hemerythrin）	4.6～6.4
蚯蚓血红蛋白（chlorocruorin）	5.6
血绿蛋白（chlorocruorin）	4.3～4.5
无脊椎血红蛋白（erythrocruorins）	4.6～6.2
细胞色素 C（cytochrome C）	9.8～10.1
视紫质（rhodopsin）	4.47～4.57
促凝血酶原激酶（thromboplastin）	5.2
α_1-脂蛋白（α_1-lipoprotein）	5.5
β_1-脂蛋白（β_1-lipoprotein）	5.4

续表

蛋白质	等电点
β-卵黄脂磷蛋白（β-lipovitellin）	5.9
芜菁黄花病毒（turnip yellow vvirus）	3.75
牛痘病毒（vaccinia virus）	5.3
生长激素（somatotropin）	6.85
催乳激素（prolactin）	5.73
胰岛素（insulin）	5.35
胃蛋白酶（pepsin）	1.0 左右
糜蛋白酶（chymotrypsin）	8.1
人血清白蛋白（human serum albumin）	4.64
核糖核酸酶（ribonuclease）	7.8
甲状腺球蛋白（thyroglobulin）	4.58
胸腺核组蛋白（thymonucleohistone）	4 左右

附录三　色谱法常用数据

附表 3-1　离子交换纤维素

交换剂	名称（纤维素）	作用基团	特点
阴离子交换剂	二乙氨基乙基	$DEAE^+$-O-$C_2H_4N^+$（C_2H_5）$_2$H	最常用在 pH 8.6 以下
	三乙氨基乙基	$DEAE^+$-O-$C_2H_4N^+$（C_2H_5）$_2$H	
	氨乙基	AE^+-O-C_2H_4-NH_2^+	
	胍乙基		强碱性、极高 pH 仍有效
阳离子交换剂	羧甲基	CM-O-CH_2-COO^-	最常用在 pH 4 以上
	磷酸	P-O-PO_2^-	用于低 pH
	磺甲基	SM-O-CH_2-SO_3^-	
	磺乙基	SE-O-C_2H_4-SO_3^-	强酸性用于极低 pH

附表 3-2　琼脂糖凝胶层析的技术数据

名称、型号	凝胶内琼脂糖百分含量（W/W）	排阻的下限（M_r）	分级分离的范围（M_r）	生产厂商
Sepharose 4B	4		0.3×10^6~3×10^6	Pharmacia，Sweden
EPHAROSE2B	2		2×10^6~25×10^6	
Sagavac 10	10	2.5×10^5	1×10^4~2.5×10^5	Seravac Laboratories，Maidenhead，England
Sagavac 8	8	7×10^5	2.5×10^4~7×10^5	
Sagavac6	6	2×10^6	5×10^4~2×10^6	
Sagavac4	4	15×10^6	2×10^5~15×10^6	
Sagavac2	2	150×10^6	5×10^5~15×10^7	
Bio-GelA-0.5M	10	0.5×10^5	$<1\times10^4$~2.5×10^6	Bio-Rad Laboratories，California，U.S.A.
Bio-GelA-1.5M	8	1.5×10^6	$<1\times10^4$~1.5×10^6	
Bio-GelA-5M	6	5×10^6	1×10^4~5×10^6	
Bio-GelA-15M	4	15×10^5	4×10^4~15×10^6	
Bio-GelA-50M	2	50×10^6	1×10^5~50×10^6	
Bio-GelA-150M	1	150×10^6	1×10^6~150×10^6	

附表 3-3 聚丙烯酰胺凝胶层析的技术数据

型号	排阻的下限（Mr）	分级分离的范围（Mr）	膨胀后的床体积（ml/g 干凝胶）	膨胀所需最少时间（室温，小时）
Bio-gel-P-2	1600	200~2000	3.8	2~4
Bio-gel-P-4	3600	500~4000	5.8	2~4
Bio-gel-P-6	4600	1000~5000	8.8	2~4
Bio-gel-P-10	10 000	5000~17 000	12.4	2~4
Bio-gel-P-30	30 000	20 000~50 000	14.9	10~12
Bio-gel-P-60	60 000	30 000~70 000	19.0	10~12
Bio-gel-P-100	100 000	40 000~100 000	19.0	24
Bio-gel-P-150	150 000	50 000~150 000	24.0	24
Bio-gel-P-200	200 000	80 000~300 000	34.0	48
Bio-gel-P-300	300 000	100 000~400 000	40.0	48

附表 3-4 葡聚糖凝胶的某些技术数据

种类	干颗粒直径（μm）	分子量分级范围		床体积毫升/克干分子筛	得水值	溶胀最少平衡时间（h）		柱头压力（kPa）（2.5cm 直径柱）
		肽及球形蛋白质	葡聚糖（线性分子）			室温	沸水浴	
Sephadex G-10	40～120	～700	～700	2～3	1.0±0.1	3	1	
Sephadex G-10	40～120	～1500	～1500	2.5～3.5	1.5±3.5	3	1	
Sephadex G-25 粗 中 细 超细	100～300（5～100 目） 50～150（100～200 目） 20～800（200～400 目） 10～40	1000～5000	100～5000	4～6	1.5±0.2	6	2	
Sephadex G-50 粗 中 细 超细	100～200 50～150 20～80 10～40	1500～30 000	500～10 000	9～11	5.0±0.3	6	2	
Sephadex G-75	40～120 10～40	3000～70 000	1000～950 000	12～15	7.5±0.5	24	3	3.92～15.86
Sephadex G-100	40～120 10～40	4000～1 500 000	1000～150 000	15～20	10.0±1.0	48	5	2.35～9.41
Sephadex G-150	40～120 10～40	5000～400 000	1000～150 000	20～30 18～22	15.0±1.5	72	5	0.88～3.53
Sephadex G-200	40～120 10～40	5000～800 000	1000～200 000	30～40 20～25	20.0±2.0	72	5	0.39～1.57

附录四　离心转数和离心力的换算

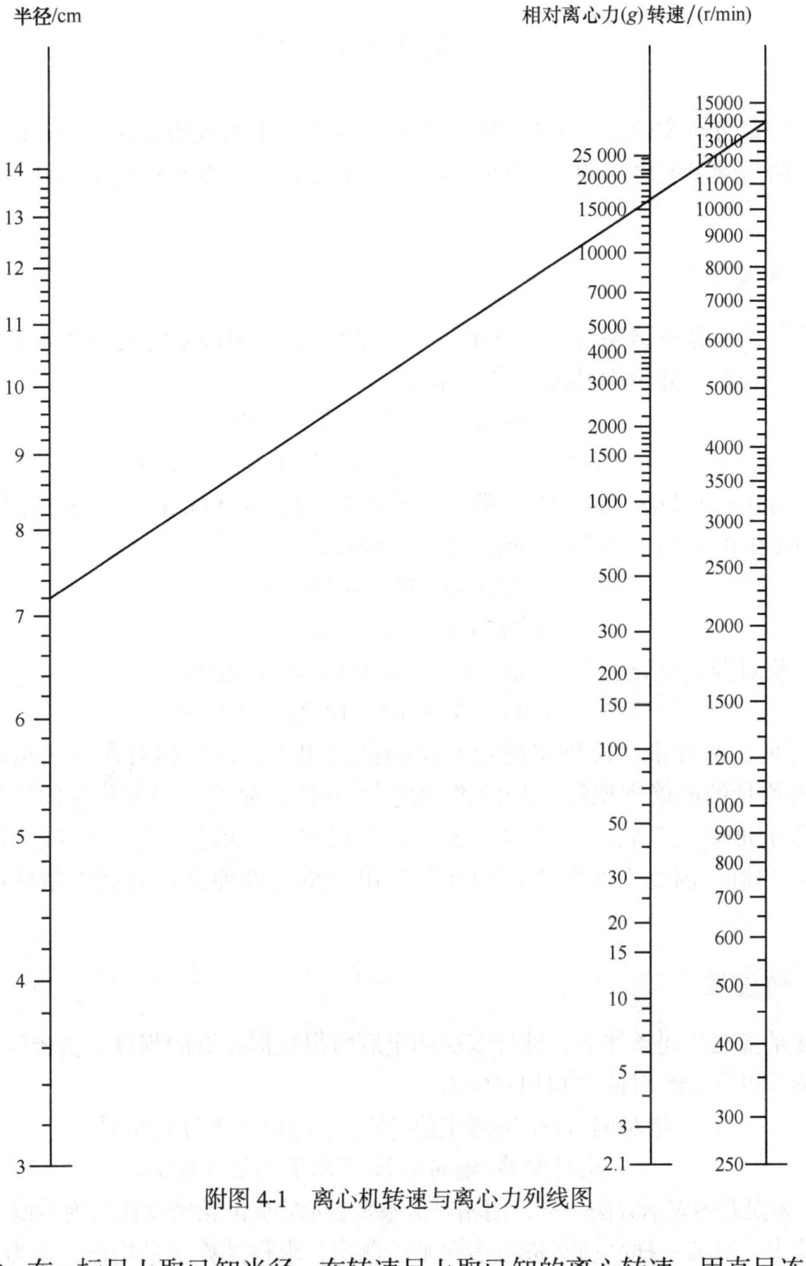

附图 4-1　离心机转速与离心力列线图

换算时，在 r 标尺上取已知半径，在转速尺上取已知的离心转速，用直尺连接这两点，直尺与图中相对离心力标尺上的交叉点即为相应的相对离心力数值。

附录五 实验数据和数据处理

一、实 验 误 差

在进行定量分析实验测定的过程中，很难使测量出来的数值与客观存在的真实值完全相同。真实值与测量值之间的差别就叫做误差。通常用准确度和精密度来评价测量误差的大小。

（一）准确度

准确度是实验分析结果与真实值相接近的程度。通过用误差的大小来表示。误差愈小，准确度越高。误差可分为绝对误差和相对误差。

绝对误差＝测定值–真实值

相对误差（%）＝绝对误差/真实值×100%

例如：用分析天平称得两种蛋白质的重量各为 3.1750g 和 0.3175g，假定两者的真实值各为 3.1751g 和 0.3176g，则称量的绝对误差分别为

3.1750–3.1751＝–0.0001（g）

0.3175–0.3176＝–0.0001（g）

它们的相对误差应分别为–0.0001/3.1751×100%＝–0.003%

–0.0001/0.31761×100%＝–0.03%

由此可见，两种蛋白质称量的绝对误差虽然相等，但用相对误差表示时，就可以看出第一份称量的准确度比第二份的准确度大 10 倍。显然，当被称量的物体的重量较大时，称量的准确度就较高，所以应该用相对误差来表示分析结果的准确度。但由于真实值并不知道，因此在实际工作中无法算出分析的准确度，只能用精密度来评价分析的结果。

（二）精密度

精密度是指在相同条件下，进行多次测定后所得数据相近的程度。精密度一般用偏差来表示。偏差也分为绝对偏差和相对偏差。

绝对偏差=个别测定值–算术平均值（不计正负号）

相对偏差=绝对偏差/算术平均值×100%

当然，和误差的表示方法一样，用相对偏差来表示实验的精密度比用绝对偏差更有意义。

在实验中，对某一样品通常进行多次平行测定，求得其算术平均值，作为该样品的分析结果。对于该结果的精密度则有多种表示方法。这里介绍常用的两种方法。

（1）平均绝对偏差和平均相对偏差表示法

例：分析某一蛋白质制剂含氮量的百分数，共测 5 次，其结果分别是 16.1%、15.8%、16.3%、16.2%、15.6%。用来表示精密度的偏差可计算如下：

分析结果　　　算术平均值　　个别测定值的绝对误差（不计正负）

16.1%		0.1%
15.8%		0.2%
16.3%	16.0%	0.3%
16.2%		0.2%
15.6%		0.4%

平均绝对偏差＝0.1%+0.2%+0.3%+0.2%+0.4%/5＝0.2%

平均相对偏差＝0.2/16.0×100%＝1.25%

测定结果可用数字 16.0±0.2%

（2）标准差法

例：测定血清钙含量，重复 6 次。 结果分别是 9.90mg% 、9.96mg%、9.94mg%、9.96 mg%、9.90mg%、9.90mg%。精密度计算如下：

1）首先求其算术平均值

平均值=（9.90+9.96+9.94+9.96+9.90+9.90）mg%/6=9.93mg%

2）然后求平均值的绝对偏差

绝对偏差（d）=每次测定值（α）–平均值

$$d1=9.90-9.93=-0.03$$
$$d2=9.96-9.93=+0.03$$
$$d3=9.94-9.93=+0.01$$
$$d4=9.96-9.93=+0.03$$
$$d5=9.90-9.93=-0.03$$
$$d6=9.90-9.93=-0.03$$

3）求出标准差

$s=\pm\sqrt{\dfrac{\sum d_i^2}{n}}=\pm 0.03$　　n 为测定次数

结果表示用“平均值（$\bar{x}$）±标准差（s）”，即 9.93±0.03mg%

应该指出，误差和偏差具有不同的含义。误差以真实值为标准，其实只是采用各种方法进行多次平行分析所得的相对正确的平均值。用这一平均值代替真实值来计算误差，得到的结果仍然只是偏差。

还应指出，用精密度来评价分析结果是有一定的局限性的。分析结果的精密度很高（即平均相对偏差很小），并不一定说明实验准确度很高。因为如果分析过程中存在有系统误差，可能并不影响每次测得数值之间的重合程度，即不影响精密度。但此分析结果却必然偏离真实值，也就是分析的准确度并不一定很高。当然，若是精密度也不高，则无准确度可言。

二、产生误差的原因和校正

产生误差的原因很多。一般根据误差的性质和来源，将其分为系统误差和偶然误差两类。

1. 系统误差与分析结果的准确度有关　它是由分析过程中某些经常发生的原因所造成的。对分析结果的影响比较稳定。在重复测定时，常常重复出现。系统误差的来源主要有：

（1）方法误差：由分析方法本身所造成的，如容量分析中等当点和滴定终点不完全符合等。

（2）仪器误差：因仪器本身不够精密所造成的，如天平砝码、量器等不够准确。

（3）试剂误差：来源于试剂或蒸馏水的不纯。

（4）操作误差：由于每个人掌握操作规程与控制条件常有出入而造成的。如不同的操作者对滴定终点颜色变化会有差别等。

为减少系统误差常采取下列措施：

（1）空白试验：为了消除由试剂等因素引起的分析误差，可以测定时不加样品的情况下，按照与样品测定完全相同的操作手续，在完全相同的条件下进行分析，所得的结果为空白值。将样品分析的结果扣除空白值，可以得到比较准确的结果。

（2）回收率测定：作这种测定时，取一标准物质（其中的组分含量是已经精确知道的）。添加到待测的未知样品中，与待测的样品同时作平行测定，测得的添加物量与实际所取得的标准物量之比的百分率就称为回收率。这种由标准样品测得的回收率可以用来检验、表达某些分析过程的系统误差，因为系统误差愈大，回收率愈低。

（3）仪器校正：对测定仪器（如砝码、容量器等）进行校正，以减少误差。

2. 偶然误差与分析结果的精密度有关　它来源于难以预料的因素，或是由于取样不均匀，或是因为测定过程中某些不易控制的外界因素的影响，这些因素是时隐时现的，为减少偶然误差一般采取的措施是：

（1）平均取样：动、植物新鲜组织可制成匀浆后取样。

（2）多次取样：进行多次平行测定，然后取其算术平均值就可以减少偶然误差。

除以上两类误差外，还有因操作事故引起的“过失误差”，如读错刻度，溶液溅出，加错试剂等。这时可能出现一个很大的“误差值”。在计算算术平均值时，某些数值应弃去不用。

三、有 效 数 字

在生化定量分析中除了要选择准确度和精密度符合要求的实验方法、测定数值求准确、计算应当无误外，还应在记录数据和计算时，要注意有效数字的取舍。

有效数字应是实际可能测量得到的数字，包括所有“可靠数字”和最后一位“次准数字”。应选取几位有效数字，取决于实验方法与所用仪器的精确程度。

例如，用分析天平称得某物质重 1.1415g，是五位有效数字。而用台秤称得该物质为1.14g，则只有三位有效数字。

又如，读取某滴定管液面刻度为 16.25ml，是四位有效数字。

上面各数字的最后一位数字是不可靠的，称为“次准确数字”或可疑数，也叫估计值。其他的数字均是准确的“可靠数字”。因此，所谓有效数字，即在一个数值中除最后一位是可疑数外，其他各数都是确定的。

数字 1、2、3……都可作为有效数字，只有“0”特殊，它在数字中间或数字后面时，是有效数字，但在数字前面时，它只是定位数字，用来表示小数点的位置，而不是有效数字。

例如：	1.26014	六位有效数字
	12.001	五位有效数字
	21.00	四位有效数字
	0.0212	三位有效数字
	0.0010	二位有效数字
	200	有效数字不明确

有 200 中，后面的 0 可能是有效数字也可能是定位数字。为了避免混乱，一般写成标准式，如 65000±1000 写成（6.5±0.1）$\times10^4$ 或（6.50±0.10）$\times10^4$ 或（6.500±0.100）$\times10^4$。它们的有效数字依次为二、三、四位。

有效数字运算规则大致可归纳如下：

1. 加减法　几个数相加可相减时，有效数字的保留就以小数点后位数最少的数字为准。

例：

$$\begin{array}{r} 38.2 \\ 1.3 \\ \underline{1.11} \\ 40.6\times \end{array}$$

结果为 40.6

2. 乘除法　几个数相乘或相除时，其积或商所保留的有效数字位数与各运算数字有效数字最少的相同。

例：　$0.1545\times3.1/0.112=4.3$

还应指出，有效数字位数最少的那个数，首位是 8 或 9 时，而其结果的首位数不是 8 或 9，应多保留一位。

例：　$9.12\times2.011=18.34$

有效数字的最后一位为“可疑数”，若一个数值没有可疑数便可视为无限有效。例如将 7.12g 样品分为二等份，每份重量

$$7.12/2=3.56\ (\text{g})$$

式中除数 2 不是测量所得，不是可疑数，可把它视为无限多位有效数字。其他如 д、e、常数等有效数字的位数也可以认为是无限的。

四、数 据 处 理

对实验中所得到的一系列数，采取适当的方法进行整理和分析才能准确地反映出被研究对象的数量关系。在生化实验中，通常采用列表法或作图法来表示实验结果，以使结果表达得清楚、明了。而且可以减少或弥补某些测定的误差。根据对标准样品的一系列测定，也可以列出表格或绘制标准曲线。可由测定数据直接查表或查曲线得出结果。

1. 列表法　将实验所得各数值用适当的表格列出，并表示它们之间的关系。通常数据的名称和单位写在标题栏中，表内只填写数字。数据应当正确反映测定的有效数字，必要时应计算出误差值。如附表 5-1 所示。

附表 5-1　血清总蛋白测定时各管所加的试剂及测定结果

试剂（ml）＼管别	空白	标准液	总蛋白
血　清	–	–	0.100
蛋白标准液	–	1.000	–
0.9%NaCl	2.00	1.00	1.90
双缩脲试剂	3.00	3.00	3.00
吸光度	–	0.4000	0.450
血清总蛋白（克%）	–	–	6.75

2. 作图法　实验所得到的一系列数据的关系及其变化可以用图直观表现出来。作图时，通常先在坐标纸上确定坐标轴，标明轴的名称和单位，然后将各数值点用“+”字或“×”字标注在图纸上，再用直线或曲线把各点连接起来，图形必须是很平滑的，可以不通过所有的点，而要求线两旁偏离的点分布较均匀。在画线时，个别偏离过大的点应当舍去，或重复实验校正之。采用作图法至少要有五个以上的点，否则便没有意义了。